Theologie Interkulturell
Band 12

Die Reihe "Theologie Interkulturell"
wird herausgegeben von "Theologie Interkulturell" e.V.
am Fachbereich Katholische Theologie
der Johann Wolfgang Goethe-Universität
Frankfurt am Main

Paulo Suess

Weltweit artikuliert, kontextuell verwurzelt

Theologie und Kirche Lateinamerikas vor den Herausforderungen des 'dritten Subjekts'

Zeugnisse, Analysen, Perspektiven

IKO - Verlag für Interkulturelle Kommunikation

Die Deutsche Bibliothek - CIP-Einheitsaufnahme:
Ein Titeldatensatz für diese Publikation ist bei der Deutschen Bibliothek erhältlich.

Frankfurt am Main	London
Postfach 90 04 21	4 T Leroy House
D-60444 Frankfurt	436 Essex Road
	London N1 3QP, UK

e-mail: ikoverlag@t-online.de • Internet: www.iko-verlag.de

ISBN: 3-88939-623-2
Theologie Interkulturell, Band 12

Umschlaggestaltung: Volker Loschek, 61184 Karben
Herstellung: PRISMA Verlagsdruckerei GmbH, 60329 Frankfurt am Main

Inhaltsverzeichnis

Vorwort des Herausgebers

Der Kontext Lateinamerika steht in der Theologie des 20. Jahrhunderts insbesondere für die Kirche und Pastoral, die im Anschluss an das Zweite Vatikanische Konzil in ihre weltkirchliche Dimension eingetreten ist; sie steht für einen der bedeutenden Aufbrüche und für einen christentumsgeschichtlich besonderen Paradigmenwechsel. Der Durchbruch der Befreiungstheologie hat durch ihre Verankerung in den Dokumenten der gesamtlateinamerikanischen Bischofsversammlung in Medellín/Kolumbien (1968) das Gesicht und das Selbstverständnis der mitgliedreichsten katholischen Kontinentalkirche, die vom Rio Grande im Norden Mexikos bis nach Feuerland reicht, radikal verändert. Vor dem Hintergrund menschenunwürdiger Lebenswelten, die von Strukturen der Armut, der Ungerechtigkeit, der Ausbeutung und durch mit Füßen getretene Menschenrechte gekennzeichnet waren und die sich unter den aktuellen Bedingungen der Globalisierung und der neoliberal gesteuerten Märkte verschlechtert haben, hat sich die lateinamerikanische Theologie und Kirche mit eindeutigen Optionen zur Anwältin all der Menschen gemacht, die marginalisiert und ausgeschlossen von den Möglichkeiten der Neuzeit und der Moderne ihr Leben fristen.

Die Optionen, die in der Bestimmung der Adressaten als Subjekte der Botschaft des Evangeliums verankert waren, galten vorrangig den Armen, der Jugend und den kirchlichen Basisgemeinden, die das Gesicht und die Rolle der Kirche in der lateinamerikanischen Wirklichkeit entscheidend veränderten.

Diese Optionen wurden durch kontinuierliche Evaluationen und Reflexionen im Anschluss an Medellín in Puebla/Mexiko (1979) und in Santo Domingo/Dominikanische Republik (1992), den nachfolgenden gesamtlateinamerikanischen Bischofsversammlungen, um die Option für eine inkulturierte Evangelisierung erweitert, in der erstmals die Bedeutung der Kultur bzw. der Vielfalt der einheimischen Kulturen und authentischen Traditionen fokussiert wird. D.h. Armut wird nicht nur auf ihre sozio-ökonomischen Strukturen und Dimensionen reduziert, sondern darüber hinaus im Verlust kultureller Identität verortet. Seit Beginn der Geschichte Lateinamerikas, die ja von Anfang an Kolonialgeschichte gewesen ist, war es verboten, das politische, soziale, kulturelle und religiöse Leben auf der Grundlage angestammter Kosmovisionen zu gestalten; dies führte zu einer säkularen Unterdrückungs- und Exklusionserfahrung. Dessen ungeachtet haben diese Traditionen kultureller Identität klandestin überlebt und erlangen in der postkolonialen Epoche besondere Bedeutung, nicht als Kontestation eines aufgeklärten Universalismus, sondern als seine neue Modalität.

Unter den Bezeichnungen autochthone, indigene oder indianische Theologien werden nun ursprüngliche Traditionen der lateinamerikanischen Ethnien fokussiert, in denen die Botschaft des Evangeliums neu um Worte ringt. Wir nennen dies heute Inkulturation. In diesen historischen Projekten des ausgehenden 20. Jahrhunderts, die in den jeweiligen Kulturen kodifiziert überlebt haben, spiegelt sich das neu erwachte Selbstbewusstsein der Menschen. Auch wenn dies im Raum der Kirche für Aufregung sorgte, stellen Inkulturation bzw. inkulturierte Evangelisierung einen unaufhaltsamen historischen Prozess dar. Er ist unaufhaltsam, weil von ihm Kohärenz und Relevanz der gesamten Evangelisierung abhängen. So ist zu hoffen, dass er auch das beginnende 21. Jahrhundert maßgeblich bestimmen wird.

Eine angemessene Rekonstruktion dieses Gesamtvorgangs verlangt nach einer soliden Bestandsaufnahme und einer schlüssigen Hermeneutik. Der Autor des vorliegenden Bandes ist ein ausgewiesener Experte und international anerkannter Fachmann für das Inkulturationsprojekt im Kontext Lateinamerikas. Er beschreibt es als historische und aktuelle Herausforderung an die Theologie und die Kirche, und zwar nicht nur Lateinamerikas, sondern der ganzen Welt.

Paulo Suess, 1938 in Köln geboren, lebt, arbeitet, forscht und lehrt seit 1966 in Brasilien. Er ist ein hervorragender Zeitzeuge der latein-

amerikanischen Theologie- und Kirchengeschichte, die er nicht nur beobachtet, sondern in vielfacher Weise mitgestaltet hat. Seine pastoralen Erfahrungen aus mehr als zehnjähriger Tätigkeit im Amazonasgebiet bilden einen unverzichtbaren Bestandteil seiner akademischen Tätigkeit, die 1977 am interregionalen Theologischen Institut der Erzdiözese Manaus begann. Zeitgleich übernahm er die Leitung des Regionalbüros des Brasilianischen Indiomissionsrates für Amazonien. Danach war er vier Jahre lang als Generalsekretär und weitere vier Jahre als Lateinamerikabeauftragter und Theologe des Indiomissionsrates (CIMI) der brasilianischen Bischofskonferenz in Brasilia verantwortlich tätig. Als theologischer Berater von CIMI wirkt Paulo Suess bis heute. Darüber hinaus gründete er 1988 an der Theologischen Fakultät Nossa Senhora da Assunção in São Paulo den Postgraduiertenstudiengang in Missionswissenschaften, an dem er bis heute als Professor Studierende aus vier Kontinenten unterrichtet und betreut. Im neuen Jahrtausend wurde Paulo Suess zum Präsidenten der ökumenischen Internationalen Vereinigung für Missionswissenschaft (IAMS) gewählt.
Der vorliegende Band vereinigt die überarbeiteten und teilweise aktualisierten Vorlesungen, die Paulo Suess als Gastprofessor auf Einladung von "Theologie interkulturell" am Fachbereich Katholische Theologie der Johann Wolfgang Goethe-Universität Frankfurt am Main im Wintersemester 1998/99 gehalten hat. Wir hoffen, dass der gedruckte Wortlaut ebenso beeindruckt und die Leserschaft bereichert wie das gesprochene Wort im vollen Hörsaal.

Frankfurt am Main, im August 2001

Thomas Schreijäck
(Stellvertretender Vorsitzender von "Theologie interkulturell")

Einleitung

Nach den Lernprozessen der bürgerlichen und der sozialistischen Revolutionen geht es um die Artikulation des "dritten Subjekts". Was ist damit gemeint? Historisch gesehen stehen wir vor dem Dilemma einer an Veränderungen nicht interessierten Elite von Globalisierungsgewinnern, einer nahezu sprachlos gewordenen Arbeiterschaft und einer kaum organisierbaren Masse von Ausgeschlossenen. Unerwartet betreten neue Subjekte das politische Szenario. Ich nenne sie das "dritte Subjekt". Das dritte Subjekt "träumt" gemeinsam vom "guten Leben", jedoch entlang sehr unterschiedlicher kultureller und politischer Horizonte. Es handelt sich dabei nicht um eine "archaische" oder "prämoderne" Welt. Die indigenen Völker und die Afroamerikaner, die Straßenbewohner und die Kleinbauern, die Ohnelandbewegung und die Basisgemeinden – sie alle stehen mit zwei Füßen in der Moderne, ja sie klagen mit Nachdruck die Errungenschaften der Moderne ein: Selbstbestimmungsrecht, Partizipation, Landreform, Gleichberechtigung, Solidargemeinschaft und Gleichheit vor dem Recht. Allerdings träumen sie von der Partizipation aller am "guten Leben", das heißt von der Möglichkeit, wie politisch-partizipativer Handlungsspielraum auch unter den neuen Bedingungen einer globalisierten Welt zurückgewonnen werden kann, diesseits und jenseits vom Protagonismus des Marktes und der Rezeptur des Neoliberalismus. Sie weigern sich, ihre Utopie von Freiheit und Gleichheit entweder ganz aufzugeben oder auf korporativen Wohlstand im Konsumparadies herabzustufen.

Die Einheit des dritten Subjekts besteht in der Möglichkeit seiner diskursiven und praktischen Artikulation. Dem dritten Subjekt geht es nicht um einen "dritten Weg", sondern um einen anderen Weg. Es hat den Glauben an die hegemonische und erlösende Bestimmung der Arbeiterklasse verloren. Aber das in den jeweiligen Kulturen kodifizierte Lebensprojekt – und hier hat "Theologie interkulturell" ihren Sitz im Leben – hat immer auch etwas mit Klassenfragen zu tun, weil Armut auf dem Schutthaufen zerstörter Kulturen ins Kraut schießt. Das dritte Subjekt artikuliert sich nicht nur im Protest, sondern vor allem im Projekt, das Kultur und Klasse, Geschichte und Gesellschaft, Wissenschaft und Religion gleichzeitig im Auge behält.

Ähnlich wie in den 60er Jahren misst das dritte Subjekt das Realitätsprinzip neu mit der Elle des "Prinzips Hoffnung" aus. Von neuem ereignet sich eine schöpferische Diskussion über das "Projekt Menschheit", über Zukunftsentwürfe und Lebenssinn. Für die Kirchen steht dabei nicht nur die innere *Kohärenz* zum Evangelium und zum historischen Erbe auf dem Spiel, sondern die Artikulation dieser Grundlage des Evangeliums und dieses historischen Erbes mit der ekklesialen *Relevanz* für die ausgebeutete Menschheit. Nach vielen Jahrhunderten eines kolonialen Christentums ist in *Medellín* deutlich geworden, dass eine nachchristenheitliche Kirche sich weigern kann, staatlich strukturierte Formen der Ausbeutung und Unterwerfung fatalistisch zu akzeptieren. *Medellín* hat den Vorschlag eines neuen "Lebensprojekts", der strukturellen Bruch bedeutet, ähnlich wie "Bekehrung" und "Neuschöpfung", als "Option für die Armen" auf den Begriff "Befreiung" gebracht.

Heute sind allenthalben Signale dafür auszumachen, dass die Aktien Lateinamerikas an der internationalen Interessenbörse abgerutscht sind. Seit die bipolare Welt mit der Mauer Berlins zusammengebrochen ist, weiß niemand mehr etwas mit dem Heldentum der 68er anzufangen. Die Helden Lateinamerika waren Che Guevara und Camillo Torres; die Leute von *Medellín*, die Armen der Basisgemeinden und die Theologen der Befreiungstheologie; die Märtyrer Tito de Alencar (Brasilien, 1974), Rudolf Lunkenbein (Brasilien, 1976), Rutilio Grande (El Salvador, 1977), Vicente Menschu (Guatemala, 1980) und die Zeugen im Bischofsamt, Helder Câmara, Leonidas Proaño, Oscar Romero, Paulo Arns, die für viele andere stehen. Die Ermordung des 75jährigen Juan Gerardi Conedera am 26. April 1998, zwei Tage nachdem er in der überfüllten Kathedrale Guatemalas den Bericht der kirchlichen Wahrheits-

kommission vorgestellt hatte, erinnerte noch einmal an all jene, "die aus der großen Drangsal kommen" (Offb 7, 14).[1]
Die Antihelden waren die Generäle, welche die Macht übernommen hatten, wie Pinochet, Médici, Videla, Rios Montt, und ihre Repressionsorgane, die, um den Preis der Freiheit, Ordnung und Fortschritt versprachen. Unter dem Vorwand, das Christentum gegen den Kommunismus zu verteidigen, haben sie auf dem Rücken der Armen ihre eigenen Interessen verhandelt. Es waren Riesen auf tönernen Füßen. Als sie vom Volk vertrieben wurden, hinterließen sie eine Blutspur kreuz und quer durch den Kontinent, verschuldete Staatsfinanzen, erkauftes Schweigen und soziales Elend. Nun gibt es keine Diktatoren mehr zur Artikulation von Feindbildern. Unterdrückung wurde mehr und mehr systemisch und konnte daher entpersonalisiert werden. Die Märtyrer mit Eigennamen haben die Szene verlassen. Die Ausgebeuteten und Ausgeschlossenen sind zum Gattungsbegriff geworden: Arbeitslose, Obdachlose, Landlose, Straßenkinder. Weil die Gattung vorerst unausrottbar ist, gibt es auch kein Requiem. Die kirchlichen Restposten aus der vorrestaurativen Zeit von Johannes Paul II., so sagen viele, hätten keinen Modellcharakter mehr. Breite kirchliche Sektoren sprechen vom Auslaufmodell "Befreiungstheologie". Das real existierende Christentum von *Santo Domingo* und der *Römischen Synode* habe sich schließlich der realen Weltlage angepasst.
Wer von *Medellín* (Kolumbien) über *Puebla* (Mexiko) und *Santo Domingo* (Dominikanische Republik) zur *Römischen Bischofssynode für Amerika* pilgerte, war Zeuge eines Prozesses fortschreitender kirchlicher Zentralisation. Die Außenwahrnehmungen finden häufig keine ernst zu nehmende propositionale Umsetzung im Innern der Kirche. Die "Helden der Befreiungspastoral" von *Medellín* sind nicht müde, wurden aber im Laufe der vergangenen 30 Jahre von wachsamen Nuntiaturen aussortiert.

1 Vgl. M.-Ch. Zauzich, *Märtyrer des Friedens. Bischof Juan Gerardi Conedera (1922-1998)*, Essen 1999.

Wer das Erstgeburtsrecht der "Partizipation" einklagte, wurde mit dem Linsengericht der "Exekution" abgespeist. Der antisystemische Zahn mit seinen revolutionären Reich-Gottes-Fantasien sei gezogen, meinen manche. Jetzt gehe es um "offene Systeme". Die Wasser der großen Propheten sind ausgetrocknet, die Stimme der kleinen ist unvernehmlich leise geworden. In der Einbahnstraße einer neuen Kooperationsbereitschaft mit dem neoliberalen Staat werden prophetische Gestalten als institutionelle Störfaktoren aus dem Verkehr gezogen. Die systemische Hoffnungslosigkeit breitet sich schleichend aus. Die Lateinamerikawallfahrer nach Nicaragua, Kuba und Brasilien haben vielfach Platz gemacht für die Lateinamerikatouristen.
Dies, so will mir scheinen, ist eine nicht unbedingt falsche, aber doch auch undifferenzierte Lesart der lateinamerikanischen Gegenwart. Nur wer selbst auf dem Weg ist, kann alte Zusammenhänge in neuer und dialektischer, das heißt historischer Perspektive wahrnehmen. Waren Befreiungstheologie im Europa der 80er Jahre und die Basisgemeinden nicht zur Projektionsfigur vieler Pastoralträger geworden? In ihren Anfängen war Befreiungstheologie die Theologie weißer, in Europa ausgebildeter Männer. Im Pathos des Transformationsparadigmas nahmen sie nicht wahr, dass auch sie selbst Opfer eines gesamtkirchlichen Kulturkolonialismus waren. Nachdem Frauen, Indios und Afroamerikaner über Jahrhunderte durch lehramtlich-kanonistische Netze vor kirchlichen Ämtern abgefangen wurden und nachdem Befreiungstheologie eben Theologie *in* der Kirche ist, partizipierte auch die Befreiungstheologie an gesamtkirchlichen Verzerrungen. Dies darf ihr nicht zum Vorwurf gemacht werden. Die integrale Befreiung der Armen, die Anerkennung der Anderen und die Entkolonialisierung der Kirche sind ja das Ziel, nicht die Voraussetzung eines befreiend-solidarischen und gläubigen Theologietreibens. Die Anerkennung der Anderen und die Befreiung der Armen sind keine Anwendungsfelder des Glaubens, sondern sein Ausdruck.
Die Befreiungstheologie hat keine "gebrochene" Biographie, wohl aber eine historische, das heißt, sic braucht jetzt nicht das Gegenteil von dem

zu sagen, was sie früher vertreten hat, wie das manche Politiker heute tun, sondern sie muss nur ihre Intentionen neu historisch kontextualisieren. Je konkreter die lateinamerikanischen Subjekte und Kontexte fokussiert werden, wie dies beispielsweise im Paradigma "Inkulturation" geschieht, desto nachhaltiger stellt sich ihre universelle Relevanz dar. Vielleicht liegt gerade hier, im Zeitalter der Globalisierung, ein neuer Einstieg für das Praktisch-Werden von Theologie und die Zusammensetzung – also nicht Auseinandersetzung – mit lateinamerikanischem Theologietreiben heute.[2] Langzeithoffnung gibt es nur in der Mikrostruktur. Dort lebt es sich nicht "wie Gott in Frankreich", wohl aber in der Hoffnung, die nicht von der Welt ist, in der für mehr und mehr Menschen überhaupt kein Platz vorhanden ist. Hinter jedem megastrukturellen Versprechen mit seinen Schatten können immer auch mikrostrukturelle Hoffnungen lokalisiert werden. Auch gegen großkirchliche Winternebel repräsentieren die Armen und Anderen die real existierende Hoffnung in der Welt. Sie sind das Zukunftsprojekt Gottes in zerbrechlichen Tongefäßen (2 Kor 4, 6f).
Im Wintersemester 1998, also 30 Jahre nach *Medellín*, stand die am Fachbereich Katholische Theologie der Universität Frankfurt a.M. angesiedelte Vorlesungsreihe "Theologie interkulturell" unter dem Thema: "*Weltweit entwurzelt? Das Inkulturationsparadigma auf dem Prüfstand. – Lateinamerika und Brasilien vor den Herausforderungen des 21. Jahrhunderts*".
Ich danke den Frankfurter Kolleginnen und Kollegen, die mich zu "Theologie interkulturell" eingeladen haben – im Gegenwind von Universitätsreformen, die jeden zwingen, *seinen* "halben" Assistenten und ein paar Quadratmeter auf dem Universitätsgelände zu retten. Es hat

2 Vgl. hierzu: P. Suess, *Junger Wein und alte Schläuche. Zum Theologietransfer aus und nach Lateinamerika*, in: E. Schillebeecks (Hg.), *Mystik und Politik. Theologie im Ringen um Geschichte und Gesellschaft*, Mainz 1988, 44-56.

mich auch ermutigt zu sehen, wie die bei der Vorlesung anwesenden Kolleginnen und Kollegen, besonders der Dekan des Fachbereichs Katholische Theologie, Prof. Dr. Thomas Schreijäck, den Hörsaal gegen eine gut gekleidete Horde aus dem Frankfurter Bankbereich, die kurz vor Vorlesungsschluss mit dem Schrei "wir haben den Raum für 1000 DM angemietet" in den Saal einfiel, verteidigte. Mein besonderer Dank gilt auch den Hörerinnen und Hörern, die bisweilen von weit angereist kamen und es ermöglichten, dass aus der Vorlesung keine interkulturelle "Auseinandersetzung", sondern eher eine plurikulturelle "Zusammensetzung" wurde.

Die hier vorgelegten Texte sind Ergebnis einer Relektüre der damals vorgetragenen Referate. Ich hatte Gelegenheit, sie in verschiedenen Kontexten immer wieder neu zu diskutieren. Ich habe versucht, in der rhetorischen Frage "Weltweit entwurzelt?" der damaligen Vorlesungsreihe den propositionalen Horizont, der alle Texte wie ein roter Faden durchläuft, herauszuarbeiten. Im Titel des Buches hat er dann seinen Niederschlag gefunden: "Weltweit artikuliert, kontextuell verwurzelt".

São Paulo, Pfingsten 2001

Paulo Suess

I. Der Einspruch der Anderen
Christentum zwischen Conquista und Befreiung

Lateinamerika ist nicht nur christlich, sondern auch arm. Es ist der Kontinent der Slumbewohner und landlosen Kleinbauern, der in ihrer Identität bedrohten Indios und der Nachfahren afrikanischer Sklaven, der Ausrottungskommandos von Straßenkindern und struktureller Gewalt. Seiner Armen und Anderen wegen ist es auch ein Kontinent der Hoffnung auf Befreiung. Nicht nur die 45 Millionen Indios, die heute in den drei Amerikas leben – das sind etwa 7 % der amerikanischen Gesamtbevölkerung, im Jahre 1492 waren es ca. 90 Millionen Indios – verlangen heute von den Kirchen Rechenschaft über die dem Kolonialsystem geleistete Amtshilfe. Diese Rechenschaft kann nicht einfach durch billige Schadensabwicklung, etwa durch die entschuldigende Anrufung des Zeitgeistes, durch liturgisch aufbereitete Vergebungsbitten oder durch erinnerungslose Sozialpastoral von den Gewalttaten an seinen Ureinwohnern, an den Nachfahren der Sklaven und den heute Ausgeschlossenen entsorgt werden.

Überlegungen zur Geschichte, Kultur und Befreiung Lateinamerikas bedeuten Erinnerung, Spurensuche und Zwischenbilanz über Völkermord und Kulturzerstörung. Zwischenbilanz, nicht weil die Historiker noch nicht alle zur Urteilsbildung notwendigen Dokumente aus Sevilla und Lissabon oder aus Mexiko und Peru zusammengetragen haben, sondern weil Erinnerungsvermögen, Erkenntniswille und Umkehrbereitschaft maßgeblicher Sektoren in Gesellschaft und Kirche bis heute blockiert sind. Den Überlebenden der "großen Drangsal" 500-jähriger Kolonisation ergeht es heute vielfach wie Primo Levi, als er, dem Holocaust entkommen, nach Zuhörern und Zeugen suchte, die bereit waren, seine Erfahrungen im Angesicht des Todes und seine Klage über erlittenes Unrecht anzuhören und zu registrieren. Trauerarbeit war nie die Stärke zuschauender Zeugen. Die Zeugen der Drangsal helfen uns, hinter unseren Spiegeln und Reflektoren einen uns verborgenen Teil von uns selbst zu entdecken. Trauerarbeit schafft nicht lähmende Schuldkomplexe oder neue Traumata, sondern hilft, sie aufzuarbeiten.

I.

Der Hunger der Armen und die Legitimationspflicht der Anderen sind gleichermaßen ein Skandal, der das Leben von Völkern, sozialen Gruppen und Individuen bedroht.[3] Die weltweite Armut, Ergebnis einer historisch-strukturellen und sozio-ökonomischen Asymmetrie, kann politisch-solidarisch bekämpft werden.

Das Anderssein jedoch – jene identitätsbildende Widerstandskraft gegen administrative, technokratische und neokoloniale Gleichmacherei – ist ein grundsätzlich verteidigenswertes Gut. Partizipative, demokratische Gleichheit und universale Solidarität haben die Überwindung von Armut und die Anerkennung der Anderen – anderer Ethnien, Kulturen, Glaubensbekenntnisse – im Auge.

Das Anderssein der Anderen hat nur dann kein Recht auf Anerkennung, wenn es Hegemonieansprüche anmeldet, das Gespräch verweigert und den Toleranzvertrag, der ja die Voraussetzung für modernes gesellschaftliches Zusammenleben bildet, grundsätzlich nicht anerkennt.

Sozialanalytiker geben zu bedenken, dass die Anerkennung einer unendlichen Vielzahl von verschiedenen Lebenswelten ein vom bösen (Klassen-) Feind ins Feld gestreuter Spaltpilz sein könne, der das universale Befreiungsprojekt der Ausgebeuteten nicht nur verzögere, sondern häufig boykottiere. Kulturelles Anderssein könne die Wurzel sozio-ökonomischer Ausbeutung sein und müsse daher immer auch unter Ideologie-

---

3 Vgl. P. Suess, *Die Herausforderung durch die Anderen. 500 Jahre Christentum in Lateinamerika: Conquista, Sklaverei, Befreiung*, Comunicatio Socialis 3 (1992), 232-245. – Etwas erweitert in: V. Schubert, *Die beiden Amerika. Kolumbus und die Folgen. Eine Ringvorlesung der Universität München*, St. Ottilien 1993, 219-255.

verdacht gestellt werden. Schließlich, um die Sache zu vereinfachen, behaupten sie, Indios und die Nachfahren der afrikanischen Sklaven in Lateinamerika seien eben Arme. Kirchliche Dokumente sprechen häufig von den "Ärmsten der Armen" und verhandeln unter diesem umfassenden Konzept dann nicht nur die Sache der Indios und der Afroamerikaner, sondern auch die anderer vom nationalstaatlichen Standard abweichenden innerkulturellen Minderheiten.
Mit der Reduktion des Anderen zum Armen wird aber gerade jener Pfeil gebrochen, mit dem die Unterdrückten Lateinamerikas 500 Jahre lang Widerstand geleistet haben. Überlebensstrategien in Lateinamerika gingen nicht von der durch Armut erzeugten Solidargemeinschaft, sondern von der Widerstandskraft der in den Untergrund verbannten Kulturen aus. In jedem Armen lebt ganz konkret ein Anderer: ein Guarani, ein Aymara, ein Landloser aus Amazonien, ein Afroamerikaner aus Bahia, ein Mestize aus Mexiko. Kultur und kulturelle Widerstandskraft sind nicht das Privileg autochthoner Völker. Auch die Slumbewohner und die Bettlergruppe, die unter der Markise des Supermarktes übernachtet, sind Subjekte von Kultur. Kultur kann weder auf "Bildung" noch auf universale Werte wie Friede, Solidarität oder Demokratie reduziert werden. Die wahre Identität lateinamerikanischer sozialer Gruppen muss unter der Decke fiktiver Nationalkulturen und gleichmacherischem Elend gesucht werden.
Andere sind nicht nur all jene, die von der Integration in die summarisch verordnete Identität der Nationalstaaten bedroht sind. Andere sind auch jene "ganz Anderen", die so genannten Ausgeschlossenen, die nicht einmal mehr ausgebeutet sind, weil sie außerhalb der Prozesse von Mehrwertaneignung durch Arbeit und Markt leben.
Die Realität sozialer Gruppen und Staaten Lateinamerikas hat also zwei strukturell ganz verschiedene Seiten: die soziale Monotonie von Hunger und Elend und die kulturelle Vielfalt des Andersseins. Ein befreiendes Projekt, sei es rein politisch-humanistisch oder politisch-religiös begründet, wird nur dann alternativ sein können, wenn es Perspektiven aufzeigt,

welche die Monotonie von Hunger und Elend durch vielfältige Weisen von Solidarität und Gerechtigkeit unterbrechen. Die Utopie der Hungernden ist nicht die Monotonie der Konsumgesellschaft. Auch Gerechtigkeit, internationales Recht und Solidarität sind kulturell eingefärbt. Eine in der Perspektive der Nachfolge gelebte Option für die Armen muss die plurikulturelle Dimension im Auge behalten, die das Paradigma "Inkulturation" einklagt.

Eine Grundfrage lateinamerikanischer Kirchengeschichte, ob es überhaupt Evangelisierung oder eben nur Religionswechsel aus einer Zwangssituation heraus gegeben habe, ist nur am Anderen und nicht am Armen festzumachen. Brot hat keine Religion. Auch Heiden nähren sich und andere redlich. Kirchliche Dokumente zeigen oft eine barmherzige Akzeptanz des Armen und eine irritierte Intoleranz gegenüber dem Anderen. Bei den Armen und Anderen in der Kirche hat es sich aber nie um schlichtweg Arme und Andere, sondern um "arme Christen" oder um "christliche Nicht-mehr-Indios" gehandelt, die an jene tragische Kategorie der "christlichen Nichtarier" aus dem Dritten Reich erinnern. Die Armensuppe wurde häufig nicht weit über die parochialen Zäune gereicht.

Erst wo mit der Armenfürsorge auch das weiter gefasste Kommunikations- und Identitätsproblem des Anderen akzeptiert wird, findet ein qualitativer Sprung zu integraler Befreiung statt. Von Evangelisierung kann füglich erst dann die Rede sein, wenn integrale und universale Befreiung im Horizont lokaler Verständigung und Akzeptanz buchstabiert wird. Die historische Gretchenfrage an das Christentum lautet immer noch: "Wie hältst du es mit den Anderen?" Muss immer gleich der christliche Andere anvisiert sein oder genügt es, einfach anders zu sein?

Beim Nachdenken über Conquista und Christentum ist mit Widerständen und Erinnerungslücken zu rechnen. Die Anderen Amerikas sind durch die Conquista zu einem Teil europäischer Vergangenheit geworden. Solange dieses Europa der Conquista den Anderen nur Integration an den Rändern der Weltgesellschaft, Ausgrenzung oder rechthaberische Wie-

dergutmachung anzubieten hat, kann es mit sich selbst nicht ins Reine kommen. Gerade die Diskussionen um das Asylrecht und die Ausschreitungen gegenüber politischen Flüchtlingen und Fremden zeigen, dass vielen die Angst vor einer multikulturellen Gesellschaft tief im Nacken sitzt. Wem es heute gelingt, "nur" des Hungers wegen und ohne den Nachweis politischer Verfolgung ins Obergeschoss des Welthauses zu flüchten, der hat mit aufenthaltsbeendenden Maßnahmen des Asylrechts zu rechnen.
Die Erinnerung an das Jahr 1492 – oder im Falle Brasiliens an das Jahr 1500 – hat die 500 Jahre offen gehaltenen Wunden Lateinamerikas einer breiteren Öffentlichkeit bewusst gemacht. Das den Indios im Evangelisierungsprozess abverlangte Vergessen ihrer Vergangenheit hat viele ihrer Traditionen zu einem Katakombendasein im religiösen Untergrund verurteilt. Nach der Zerstörung der Tempel haben die Indiopriester auf den entlegenen Bergen und in der Nacht der Wälder ihre Traditionen weitergegeben. Für die breiteren Volksmassen war die synkretistische Maske die Bedingung für die Möglichkeit religiösen Überlebens. Diese verinnerlichte Maske prägt das Gesicht des so genannten katholischen Kontinents. In der Volksreligiosität Lateinamerikas, in den afroamerikanischen und indianischen Religionen finden wir Erinnerung und Vergessen gleichzeitig kodifiziert.
Aber das Nachdenken über die Conquista hat auch die wunden Punkte europäischer Geschichtsbetrachtung deutlicher vor Augen geführt. Das anderen Völkern zugemutete Vergessen ihrer Kultur und Geschichte korrumpiert immer auch das eigene Gedächtnis. Die Bemächtigung und Zerstörung fremder Traditionen und Religionen ist gleichzeitig auch ein selbstzerstörerischer, magisch-götzendienerischer Akt. Magie hat kein Gedächtnis und kennt keine Geschichte. Selbst-Sein und Ganz-Sein ist nur mit unzerstörten Anderen möglich.
Der eigene Wohlstand ist nur da nicht gewissenlos und bewusstlos, wo er sich selbst darüber aufklärt, dass seine Wurzeln ihn tief in das dürre Land der Armen hineingetrieben haben. Wo der eigene Wohlstand nur in

seinem Ist-Zustand und nicht in seiner Genese aus Conquista und struktureller Ausbeutung der Anderen gesehen wird, da gibt es viele Gründe, nationale Wohlstandsidentität mit Zähnen und Klauen zu verteidigen. Die Erinnerungslosen, die aus der Geschichte nichts gelernt haben, schüren regressive Verlustängste gegen die Anderen, gegen die Fremden, von denen sie behaupten, sie hätten nichts bei uns verloren. So kann das Spießrutenlaufen im gelobten Land des Nordens ein größeres Übel sein als der Hunger in der Wüste des Südens.

In der Normalität des Kirchenalltags hat die Präsenz der Armen und Anderen einen prophetischen Stachel, der auf drei Grundwahrheiten des Evangeliums aufmerksam macht:

– identitätsstiftendes Anderssein ist nicht legitimationspflichtig; niemand braucht sich seiner kulturellen Alterität wegen zu rechtfertigen;

– die Anderen von morgen werden nicht nur befreite Arme von gestern sein; auch die heute Ausgebeuteten und Ausgeschlossenen sind Subjekte von Kulturen;

– die Sache der Anderen kann nicht mit Konzepten wie Mestizentum, Akkulturation, Synkretismus oder Rassenlaboratorium abgegolten werden;

– der Traum der Verstummten ist nicht die Welteroberung im Schrei, sondern eine neue Weltordnung, in der die schwache Stimme des Bedürftigsten zuerst gehört wird;

– die Utopie der Hungernden ist nicht der volle Bauch, sondern ein ganz anderes Leben.

II.

Die Folgelasten von Conquista und Sklaverei können ebenso wenig wie die Ambivalenz der *conditio humana* auf Spanien oder Portugal, auf diesen oder jenen Ordens- oder Weltklerus oder gar auf "Getaufte, die ihren

Glauben nicht lebten"[4] abgeschoben werden. Ambivalenz ist eine Bedingung von Geschichtlichkeit. Sie kann weder evolutionistisch noch eschatologisch, weder pädagogisch noch autoritär entsorgt werden. Im Rückblick auf die 500-jährige Präsenz des Christentums in Lateinamerika steht nicht nur das Friedenspotential der Kirchen und das Gewaltpotential einiger Getaufter oder Ordensmitglieder, sondern das Gewaltpotential des Christentums als solches mit zur Debatte. Obwohl die Zerstörung von Leben und die Kolonisierung von Völkern im Evangelium keine Argumente finden, waren es Christen, die im Namen des Evangeliums jüdische Synagogen und heidnische Tempel zerstörten, Häretiker an den Galgen brachten und Hexen verbrannten.

Die Predigt der Gewalt ist schon sehr früh im Christentum hörbar. Man braucht nur die Judenpredigten bei den Kirchenvätern, bei Augustinus und Ambrosius etwa, nachzulesen.[5] Im Jahre 388 verteidigt Bischof Ambrosius die Brandstifter der Synagoge von Kallinikon (Euphrat) gegen ihre Verurteilung durch Theodosius.[6] Der Mailänder Bischof qualifizierte die Synagoge als einen Ort der Ungläubigkeit, als die Heimat der Gottlosigkeit, als das von Gott selbst verurteilte Versteck des Wahnsinns. Er selbst, Ambrosius, würde die Synagogen Mailands zerstören lassen, wenn dies nicht schon vor langer Zeit geschehen wäre. Ein Brieftext des Hieronymus (gest. 419/20) mag für viele andere Äußerungen der Patristik in Sachen heidnischer Kultur stehen. Ganz kurz und bündig schreibt der Kirchenvater, dass die griechische Philosophie wie die kriegsgefangene Frau im Buch Deuteronomium zu behandeln sei. Man müsse ihr die Haare scheren, ihre Fingernägel abschneiden und ihr

---

4 Sekretariat der Deutschen Bischofskonferenz (Hg.), *Neue Evangelisierung – Förderung des Menschen – Christliche Kultur*. Schlussdokument der 4. Generalversammlung der lateinamerikanischen Bischöfe in Santo Domingo (Stimmen der Weltkirche 34), Bonn 1979, 20.

5 Vgl. B. Blumenkranz,. *Die Judenpredigt Augustins*, Basel 1946.

6 Ambrosius, *Epist.* 40 PL 16, 1104ff.

ein anderes Kleid geben. Dann könne man sie heiraten, habe aber die Freiheit, sie wieder zu entlassen.[7]
Und Bernhard von Clairvaux (gest. 1153) heißt in seinem Traktat "*Über die Ehren der neuen Miliz*" die Soldaten Christi kämpfen "ohne die geringste Furcht zu sündigen, weil sie sich der Todesgefahr aussetzten oder den Feind töteten. Für sie bedeutet sterben oder töten für Christus kein Verbrechen, sondern bringt große Ehre mit sich".[8]
In der Bulle *Romanus Pontifex* aus dem Jahre 1454, ein Jahr nach der Eroberung von Konstantinopel durch Sultan Mohamed II. und 40 Jahre vor der Conquista Amerikas, gibt Papst Nikolaus V. dem portugiesischen Infanten Don Henrique "alle Rechte", um in die Territorien der Sarazenen, Heiden oder sonst welcher Feinde Christi "einzufallen, sie zu erobern, dort zu kämpfen, und diese zu besiegen und zu unterwerfen".[9] Der Infant könne die verdiente Todesstrafe dieser Feinde Christi in lebenslängliche Sklaverei verwandeln, könne ihre Güter konfiszieren und ihre Länder besetzt halten. Die so genannte Landnahme katholischer Könige geschah immer gleichzeitig – so steht es im ersten päpstlichen Dokument zur amerikanischen Conquista – zur größeren Ehre Gottes und zur Ausbreitung des christlichen Imperiums.[10] Landnahme und Zwangsbekehrung setzen gleichzeitig die Desavouierung der mit diesem Land verbundenen Götter als Götzen voraus. Nur gegen Götzen können Christen rechtens ins Feld ziehen. Die Tatsache und der Siegeszug der Conquista waren der Beweis ihrer Legitimität.

---

7 Vgl. Dt 21,12-14. Hieronymus, *Epistula* 21,13.6.

8 San Bernardo, *Obras Completas*, Bd. 1, Madrid 1983, 503.

9 *Bullarum Diplomatum*, Bd. 5, 111-115.

10 *Ad ipsius Dei honorem et imperii christiani propagationem prosequi valeatis*. In: Alexandre VI, *Inter Caetera* (4.5.1493), apud: García Gallo, Alfonso, Las bulas de Alejandro VI y el ordenamiento juridico de la expansion portuguesa y castellana en Africa e Indias, in: *Anuario de Historia del Derecho Español*, Bd. 27/28, Madrid 1957/1958, 800.

Die *Capitulatio de partibus Saxoniae* (782) Karls des Großen ließ den Sachsen die gleiche Alternative wie das so genannte *Requerimiento* (1513) den Indios: entweder Bekehrung zum Christentum oder Tod. Wenn der Gründer des so genannten christlichen Europa im Jahre 782 in Verden an einem einzigen Tag 4.500 "Aufständische" niedermetzeln ließ, so war dies nicht so etwas ganz anderes im Vergleich zu Cortés, der "zur Vorbeugung" eine große Zahl Indios aus Churultecal in einem Saal einsperren und dann töten ließ. "In wenigen Stunden", so Cortés, "starben mehr als dreitausend Männer".[11]

Das Feindbild der mittelalterlichen Glaubenskriege und der Reconquista legitimierte den Angriffskrieg gegen die heidnischen Ureinwohner Amerikas. Aus dem heiligen Jakobus, dem im "Befreiungskampf" gegen die muslimischen Mauren angerufenen "Maurentöter", wurde in Amerika der Heilige der Unterwerfungsfeldzüge gegen die Indios. Zahlreiche Legenden berichten, wie Jakobus, der Indiotöter (*Santiago, o Mata-indios*), bei aussichtslosen Schlachten auf einem weißen Pferd wie ein apokalyptischer Reiter erschienen sei und die Kriegswende für die Spanier herbeigeführt habe.[12] Die zahlreichen Santiago geweihten Städte Spanisch-Amerikas – in Kuba, Guatemala und Chile beispielsweise – sind Zeugen solcher Angriffskriege. Portugiesisch-Amerika hat seine Siege über die Indios – schon lange vor Lepanto – an den Mantel "Unserer Lieben Frau vom Siege" ("Nossa Senhora da Vitória") geheftet. Die erste Pfarrei Brasiliens in Salvador/Bahia war ihrem Schutz anbefohlen. Mit einer weißen Tunika und dem goldenen Mantel einer Königin bekleidet – wie einst die Göttin Victória auf dem Forum Romanum –, das Jesuskind in der linken, die Siegespalme in der rechten Hand und eine Krone auf dem Haupt – so

11 F. Cortés, *Cartas y documentos*, Mexiko 1963, 50.

12 Vgl. E. Choy, *De Santiago matamoros a Santiago mata-indios*, in: *Antropologia e historia 1*, Lima 1979, 333-437.

schmückt sie noch heute 18 Wallfahrtskirchen Brasiliens.[13] Die Siege der Christenheit waren seit der Auferstehung immer auch Siege einer neuen Vorstellungs- und Bilderwelt über andere Vorstellungs- und Bilderwelten. Aber es waren Siege eines verstümmelten Christusbildes.
Die Konquistadoren auf dem Weg nach Mexiko waren überrascht, als sie die große Zahl indianischer Heiligtümer sahen, "voller Dämonen und teuflischer Figuren". Bernal Díaz, Soldat und Berichterstatter der Conquista Mexikos, beschreibt die Zerstörung der Götterstatuen der Totonaken,

"die abschreckenden Drachen glichen, so groß wie Kälber (...). Und als die Kaziken und Priester, die bei ihnen waren, sie so in Scherben zerschlagen sahen, da weinten sie und bedeckten die Augen, und in ihrer Totonakensprache baten sie ihre Götter um Vergebung (...)".[14]

Daraufhin befahl Cortés den Priestern, die Scherben zusammenzutragen und zu verbrennen. Dann sagte er, dass er von jetzt an die Totonaken für seine Brüder hielte. Sofort ließ er im Heiligtum ein Marienbild aufstellen, einen Altar konstruieren und eine Messe feiern. Die acht Mädchen, die ihm die Indios als Gastgeschenk gegeben hatten, ließ er nach einer Kurzkatechese taufen und unter die Soldaten verteilen.[15]
Cortés war nicht ausnahmsweise grausam. Schon der erste ethnographische Bericht über die "Conquista Espiritual" Amerikas, vom Hieronomitenmönch Ramón Pané im Jahre im Jahre 1496 verfasst, zeigt die zur Beherrschung der indianischen Bilderwelt entfesselte Gewalt. Als Indios "die Statuen der Christen auf den Boden warfen, sie mit Erde zudeckten

13 Vgl. N.B. Megale, *Invocações da virgem Maria no Brasil*, 3. Aufl., Petrópolis 1997, 465ff.

14 B. Díaz del Castillo, *Historia verdadera de la conquista de la Nueva España*, 2 Bde., Mexiko 1980, hier Bd. 1, 161 (Kap. 51).

15 Vgl. ebd. 162f (Kap. 52).

und darüber urinierten" – dabei handelte es sich um einen Fruchtbarkeitstest und um keine Profanation –, da eröffnete Bartolomé Kolumbus, der Bruder des Entdeckeradmirals, "einen Prozess gegen die Übeltäter und, als die Wahrheit herauskam, ließ er die Schuldigen öffentlich verbrennen".[16]
Acht Jahre nach dem Beginn der Lateinamerikamission der Jesuiten in Peru forderte ihr erster Provinzial, José de Acosta, die Bekehrung der Indios, auch wenn dies gegen ihren Willen sein sollte. In seinem Traktat über die Bekehrung der Indios schreibt er:

"Auch wenn sie Widerstand leisten, dürfen sie nicht verlassen werden, denn sie rebellieren gegen ihr Wohl und Heil und entbrennen vor Wut gegen ihre Ärzte und Lehrer. Sie müssen mit der nötigen Gewalt und Macht gebändigt werden. Man muss sie zwingen, den Urwald zu verlassen und in Dörfern zu wohnen. Selbst gegen ihren Willen müssen sie zum Eintritt ins Himmelreich gezwungen werden."[17]

Seit den *Retractationes* des Augustinus legitimieren Theologen und Missionare immer wieder Gewaltanwendung mit dem "nötige sie hereinzukommen" aus dem Gleichnis vom Gastmahl (Lk 14, 23). Mission ist hier nicht der Beginn eines Dialogs oder eine Einladung zum eschatologischen Gastmahl (Mt 22) mit reservierten Plätzen (Joh 14, 2f). Missionspraxis wird da zum Rippenstoß unter Trittbrettfahrern. Die Freuden an der Mitfahrt – Eintritt ins Gottesreich – machen die Prügel auf dem Weg und die Puffer an der Tür des überfüllten Omnibus zu Wohltaten.
José de Anchieta, einer der ersten Jesuitenmissionare Brasiliens, konnte am 14. April 1563 an seinen Ordensgeneral Diego Laynes berichten:

---

16 R. Pane, *Relación acerca de las antigüedades de los indios* (Col. América Nuestra 5), 8. Aufl., Mexiko 1988, 46f (Kap. 26).

17 J. de Acosta,. *De procuranda indorum salute* (1576), *Obras del padre José de Acosta*, Madrid 1954, 393.

"Für diese Art von Leuten gibt es keine bessere Predigt als Schwert und eiserne Rute, (...) denn es ist notwendig, dass sich das 'nötige sie hereinzukommen' erfülle."[18] Yves Congar hat gezeigt, wie im Laufe der Kirchengeschichte zur Rechtfertigung von Macht und Gewalt gegen so genannte Glaubensfeinde immer wieder auf einen Vers aus der Berufungsgeschichte des Propheten Jeremias verwiesen wurde: "Ich gebe dir heute Macht über Völker und Reiche, um aus- und einzureißen, zu vernichten und in Trümmer zu legen, aufzubauen und einzupflanzen (Jer 1, 10)."[19]
Die christliche Wahrheit hat ein blasses, europäisches Gesicht. Katechese evoziert mimetische Zwangshandlungen. Im Bordbuch seiner ersten Reise schreibt Kolumbus begeistert über die Anpassungsfähigkeit der Indios: "Diese Indios sind unterwürfig und gut geeignet, Befehle zu erhalten, zu arbeiten, zu säen und alles andere zu tun, was notwendig ist, Dörfer zu konstruieren und zu lernen, bekleidet herumzulaufen und unsere Sitten und Bräuche zu übernehmen."[20]
Und Pero Vaz de Caminha, der Chronist von Pedro Alvares Cabral, dem Entdecker Brasiliens, weist in seinem Bericht über die erste Begegnung zwischen Indios und Portugiesen darauf hin, dass es in Brasilien leicht sein werde zu evangelisieren, weil die Indios, die er während der ersten Messe beobachtet habe, alles "genau so wie wir" machten.[21]

---

18 S. Leite (Hg.), *Cartas dos primeiros Jesuítas do Brasil*, Bd. 3, São Paulo 1954, 554.

19 Vgl. Y. Congar, *Ecce constitui te super gentes et regna (Jér. 1, 10) in Geschichte und Gegenwart*, in: J. Auer; H. Volk (Hg.), *Theologie in Geschichte und Gegenwart* (FS für M. Schmaus), Münster 1957, 671-696.

20 C. Colombo, *Diários da descoberta da América*, 2. Aufl., Porto Alegre 1984, 74.

21 Vgl. S. Castro (Hg.), *A carta de Pero Vaz de Caminha. O descobrimento do Brasil*, Porto Alegre 1985, 94f.

Nach der Unterwerfung des Aztekenreiches rief Cortés Franziskaner zur Neuorientierung der Besiegten nach Mexiko.[22] Der Generalminister Francisco de los Angeles Quiñones sandte daraufhin "Zwölf Apostel", deren Missionsauftrag er in zwei Dokumenten, einer *Oboedienz* (Missio Canonica) und einer *Instruktion*, umschrieb. Sie wurden ausgesandt, um "die durch das kostbare Blut Unseres Herrn Jesus Christus erlösten Seelen aus dem Schlund des höllischen Drachens zu befreien, die getäuscht durch die List Satans im Todesschatten leben und von der Eitelkeit der Götzen niedergehalten werden". Die Zwölf sollen sich "nur im Kreuz des Herren rühmen" und müssten bereit sein, da der Welttag sich schon der elften Stunde nähere, "ihr eigenes Blut für den Namen Christi und für die Rettung der Seelen" hinzugeben. "Ich wähle euch aus und sende euch", schrieb Francisco de los Angeles feierlich, "zur Bekehrung mit Worten und Beispielen der Menschen, die Unseren Herrn Jesus Christus nicht kennen und niedergehalten werden von dem Joch der Gefangenschaft Satans in götzendienerischer Blindheit".[23]

Aus der apokalyptischen Dringlichkeit des Textes – vorletzte Stunde zur Heidenbekehrung! – kann keinerlei Aufforderung zu gewaltsamer Heidenmission herausgelesen werden. Dem Generalminister geht es um das Wesentliche, wenn er den Zwölfen schreibt: "Lasst euch nicht von Ze-

---

22 Vgl. P. Suess, *Bekehrungsauftrag und Conquista. Zur missionarischen Identität und Legitimität gestern und heute*, in: M. Sievernich u.a. (Hg.), *Conquista und Evangelisierung*, Mainz 1992, 201-222.

23 Text der *Oboedienz* in: Gerónimo de Mendieta, *Historia eclesiástica indiana*, Buch 3, Kap. 10, Mexiko 1980, 203-206, hier 203f. – Obediencia e instrucción a los Doce Apóstoles de Méjico, según el Ms. 1.600 de Viena. I. Descripción del manuscrito: Sara Rodicio García. II. Contenido y transcripción de la *Obediencia* e *Instrucción*: Melquíades Andrés Martín, in: *Congreso franciscanos extremeños en el Nuevo Mundo. Actas y estudios*. Monasterio de Santa María de Guadalupe 1986, Guadalupe 1987, 395-434.

remonien oder Vorschriften aufhalten, sondern kümmert euch um das Evangelium und die Regel, die ihr versprochen habt."[24]
In einer sehr aufschlussreichen Katechese belehrten die so genannten Zwölf Apostel kurz nach ihrer Ankunft in Mexiko, im Jahre 1524, die ihrer Ämter enthobenen aztekischen Vorsteher und Priester über die neue Ordnung. Die Gründe ihres Unheils seien Gottes Strafe: "Eurer Sünden wegen hat er (Gott) seine Vasallen, die Spanier, geschickt, die euch erobert und ins Elend gestürzt haben (...). Ihr wurdet damit gezüchtigt, damit die zahlreichen Beleidigungen Seines Herzens ein Ende finden (...)."
Darauf erwiderten die aztekischen Gesprächspartner:

"Und was jetzt? Sollen wir die alte Lebensregel zerstören? (...) Wir müssten dann den Leuten sagen: Man darf jetzt nicht mehr die Götter anrufen, man darf keine Bitten mehr an sie richten. (...) Wir können da nicht ruhig bleiben, und sicher werden wir das nicht tun, da wir das nicht für wahr halten, auch wenn wir euch verletzen sollten. (...) Macht mit uns, was ihr wollt. Das ist alles, was wir zu sagen haben (...)."

Auf die resignierte Gegenrede der Vorsteher wiederholten die Franziskaner:

"Die Irrtümer, die euch eure Väter hinterlassen haben, sind zahlreich. Darin findet sich nichts Rechtes, nichts Wahres, was wert ist, geglaubt zu werden. Das sind nur leere Worte. Dagegen all das, was wir euch gesagt haben, steht in dem göttlichen Buch aufgezeichnet."[25]

---

24 G. de Mendieta, *Historia eclesiástica indiana*, 201, *Obediencia*, 429.

25 M. León-Portilla (Hg.), *Los diálogos de 1524 según el texto de fray Bernardino de Sahagún y sus colaboradores indígenas,* Mexiko 1986, 113, 155, 193f. Dt. Text: *Sterbende Götter und christliche Heilsbotschaft. Wechselreden indianischer Vornehmer und spanischer Glaubensapostel in*

Wie so ganz anders ein Religionsgespräch hätte verlaufen können, das zeigt 250 Jahre früher Ramon Lull (1232-1316) in seinem "Buch vom Heiden und den drei Weisen".[26] Lull konstruiert – als hätte er das Szenario von 1492 mit der Unterwerfung der Mauren, der Vertreibung der Juden und der Eroberung der Indios vorausgeahnt – ein Glaubensgespräch zwischen einem Heiden und drei Weisen, welche die monotheistischen Weltreligionen Islam, Judentum und Christentum vertreten. Und der Heide ist in diesem paradigmatischen Glaubensdialog nicht der heimgesuchte Ignorant, sondern der suchende Schiedsrichter, der die Weltreligionen auf ihre Glaubwürdigkeit abklopft. Nachdem jeder der drei Weisen die Gelegenheit hatte, seine Religion darzustellen, wurde der Heide vom Weg des Heils erleuchtet und brach in einen freudigen Lobpreis Gottes aus. Als die drei Weisen die glühende Gottesverehrung des Heiden sahen, fühlten sie sich schuldig, weil sie erkannten, dass der Heide in kurzer Zeit zu einer Frömmigkeit gelangt war, die ihre eigene, die sie Gott schon so lange kannten, weit übertraf. Und ganz frei von proselytischem Eifer verzichteten die drei Weisen darauf zu wissen, zu welcher Religion der Nichtgetaufte sich nun bekehren werde. Angesichts der Spaltung untereinander schien Heidenbekehrung nicht ihre Priorität zu sein. Ehe sie sich trennten, baten sie einander um Verzeihung, falls einer ein beleidigendes Wort gegen die Religion des anderen gesagt haben sollte, und sie beschlossen, um des Friedens der Menschheit willen ihr Religionsgespräch so lange fortzusetzen, bis sie sich eines Tages zu einem einzigen Glauben bekennen könnten.
In der Patronatskirche mit ihrer Verflechtung von politischer Macht und missionarischen Interessen waren Dialog und Inkulturation Ausnahmen. Die katholischen Könige Spaniens und Portugals besaßen im Kirchen-

---

Mexiko 1524. Spanischer und mexikanischer Text mit deutscher Übersetzung von W. Lehmann, aus dem Nachlass hg. von G. Kutscher (Quellenwerk zur Alten Geschichte Amerikas 3), Stuttgart 1949.

26 R. Lull, *Buch vom Heiden und den drei Weisen*, Freiburg 1986, 67.

patronat den rechtlichen Hebel, um den Bekehrungseifer der Ordensleute staatspolitischen Interessen unterzuordnen. Die Nähe zur Macht bekommt keiner Religion gut. Dennoch wäre es historisch unkorrekt, die faktische Rolle des Christentums in Lateinamerika auf die Rolle einer Unterdrückungsideologie zu reduzieren. Jeder manichäistische Erklärungsversuch der historischen Wirksamkeit des Christentums würde gerade seine Ambivalenz übersehen. Die Geschichte zeigt, dass es neben dem kollektiv angepassten Christentum immer auch einzelne Christen gegeben hat, die sich im Namen des Christentums dem Zeitgeist widersetzt haben: unruhige Amtsträger wie Bartolomé de Las Casas, mutige Propheten wie Antonio Montesinos und Neubekehrte wie den Indio Felipe Guamán Poma de Ayala.[27] Es gab sie zu allen Zeiten, in allen Kontinenten, in allen Orden, unter Bischöfen und Laien. Es gab sie bei den Dominikanern, bei den franziskanischen Gruppierungen (Francisco José de Jaca, Epifanio de Moirans), bei den Jesuiten (Pedro Claver, Friedrich von Spee). Als Außenseiter repräsentieren sie jedoch nicht den kirchlichen Alltag. Sie können daher nicht so ohne weiteres als Zeugen für den steten Kampf der Kirche für Freiheit und Gerechtigkeit abgerufen werden.

Gewalt im Evangelisierungsprozess ist zur Erfolglosigkeit verurteilt. Bernardino de Sahagún (1499/1500-1590), seit 1529 in Mexiko, rekonstruierte nach 40 Jahren das so genannte Glaubensgespräch zwischen den besiegten Azteken und den "Zwölf Aposteln". Er bekennt in einem sehr eindrucksvollen Kapitel seiner *Historia General*, dass die Zerstörung indianischer Religion unter den Nachfahren des Aztekenreiches einen von den Missionaren nicht aufhaltbaren sittlichen Verfall mit sich gebracht habe:

---

27 Vgl. F.G. Poma de Ayala, *El primer nueva corónica y buen gobierno* (1615), 3 Bde., Mexiko 1988.

"Es war notwendig, ihre gesamte Götzendienerei zu zerstören, ihre Tempel und auch ihre weltlichen Bräuche, die mit götzendienerischen Riten vermischt und von idolatrischen Zeremonien begleitet waren (...). Aber wenn man jetzt hinsieht, merkt man, wie die jetzige Weise der Verwaltung sehr lasterhafte Menschen erzeugt, mit sehr schlechten Neigungen und Werken, die sie Gott und den Menschen verhasst machen. (...) Es ist für uns eine große Schande, dass die Indios – ihre alten, weisen Erzieher – früher diese Schäden, die das Land seinen Bewohnern aufstempelt, zu heilen wussten (...), wir aber den Fluss unserer üblen Neigungen hinabgetrieben werden. So entsteht eine Generation von Spaniern wie Indios, die unerträglich ist zu regieren und sehr schwer zu retten."[28]

Die Patronatskirche hat viele mittelalterliche Doktrinen und Strukturen in die lateinamerikanische Christenheit hinübergeschafft. Sie hielt diese von reformerischen Umtrieben Andersgläubiger frei und ließ prophetische Stimmen nie zu strukturellen Störfaktoren ausarten. Die für Europa mit der Entdeckung Amerikas beginnende Neuzeit galt noch nicht für Amerika selbst, oder jedenfalls nur mit einem ganz anderen Bedeutungsgehalt. Leibeigenschaft der Indios im Feudalsystem der Kommenden und Sklaverei großen Umfangs, die merkantilistische Plünderung, strengste Zensuren von Lehr- und Geschichtsbüchern, Verfolgung und Vertreibung Andersgläubiger, Inquisition und Kampagnen zur Ausrottung der Idolatrie – das alles wies noch mehr ins Mittelalter als in die heraufziehende Neuzeit.
Auch ein so aufgeklärter Geist wie Jiménez de Cisneros war janusgesichtig: Franziskaner von der strengen Observanz und Kardinal von Toledo, Universitätsgründer von Alcalá und Großinquisitor von Kastilien und León, Humanist an der Seite Erasmus' und Zwangsbekehrer der

28 B. de Sahagún, *História general de las cosas de Nueva España*, 4 Bde., Mexiko 1981, hier: Bd. 3, Buch 10, Kap. 27, 159f.

Mauren.[29] Aufklärerisches Denken war, wenn überhaupt, ein Privileg der Metropolen. Keine aufgeklärte Weltmacht wünscht sich aufgeklärte Kolonien. Die Befreiung von mimetischen Zwangshandlungen im Kolonialland hätte den Beginn des politischen Umsturzes bedeutet. Aber man kann Aufklärung eben nicht nur für sich, d.h. partikularistisch oder korporativ, noch als evolutionistische Vorhut für einige wenige einklagen.

III.

Das Christentum der beginnenden Neuzeit verstand sich in Lateinamerika als die determinierende Kraft einer von Europa ausgehenden und auf Europa hinführenden universalen Fortschrittsgeschichte. Hier dachte es über Jahrhunderte hindurch synchron mit aufklärerisch-liberalen Geistern, die es bekämpfte. Im Universalismus eurozentrischer Geschichtsteleologie verbrüdert sich bürgerlicher Idealismus mit klerikalem Absolutismus. Gleich der mittelalterlichen Christenheit meint das aufgeklärte Europa der Neuzeit die providentielle Aufgabe zu haben, Entdecker, Erzieher, Wohltäter und entwicklungsgeschichtlicher Brennpunkt dieser Völker zu sein.

Noch im Revolutionsjahr 1789, in seiner Jenaer Antrittsvorlesung als Geschichtsprofessor, konnte Friedrich Schiller wie ein Missionar des 16. Jahrhunderts seine universalgeschichtliche Elle in weltbürgerlicher Absicht sehr eurozentrisch an die Anderen Amerikas anlegen und politisch ganz korrekt auf anthropologische Mangelerscheinungen der Wilden hinweisen:

"Die Entdeckungen, welche unsre europäischen Seefahrer in fernen Meeren und auf entlegenen Küsten gemacht haben, geben uns ein eben

29 Vgl. J. Meseguer Fernandez, *El arzobispo Cisneros y la iglesia misionera en America (1500-1512)*, Arquivo Ibero-Americano 45/179-180 (Juli-Dez. 1985), 451-486.

so lehrreiches als unterhaltendes Schauspiel. Sie zeigen uns Völkerschaften, die auf den mannichfaltigsten Stufen der Bildung um uns herumgelagert sind, wie Kinder verschiednen Alters um einen Erwachsenen herum stehen (...). Wie beschämend und traurig aber ist das Bild, das uns diese Völker von unserer Kindheit geben! und doch ist es nicht einmal die erste Stufe mehr, auf der wir sie erblicken. Der Mensch fing noch verächtlicher an."[30]

Und doch steuern, so Schiller, "die ungleichartigsten Perioden der Menschheit zu unsrer Kultur, wie die entlegendsten Weltteile zu unserm Luxus".[31] Ethnozentrisch verblendet fährt der "philosophische Kopf", der kein "Brotgelehrter" sein wollte, fort:

"Was erzählen uns die Reisebeschreiber nun von diesen Wilden? Manche fanden sie ohne Bekanntschaft mit den unentbehrlichsten Künsten, ohne das Eisen, ohne den Pflug, einige sogar ohne den Besitz des Feuers. Manche rangen noch mit wilden Tieren um Speise und Wohnung, bei vielen hatte sich die Sprache noch kaum von tierischen Tönen zu verständlichen Zeichen erhoben. Hier war nicht einmal das so einfache Band der Ehe, dort noch keine Kenntnis des Eigentums; (...) Krieg hingegen war bei allen, und das Fleisch des überwundenen Feindes nicht selten der Preis des Sieges. (...) Dort sah man einen Despoten Afrikas seine Untertanen für einen Schluck Brandwein verhandeln; – hier wurden sie auf seinem Grab abgeschlachtet, ihm in der Unterwelt zu dienen. Dort wirft sich die fromme Einfalt vor einen lächerlichen Fetisch, und hier vor einem grausenvollen Scheusal nieder; in seinen Göttern malt sich der Mensch. So tief ihn dort Sklaverei, Dummheit und Aberglauben

---

30 Friedrich Schiller, *Was heißt und zu welchem Ende studiert man Universalgeschichte? Eine akademische Antrittsrede (1789)*, in: W. Hardtwig (Hg.), *Über das Studium der Geschichte*, München 1990, 19-36, hier 24.

31 ebd. 30.

niederbeugen, so elend ist er hier durch das andre Extrem gesetzloser Freiheit. (...) Sein roher Geschmack sucht Fröhlichkeit in der Betäubung, Schönheit in der Verzerrung, Ruhm in der Übertreibung; Entsetzen erweckt uns selbst seine Tugend, und das, was er seine Glückseligkeit nennt, kann uns nur Ekel oder Mitleid erregen."[32]

Ähnlich ethnozentrisch verblendete Texte der "aufgeklärten" Avantgarde finden sich bei Kant und Hegel, Marx und Freud. Unserem europäischen Menschentum – so Edmund Husserl 1935 in seinem Vortrag "*Die Krisis des europäischen Menschentums und die Philosophie*" vor dem Wiener Kulturbund – sei eine Entelechie eingeboren. Europäische Geschichte ist Weltgeschichte, der Fall Europas Weltmetapher.
Für die europäischen Entdecker stellten die eroberten Völker in ihrem jeweiligen Anderssein die Kindheit der Menschheitsgeschichte dar. Missionare betrachteten sich als "Väter dieser elenden Nation" von Minderjährigen, "die uns anvertraut wurden als Söhne und kleine Kinder, damit wir sie aufziehen, unterrichten, beschützen, korrigieren und sie im Glauben und in der christlichen Zivilisation erhalten und vorwärts bringen".[33] Taufe war als passive Glaubensfähigkeit nicht Hinführung zur Mündigkeit, sondern Kindertaufe, und konnte ohne längeres Katechumenat gespendet werden. Messianisch-evolutionistischer Entwicklungs- und Erziehungsidealismus war stets blind für das Anderen vorenthaltene Wissen und für die Anderen zugefügte Barbarei. Aber für den europäischen Fortschritt zu leiden hatte keine erlösende Kraft für die Indios, die da klagen:

---

[32] ebd. 24f.

[33] Brief des Franziskaners Jerónimo de Mendieta an den für Westindien zuständigen Generalkommissar seines Ordens, F. de Bustamante (1.1.1562), in: J. Garcia Icacbalceta (Hg.), *Colección de documentos para la historia de Mexico*, Bd. 2, Mexiko 1980, 519, 522 u. 524.

"Sie haben uns christianisiert, aber dabei haben sie uns von der einen auf die andere Seite getrieben wie Tiere (...). Die Musterchristen kamen hier mit dem wahren Gott an. Aber dieser war der Beginn unseres Elends, der Beginn unserer Steuern, der Beginn der Bettelei (...), der Beginn der Auseinandersetzungen mit Feuerwaffen, (...) der Beginn der Vertreibung aller, der Beginn der Sklaverei (...)."[34]

Die christianisierten Völker Lateinamerikas machen heute darauf aufmerksam, dass der koloniale Übertragungsprozess mit seinem zivilisatorischen Eros und seinem eurozentrischen Telos noch keineswegs der Vergangenheit angehören. Ihr erlaubt uns jetzt zwar, so meinen sie, die jeweiligen Gebrauchsanweisungen in unseren Muttersprachen zu lesen, aber die Baupläne einer neuen Weltordnung und auch die der nachkonziliaren Kirche liegen doch noch in europäischen Panzerschränken. Kompensatorischer Sozialeinsatz lenkt oft von der Abhängigkeit lateinamerikanischer Ortskirchen vom europäischen Kulturmonopol ab, und dies im Hinblick auf Glaubenshermeneutik, Theologie, Liturgie und pastorale Praxis.
Die Geburt Christi als die Geburt des Lichtes, um nur ein Beispiel zu nennen, kann man nur in Mitteleuropa am 25. Dezember, am Tag der Wintersonnenwende, also dem kürzesten Tag des Jahres, feiern. Warum mutet man Kirchen südlich des Äquators zu, das Weihnachtsfest gerade am längsten Tag des Jahres, am Tag der Sommersonnenwende, zu begehen? Durch die weltweite Gleichschaltung des liturgischen Kalenders verliert dieser an kosmologischer Relevanz. Dies gilt für solare und lunare Feste. Auch Ostern verliert in der Regenzeit und im Herbst der südlichen Halbkugel seine symbolische Aussagekraft. Der Andere ist entweder Zeuge einer *kolonialen* oder einer *anderen* Kirche. Gleichzeitig mit dem Kampf um soziale Gerechtigkeit geht es um das Recht, anders

34 Chilam Balam de Chumayel, in: M. León-Portilla (Hg.), *El reverso de la conquista*, Mexiko 1985, 84, 86.

zu sein. Die Gleichheit der Nicht-Hungernden ist nicht machbar ohne den partizipativen Spielraum der Alterität. Armenhäuser entstehen immer auf kulturellen Ruinen.

IV.

Anton Sepp, Jesuitenmissionar in Argentinien, berichtet in seiner "Reisebeschreibung" (1697), dass am Äquator, außer der Magnetnadel, sich alles verändere:

"Der Unterschied ist alleinig *respectu nostri* [in uns]: nämlich dass einer sein Konzept ganz verändere. Denn wo in Europa Mittag, ist bei uns Mitternacht (...). Der Mittagwind oder Süd ist bei ihnen warm, hier ist er frisch und kalt. Der Nord ist in Europa kalt, in Amerika badwarm. Und eben dieser Ursachen halber ist hier alles umgekehrt: jetzt, da ich dies schreibe, nämlich um Johanni, sind wir mitten im Winter, doch ohne Kälte, Frost und Schnee. (...) Im Dezember und Januar, wo in Europa alles zum Stein gefrieret, essen wir Feigen und brechen Lilien. Mit einem Wort, wie gesagt, alles ist hier verändert, und hat nicht übel gesprochen der Amerika die verkehrte Welt genennet."[35]

Die "verkehrte Welt", die Welt der Anderen, ist der Stachel gegen die eingefleischte Normalität von Neokolonialismus, Hegemoniestreben, okzidentalen Rationalitätsstandards und totalitären Wahrheitsansprüchen. Das ursprünglich europäisch-abendländische Paradigma des Umgangs mit Anderen ist heute weltweit verbreitet und steht vor einer historischen Hypothek und einer strukturellen Aporie. Dem politischen Druck

---

[35] Anton Sepp; Anton Böhm, Reisebeschreibung *wie dieselbe aus Hispanien in Paraquariam kommen und* Kurzer Bericht *der denkwürdigsten Sachen selbiger Landschaft, Völker und Arbeitung der sich alldort befindenden PP. Missionariorum*, Nürnberg 1997, 69f.

klassenteiliger *Einpassung*, neokolonialer *Anpassung* und neoliberaler *Aussperrung*, dem das Lebensprojekt der armen Anderen ausgesetzt ist, entsprechen ideologisch-legitimatorisch all jene in der okzidentalen Tradition beheimateten Metakonzepte von Geschichte, Vernunft und Kultur, welche Alterität nur evolutionistisch versprochen, hierarchisch gestuft, assimilatorisch angepasst oder exterritorial bzw. überhaupt nicht zu denken vermögen.

Vor den verschiedenen Lebensprojekten der armen Anderen und ihrem Widerstand gegen Integration, Assimilation und Exklusion kann Theologie nur dann relevant sein, wenn sie mit den armen Anderen Verantwortung übernimmt für:

a) die Revision universaler Paradigmen, der so genannten Großen Erzählungen, im Hinblick auf ihren ethnozentrischen Autoritarismus, ihre Erfahrungslosigkeit, ihre Distanz von Kontexten und Indifferenz gegenüber Subjekten, und für

b) die Revision eines nicht nur Strukturen der Sünde gegenüber exklusiven, sondern undifferenziert-ausschließenden Identitätsparadigmas des Christentums, und gleichzeitig

c) die Affirmation der armen Anderen im Hinblick auf ihre Identität, Partizipation und weltweite Artikulation betreibt.

Damit sind die Aufgaben umrissen, denen wir uns im Fortgang der Vorlesungen stellen müssen. Auf ganz konkrete Weise hat sie Alvar Núñez Cabeza de Vaca, ein schiffbrüchiger Soldat und "Edelmann" der Conquista, in der Wandlung vom Eroberer zum Sklaven und dann zum Heiler, Wundertäter und freien Menschen durchbuchstabiert. An der Küste Floridas hatte er 1528 Schiffbruch erlitten und acht Jahre in der Gefangenschaft der Indios verbracht. In seinem Bericht, den Henry Miller einen "hellen Fleck" in der Geschichte der *conquistadores* und der Menschheit nennt, erfahren wir, dass es nicht Sklaverei und Hunger, nicht Isolierung, Nacktheit und Ignoranz im Hinblick auf die indianische Kultur waren, die dem Schiffbrüchigen zu schaffen machten, sondern wie er sich nach und nach trennen musste "von den Gedanken, die für

einen Europäer die Kleider der Seele sind, vor allem von der Idee, dass Dolch und Degen (...) die Stärke eines Mannes ausmachen".[36] In dem Bericht über die Gefangenschaft von Cabeza de Vaca erleben wir die Geburt eines neuen Menschen, bezeugt nicht in apologetischer Missionarspost, sondern von den Indios selbst. Sie erklären dem Dolmetscher der *conquistadores* den Unterschied zwischen "Feldkaplan" und "Laienmissionar", zwischen einem, der kam, andere zu erobern, und einem, der sich gefangen nehmen ließ von Anderen:
– wir, Cabeza de Vaca und Gefährten, kämen vom Sonnenaufgang, während die *conquistadores* vom Sonnenuntergang kämen,
– wir machten die Kranken gesund, sie töteten die Gesunden;
– wir gingen nackt und barfuß, sie hoch zu Ross und mit Lanzen;
– wir seien nicht habgierig hinter Schätzen hergelaufen; wir gäben vielmehr alles, was man uns schenkte, weiter und behielten nichts für uns, während die Spanier nur die Absicht hätten zu rauben, was sie fänden, ohne mit irgendjemand etwas zu teilen.[37]
Zusammengefasst könnte man sagen, kulturelle Hermeneutik hängt vom richtigen Einstieg ab. Man muss barfüßig vom Sonnenaufgang her kommen, wie Jesus und Buddha, wie Franziskus und Gandhi. Man muss ganz frei und bereit sein, sich vom Anderen und seiner Welt gefangen nehmen zu lassen. Man muss es fertig bringen, wehrlos auf dem Boden des Anderen zu stehen, ohne Lanzen, ohne Kleider, unwissend und lernbereit. Die Bereicherung einer jeden Begegnung liegt in der Weisheit des Anderen und in seiner Lebensweise, das heißt, in der sehr komplexen Welt seiner kulturellen Kodifizierungen, und nicht in der materiellen

---

36 H. Long, *Die Schiffbrüche des Cabeza de Vaca. Bericht über die Wanderung und das Leben des spanischen Edelmannes Cabeza de Vaca unter den Indios der Neuen Welt in den Jahren 1528 bis 1536*. Mit einem Vorwort von Henry Miller, Zürich 1980, 9.

37 Vgl. ebd. 70, auch: N. Cabeça de Vaca, *Naufrágios e comentários* [1542], Porto Alegre 1987, 104.

Kultur seiner Objekte und "Bodenschätze". Dabei gibt uns die Kultur der Anderen unlösbare Rätsel auf. Der Andere ist ein Geheimnis. Mit Anderen leben heißt Geheimnisse gelten lassen. Im Erleben und Teilen des Ganzen liegt wohl ein Teil des Geheimnisses von Cabeza de Vaca als Wundertäter. Er soll nicht nur Kranke geheilt, sondern auch Tote erweckt haben. Auf unsere erstaunten Blicke und Zweifel – und ganz anders als der Jesuitenprovinzial im Vizekönigreich Peru, José de Acosta, der, weil Wunder zur Beeindruckung der Eingeborenen nicht mehr stattfänden, eine "neue Evangelisierung" unter Waffenschutz fordert[38] – würde Cabeza de Vaca wohl antworten: "Die Kraft, in anderen das Leben zu bewahren, lebt in jedem von uns, und aus jedem von uns weicht sie, wenn wir sie nicht nützen."[39]

---

[38] Vgl. Acosta, *De procuranda indorum salute* (wie Anm. 17), 387-608; Buch II, Kap. 12, 450.

[39] Long, *Die Schiffbrüche* (wie Anm. 36), 13.

II. Geschichte und Ideologie
Sklaverei und Sklavenbefreiung

Die Beschlüsse der Dritten Generalversammlung des lateinamerikanischen Episkopats in Puebla vom Jahre 1979 erwähnen in ihrem historischen Aufriss die afrikanische Sklaverei lediglich in einer Fußnote: "Das Problem der afrikanischen Sklaven verdiente unglücklicherweise nicht die nötige, von einer befreienden Evangelisierung geprägte, Aufmerksamkeit der Kirche."[40]
Wer nahezu 400 Jahre Sklaverei so kurz zusammenfasst, zeigt damit, dass die Aufarbeitung dieses Problems auch heute noch nicht ausgestanden ist. Erinnerungslosigkeit führt zu Vorurteilen. Zur Aufklärung dieser dunklen Seite der Geschichte kommt dem Quellenstudium eine besondere Bedeutung zu. Eines der immer wieder aus zweiter Hand zitierten Quellenwerke aus dem 18. Jahrhundert, die Lehrschrift *Etíope Resgatado*, soll hier paradigmatisch vorgestellt werden.[41]

1. Zur Fragestellung

Etíope resgatado, ein "theologisch-juristischer Diskurs" zur Sklavenfrage, wurde im Jahre 1758 in Lissabon veröffentlicht.[42] Autor war der in

---

40 Sekretariat der Deutschen Bischofskonferenz (Hg.), *Die Evangelisierung Lateinamerikas in Gegenwart und Zukunft*. Schlussdokument der 3. Generalversammlung der lateinamerikanischen Bischöfe in Puebla (Stimmen der Weltkirche 8), Bonn 1979, Nr. 8.

41 Ähnlich in: P. Suess, *Zur Geschichte und Ideologie von Sklaverei und Sklavenbefreiung in Brasilien*, Münchener Theologische Zeitschrift 43/3 (1992), 293-313. Mit ausführlichen Literaturangaben auch in: Raúl Fornet-Betancourt (Hg.), *Theologien in der Sozial- und Kulturgeschichte Lateinamerikas. Die Perspektive der Armen*, Bd. 2, Eichstätt 1993, 222-256.

42 Manoel Ribeiro Rocha, *Ethiope resgatado, empenhado, sustentado, corregido, instruido, e libertado.* (...), Lissabon 1758. – Zur Zeit sind mir nur

Bahia, Brasilien, lebende portugiesische Priester und Rechtsanwalt Manoel Ribeiro Rocha, der darin Vorschläge machte, wie afrikanische Sklaven in Brasilien vor dem Gesetz und dem Gewissen gehandelt, gültigerweise in Besitz genommen und schließlich befreit werden sollten.
Um die Leute aus dem Herrenhaus nicht aufzuschrecken, schickte der in Coimbra ausgebildete Rechtsanwalt in seiner Einleitung voraus, dass sein Vorschlag "die gleichen Gewinne und Interessen" garantiere, die augenblicklich durch das Sklavengeschäft abgedeckt seien.
"Etíope" bedeutete in der Kolonialgeschichte Amerikas "Afrikaner", und Afrikaner in Amerika waren über drei Jahrhunderte nahezu identisch mit Sklave. *Resgate* seinerseits bezeichnete den Loskauf als Ein- und Ablösung und hatte daher einen theologisch-juristischen Inhalt, der eine erlöserisch-humanistische Sorge zum Ausdruck brachte. Die Rechtsfigur des *resgate* artikuliert in analoger Weise den Loskauf von angeblich zum Tode verurteilten Stammesfeinden mit der Erlösung von zum "ewigen Tode" verurteilten Heiden.
Das Paradigma des *resgate* hatte im christlichen Portugal Manoel Ribeiro Rochas schon eine sich über mehrere Jahrhunderte erstreckende legitimatorische Tradition. Bereits in den offiziellen Chroniken der afrikanischen Conquista ist von einem Sklaverei oder Leibeigenschaft kon-

---

fünf Exemplare des Buches bekannt: eines in der Nationalbibliothek in Rio de Janeiro, ein weiteres in The British Library, London (vgl. *British Library General Catalogue of printed books*, 1975, Bd. 275, 45), ein drittes in Stuttgart, in der Brasilienbibliothek der Firma Bosch, die es 1987 bei dem Antiquariat Ramer in New York erworben hat; zwei Exemplare befinden sich noch in der Nationalbibliothek von Lissabon (SC 2577 P e SC 6040 P). Ein im Katalog der Bibliothek der Benediktinerabtei in Rio de Janeiro noch aufgelistetes Exemplar, das Rubens Borba de Moraes in seiner *Bibliographia Brasiliana* (Bd. 2, 741f) erwähnt, ist dort abhanden gekommen. Einc von mir betreute Neuauflage des Buches erfolgte 1992 durch den Verlag Vozes, Petrópolis.

stituierenden und gleichzeitig seelenrettenden Loskauf (resgate) die Rede.
Bei der Schilderung, wie dem Infanten D. Henrique die ersten an der afrikanischen Küste eingefangenen Sklaven vorgestellt wurden, schrieb Gomes Eanes da Zurara im Jahre 1453 in seiner Chronik von Guiné: "Selbst wenn ihre Leiber sich irgendwie in Knechtschaft befinden sollten, ist das eine Kleinigkeit im Vergleich zu ihren Seelen, die nun auf alle Ewigkeit wahrhaftige Freiheit haben werden."[43]
Unter den fünf Gründen, die den Infanten bewogen, "das Gebiet von Guiné aufzusuchen", schreibt Zurara, war vor allem "der große Wunsch, den er hatte, diese Länder dem heiligen Glauben an unsern Herrn Jesus Christus hinzuzufügen (...) durch die Rettung der verlorenen Seelen, die er durch seine Mühen und Ausgaben auf den rechten Weg bringen wollte (...)".[44]
Diese nicht mehr legitimationspflichtige Sklaverei voraussetzend, erlaubte es, dass der erste Jesuitenprovinzial Brasiliens, Manuel da Nóbrega, seinen Mitbruder Luís da Grã als aufmüpfigen "Eiferer der heiligen Armut" ironisieren konnte. Dieser verlange vom Orden, so Nóbrega in einem Brief an den Ordensgeneral, "weder landwirtschaftlichen Grundbesitz noch Sklaven" zu haben.[45] Und der erste Nachfolger des Ordensgründers Ignatius von Loyola, Pater Diego Laynes, billigte der Gesellschaft Jesu in Brasilien die zum Betrieb der Kollegien und Internate notwendigen Sklaven zu, sofern diese rechtmäßig erworben worden seien. "Sklaven zu haben für den Unterhalt der Rinderfarmen, zum Fischen oder für sonstige Arbeiten, die zur Aufrechterhaltung solcher

43 G. Eanes da Zurara, *Crónica de Guiné* (1453), 80.
44 ebd. 45.
45 Brief des brasilianischen Provinzials Manuel da Nóbrega an den Ordensgeneral Diego Laynes vom 12.6.1561 (S. Vicente). In: Leite (Hg.), *Cartas*, Bd. 3 (wie Anm. 18), 354-366, hier 364f.

Häuser notwendig sind, halte ich nicht für unangebracht", lautete die Rückmeldung des Ordensgenerals vom 16. Dezember 1562.[46]
Etwa siebzig Jahre später pries der Jesuitenprovinzial Antonio Vieira, der sich übrigens leidenschaftlich für die Freiheit der Indios einsetzte, die Sklaverei von Afrikanern in Brasilien als "großes Wunder göttlicher Vorsehung und Barmherzigkeit". Den Sklaven einer Zuckermühle in Bahia konnte er im Jahre 1633 zurufen:

"Oh, wenn doch die Schwarzen, die aus der Wildnis ihres Äthiopiens herausgeholt und nach Brasilien gebracht wurden, recht erkennen würden, wie sehr sie Gottes und ihrer heiligsten Mutter Schuldner geworden sind durch das, was als Verbannung, Gefangenschaft und Unglück erscheinen könnte, aber in Wirklichkeit ein Wunder, ein großes Wunder ist! Sagt mir: eure Eltern, die in der Finsternis des Heidentums geboren sind und in ihr leben und ihr Leben beenden ohne das Licht des Glaubens und ohne Gotteskenntnis – wohin kommen sie nach dem Tode? Alle (...) kommen sie in die Hölle, und dort brennen sie jetzt und werden brennen für alle Ewigkeit."[47]

Das religiöse Argument der Seelenrettung allein war aber nicht ausreichend, um die Wiedereinführung der Sklaverei großen Stils seit der zweiten Hälfte des 15. Jahrhunderts zu begründen. Das Paradigma vom *resgate* meinte Befreiung von Leib und Seele. In der Rechtssprache der Conquista bedeutete resgate daher auch Umwandlung einer härteren Strafe in eine leichtere, so zum Beispiel der Todesstrafe, welche die Afrikaner angeblich für ihre Stammesfeinde vorgesehen hatten, in lebenslängliche Zwangsarbeit und Sklaverei. Eanes da Zurara beschrieb, "wie Antão Gonçalves den ersten Loskauf bewerkstelligt hat: (...) ihr müsst

---

46 ebd. 514.

47 A. Vieira, *Sermão décimo quarto (1633)*, in: *Sermões. Obras completas do Pe. Antônio Vieira*, Porto 1951, Bd. 4, Tomo 11, Nr. 6, 301.

nämlich wissen", schreibt er, "dass diese Neger (...) schon Leibeigene der andern sind aufgrund alter Bräuche, die, wie ich glaube, von der Verdammung herrühren, die Noe nach der Sintflut über seinen Sohn Kam herabgerufen hatte".[48]

Eine in Sklaverei oder Leibeigenschaft umgewandelte Todesstrafe bedeutet eben nicht Tod, sondern Leben. Christliche Sklaverei wäre nur dann sinnlos, wenn es kein Weiterleben nach dem Tode gäbe. Weil es aber das Paradies gibt, bedeutet heidnische Freiheit einen Marsch ins Unheil. Die gängige Argumentationsfigur lautete in erster Instanz: "Besser ein lebender Sklave als ein zum Tode verurteilter afrikanischer Kriegsgefangener"; in zweiter Instanz lautete sie dann: "Besser ein christlich-erlöster Sklave als ein im wörtlichen Sinne verdammt-freier Heide". Selbst wenn es kein Christentum gäbe, wäre, angesichts der Todesstrafe, der Loskauf in die Sklaverei das kleinere Übel. Christliche Sklaverei aber fügt dem ersten Vorteil vorläufiger Lebensrettung den zweiten endgültiger Seelenrettung hinzu. Auf diese Weise konnte ein zum Loskauf der Sklaven gegründeter Orden selbst zum Sklavenbesitzer werden. Als die Mercedarier im Jahre 1794 aus der Provinz Pará vertrieben wurden, da gehörten zu ihren vom Staat eingezogenen Gütern neben großen Ländereien und Rinderfarmen mit 30.000 Ochsen, 40.000 Kühen und 8000 Pferden auch 375 Sklaven.[49]

Mit *Etíope resgatado*, mit dem losgekauften und weiterhin versklavten Afrikaner in Amerika, wird die Frage nach dem "realen" Christentum im Kolonialsystem und seiner ideologischen Verzerrung durch die Legiti-

48 Zurara, *Crónica* (wie Anm. 43), l.c., 85.

49 Vgl. E. Cruz, *Mercedários no Pará*, Revista de Cultura do Pará II/6-7 (Jan.-Juni 1972), 97-104, hier 103f. – Der Orden sei, so die Begründung für den Besitz von Sklaven, zum Loskauf von Christen aus muslimischer Gefangenschaft gegründet worden, deren Glaube in Gefahr gewesen sei. Für von Christen versklavte Afrikaner habe diese Gefahr ja nicht bestanden.

mation von Sklaverei aufgeworfen. Diese Legitimation benötigt neben dem theologisch-religiösen Argument der Seelenrettung auch das juristische Fundament eines so genannten Rechtstitels. Es musste sich nicht nur um subjektiv gutgläubig, sondern um objektiv rechtmäßig erworbene Sklaven handeln. Aber Sklaverei – auch als das auf Lebenszeit befristete kleinere Übel – war doch mit dem Makel eines unerlösten Fluchs behaftet und konnte für die Betroffenen nicht gerade zur Frohbotschaft werden. Es müsste gelingen, in den Türspalt der Sklavenhütte – so mochten die Überlegungen von Manoel Ribeiro Rocha gewesen sein – durch "Sklaverei auf Zeit" den Fuß einer Befreiungsperspektive zu setzen, ohne die Leute aus dem Herrenhaus aufzuschrecken.

2. Das Werk: *Etíope resgatado*

Im Kontext der Sklaverei, wo Menschen wie die "Kolonialwaren" Tabak, Zucker und Kaffee auf dem Markt gehandelt wurden, da schien die Perspektive eines "losgekauften Äthiopiers" und eines "befreiten Sklaven" völlig neue Horizonte menschlichen Zusammenlebens zu eröffnen. Viele, die Manoel Ribeiro Rochas Werk zitierten, ohne Gelegenheit gehabt zu haben, es zu lesen, ließen sich von dem programmatischen Titel des Buches faszinieren und feierten es als "revolutionär", "außerordentlich" und "genial". Um den revolutionären oder reformistischen, um den ideologischen oder prophetisch-denunziatorischen Charakter des Werkes beurteilen zu können, gilt es zunächst, seinen Inhalt kennen zu lernen.
Dem eigentlichen "theologisch-juristischen Diskurs" des *Etíope resgatado* gehen – ganz im Stil der Zeit – ein Widmungsgebet an die Allerheiligste Jungfrau Maria, eine Zusammenfassung der Argumente, Lobesgedichte an den Autor und schließlich die nötigen Druckerlaubnisse des Heiligen Offiziums, des Ortsbischofs und der Königlichen Verwaltung voraus. Die endgültige Druckerlaubnis ist vom 21. Juni 1758.
Das Buch *Etíope resgatado* hat acht Teile. Diese durchzieht in einem entwicklungslogischen Crescendo, wie ja schon der Untertitel andeutet,

der argumentative Faden vom "losgekauften Äthiopier" bis zum "befreiten Sklaven". Dieser freilich muss seine Freiheit im wörtlichen Sinne verdienen und in etwa 20 Jahren abarbeiten, damit seine Befreiung keinen Gewinnverlust für seinen Herrn bedeutet.
Der erste Teil des Buches behandelt den Gewissensbereich. Niemand, der unrechtes Gut kauft, erwirbt sich dadurch einen Rechtstitel über dieses Gut. So haben auch Sklavenhändler kein Recht über unrechtmäßig versklavte Afrikaner. Niemand kann im Jahre 1758 einen Sklaven kaufen, ohne Zweifel über die Rechtmäßigkeit seiner Versklavung zu haben. Die Mehrheit der Sklaven wurde unrechtmäßigerweise versklavt, sodass ihre heutigen Eigentümer die Pflicht zur Wiedergutmachung und zu ihrer Freilassung haben. Mit wenigen Ausnahmen befänden sich alle Sklavenhändler im Zustand der Verdammung.
Im zweiten und dritten Teil seines Werkes versucht Ribeiro Rocha diese Rechtsanomalie durch den theologisch-rechtlichen Vorschlag des Loskaufs und der Erlösung (*redenção*) zu sanieren. Der Autor schlägt einen von ihm als "klug" erachteten Mittelweg vor, der Herren und Sklaven entgegenkomme. Man müsse den Rechtsrigorismus, der die Freilassung der Sklaven bedeuten würde, vermeiden. Sofortige Sklavenbefreiung würde den Ackerbau, den Handel und "uns" alle schädigen, "die wir diese Sklaven haben für unsere Arbeit, Begleitung und Geschäfte und sie für notwendig halten für die menschliche Gesellschaft" (III, 23).[50]
Der Autor schlägt eine in diesem Zusammenhang neue, in Portugal aber nicht unbekannte Sprachregelung vor. Legitimerweise könnten die Sklavenhändler an den Küsten Afrikas die Sklaven nicht kaufen, sondern nur auslösen, d.h. von "der Sklaverei des Dämons" befreien. Die Händler erwarben keine Eigentumsrechte, sondern nur Pfandrechte. Wenn der Händler seine Intention ändere – er muss ab jetzt eben wissen dass es sich beim Kauf von Sklaven nur um Pfandrechte handelt –, könne der

[50] Die in Parenthese ( ) gesetzte Kombination von römischen und arabischen Ziffern verweist auf die Teil- und Abschnittsgliederung im Originaltext.

Sklavenhandel ruhig weitergehen. Die nun als Loskaufs- und Erlösungsakte sanierten Sklavenkäufe hätten im Gewissens- und im Rechtsbereich Gültigkeit (II, 22). In Wirklichkeit gebe es jetzt keine Sklaven mehr, sondern nur noch "erlöste" Abgabenpflichtige oder zurückgekaufte Gefangene, die eben ihr Lösegeld zurückerstatten müssten (II, 25). Die dem Lösegeld entsprechende Arbeitszeit könne maximal bis zu zwanzig Jahre dauern.

Im dritten Teil zeigt der Autor, dass es auch für den Gesetzesbereich kirchlicher und weltlicher Tribunale nur eine Möglichkeit gäbe, den Sklavenhandel auf rechtliche Füße zu stellen, nämlich über die Rechtsfigur des "Loskaufs von Gefangenen" (III, 4). Die Ungültigkeit des Sklavengeschäfts beruhe ja nicht auf Formfehlern – die wesentlich für den Rechtsakt seien und nach der damaligen Rechtsauffassung nicht saniert werden könnten –, sondern auf materialen Mängeln (III, 9.13.14.). Die Loskaufverträge, die in sich ja Rechtsgültigkeit hätten, bewegten sich auf der gleichen Rechts- und Absichtsebene wie die Kaufverträge. Daher, so Manoel Ribeiro Rocha, können ungültige Kaufverträge durch Umwandlung in gültige Loskaufverträge saniert werden. Das komme allen Beteiligten zugute. Die Sklaven seien jetzt eigentlich keine Sklaven mehr, sondern zeitlich befristete Gefangene. Der Sklavenhandel könne nun guten Gewissens fortgesetzt werden. Schließlich schaffe dieser Vorschlag auch für die Richter eine gewisse Rechtssicherheit (III, 20).

Vom vierten bis zum siebten Teil beschreibt der Autor die Pflichten der Sklavenbesitzer: den Unterhalt, die Zurechtweisung und die Unterweisung. Der vierte Teil handelt von der "Normalität" und "Reziprozität" der Pflichten zwischen Herrenhaus und Sklavenhütte. Ribeiro Rocha geht dabei – wie dies schon 50 Jahre früher der Jesuit Jorge Benci getan hatte – vom Buch Jesus Sirach aus, das "für den Sklaven Brot, Züchtigung und Arbeit" (Sir 33, 25) vorsieht.[51] Zum "täglichen Brot" rechnet

[51] Vgl. J. Benci, *Economia Christuã dos Senhores no Governo dos Escravos.* (...), São Paulo 1977 (Rom 1705). – Las Casas seinerseits sah sich durch

der Autor auch Christenlehre, Erziehung, Kleidung, Gesundheitsfürsorge und sonntägliche Freizeit "zur geistlichen Weide der Seele" (IV, 18). Die Unterhaltspflicht entspreche dem nicht bezahlten Lohn (IV, 21) und habe ihre Grundlage im Gemeinrecht, im vierten Gebot des Alten und im Liebesgebot des Neuen Testaments (IV, 14).

Im fünften Teil behandelt Rocha die Pflicht des Herrn zur Besserung und Züchtigung der Sklaven. Die Strafen müssten wohl bemessen sein. Vorbeugestrafen, wie sie vielfach auf den Plantagen, den Zuckermühlen und in der Erzausbeutung angewendet würden, bezeichnet Rocha als "Land- oder Buschtheologie", die mit "christlicher Theologie" nicht zu vereinbaren sei (V, 14). Die Strafe solle eine den Gefangenen, die ja unsere Brüder sind, "würdige Züchtigung" sein (V, 38f).

Die Unterweisung wird im sechsten Teil des Werkes abgehandelt. Sie besteht vor allem in der so genannten Christenlehre. Die Herren müssten den Sklaven das Credo, die Zehn Gebote, die Kirchengebote, das Vaterunser, das Ave-Maria, die sieben Todsünden und die sieben Sakramente beibringen (VI, 11). Das erfordere von Seiten der Herren Ausdauer und Geduld, von Seiten der Sklaven Eifer, der durch Züchtigung oder Belohnung angespornt werden müsse (VI, 13.15.20).

Bei erwiesener Unfähigkeit zur Christenlehre sollte den Sklaven wenigstens ein Kurzkatechismus beigebracht werden, wie er ja in der Verfassung des Erzbistums von Bahia vorgesehen sei (VI, 21-27).[52] Wenn die Sklaven selbst diese Kurzkatechese nicht auswendig lernen könnten, dann seien schließlich die Pfarrer für ihre Unterweisung verantwortlich, so wie sie ja auch für die Bekehrungen der neu Angekommenen zustän-

---

das folgende Kapitel des gleichen Buches Jesus Sirach (Sir 34, 24ff) so infrage gestellt, dass es den Anfang seiner Bekehrung und Sklavenbefreiung markiert. Vgl. B. de Las Casas, *Historia de las Indias*, Buch 3, Kap. 79.

52 Vgl. *Constituituições Primeiras do Arcebispado da Bahia*, Lissabon 1707, Nr. 579-584.

dig seien. Die Kinder dieser Neuankömmlinge sollen auch ohne Zustimmung ihrer Eltern getauft werden (VI, 31-34).
Im siebten Teil des Werkes geht es um "gute Bräuche und Sitten" der Sklaven. Es sei die Pflicht eines jeden Christen, eine sonntägliche Messe zu hören, die Gebote zu beachten, die Fasttage zu halten, täglich zu beten und die Sünden zu beichten. Zu den Sünden gehörten auch die öffentlichen Laster, wie zum Beispiel die Verfehlungen gegen die Enthaltsamkeit, Trinkereien, Spiele, übertriebene Sinnlichkeit. Die Herren der Sklaven dürften die Ehen ihrer Untergebenen nicht verhindern (VII, 17f). Im Allgemeinen sollten die Laster durch Wachsamkeit, Arbeit und Züchtigung unterdrückt werden (VII, 6.9-12). Aber auch das gute Beispiel der Herren und die Gnade der Sakramente könnten zu guten Sitten führen (VII, 20-25).
Im letzten Teil nimmt der Autor schließlich die Perspektive der Sklavenbefreiung wieder auf. Die ursprünglich-natürliche Freiheit könne auf vierfache Weise zurückgewonnen werden: durch Rückzahlung des Kaufpreises (VIII, 9-17), durch Abdienen der gesamten Unkosten (VIII, 18-23), durch den Tod des Herrn, der dem Sklaven die noch fehlende Arbeitszeit nachlässt (VIII, 24-28), und schließlich durch den Tod des Sklaven (VIII, 29-44).

3. Der Autor: Manoel Ribeiro Rocha

Über Manoel Ribeiro Rocha, Autor von *Etíope resgatado*, ist bis heute kaum etwas bekannt, das über die auf der Titelseite seines Werkes angegebenen Informationen hinausgeht: geboren in Lissabon; Bakkalaureus der Universität Coimbra; wohnhaft und als Rechtsanwalt tätig in der Stadt Bahia. Dort hat er bis Ende 1756 – die erste Druckerlaubnis ist auf den 2. März 1757 in Lissabon datiert – sein Buch *Etíope resgatado* geschrieben. Die beiden Gutachter des Heiligen Offiziums von Lissabon, Frei Lourenço de Santa Rosa und Frei Alberto de S. Joseph Col, nannten den Autor *padre*, was in diesem Zusammenhang Weltpriester bedeutet.

Da dem Werk auch keine Druckerlaubnis eines Ordensobern beigefügt wurde und er in den verschiedenen Widmungen und Anreden, die dem Buch vorausgingen, immer als "padre" bezeichnet wurde, kann mit Sicherheit gesagt werden, dass es sich bei Manoel Ribeiro Rocha um einen in der Erzdiözese Lissabon inkardinierten und nach Bahia entsandten "sehr eifrigen Missionar" und Weltpriester gehandelt hat.[53]
Der Name des Autors taucht zum ersten Mal im Nachtragsband der Bibliotheca Lusitana (1759) von Diogo Barbosa Machado auf, wo seine ersten beiden Bücher, nicht aber *Etíope resgatado* genannt sind.[54] Daraus kann geschlossen werden, dass Etíope das letzte der drei von M.R. Rocha geschriebenen Bücher war, die alle im Jahre 1758 publiziert wurden. Über ein Jahrhundert später, im Jahre 1862, schrieb Inocêncio Francisco da Siva in seinem *Diccionario Bibliographico Portuguez*, dass er weder Geburts- noch Sterbedatum des Autors kenne.[55] Inocêncio zählte erstmals unter den Werken Rochas auch *Etíope resgatado* auf, von dem er sagte, dass er persönlich noch kein Exemplar in Händen gehabt habe.
Die von Rubens Borba de Moraes herausgegebene Bibliographia Brasiliana weist auf ein Exemplar des *Etíope Resgatado* im Kloster São Bento in Rio de Janeiro hin, das der Pastor Robert Walsh dort benützt habe.[56] Walsh schreibt im Jahre 1829 in seinen *Notícias do Brasil*: "Ich erfuhr, dass es zwei Exemplare dieses Werkes in Rio gibt, in der Kaiserlichen Bibliothek und im Konvent Santo Antonio; ich suchte sie jedoch dort vergeblich (...). Aber der Bibliothekar des Konvents von São Bento be-

[53] Die Druckerlaubnis des Gutachters des Heiligen Offiziums Joseph Col spricht vom "hochwürdigen Pater Manoel Ribeiro Rocha, akkreditiert in Lissabon, Assistent in Bahia" und die des Ortsbischofs von Lissabon nennt den Autor einen "sehr eifrigen Missionar".

[54] *Biblioteca Lusitana*, 4 Bde., Lissabon 1741-1759. Hier Bd. 4, 248f.

[55] *Diccionario Bibliographico Portuguez*, 23 Bde., Lissabon 1858ff. Hier Bd. 6, 91.

[56] *Bibliographia Brasiliana*, hg. von R. Borba de Moraes, 2 Bde., Los Angeles-Rio de Janeiro 1983, hier Bd. 2, 741f.

sorgte mir ein Exemplar, aus dem ich mir einige Auszüge machte."[57] Walsh verwandelt *Etíope resgatado* in *Etiópia Resgatada* und seinen Autor Manuel (sic!) Ribeiro Rocha in einen Vorläufer der Abolitionisten. Rocha, so behauptet Walsh, betrachte "den Sklavenhandel als Piraterie" und schlage die Befreiung der Sklaven vor, "nachdem sie ihren Herren fünf Jahre gedient hätten".

Francisco Adolfo de Varnhagen (1816-1878) übernimmt die Informationen von Walsh, verwandelt ebenso *Etíope resgatado* in *Etiópia Resgatada* und macht aus "Pater Manuel (sic!) Ribeiro da (sic!) Rocha" einen "philanthropischen Autor", der "vorgeschlagen habe, den Sklavenhandel zu Schiff zur Piraterie zu erklären, und dass Sklaven ihre Freiheit mit fünf Jahren Gefangenschaft zurückkaufen könnten".[58] Diese Behauptungen Varnhagens halten einer Lektüre des Buches nicht stand. An keiner Stelle seines Werkes schlägt Ribeiro Rocha die Brandmarkung des Sklavenhandels als Piraterie oder den Loskauf der Sklaven nach fünf Jahren vor. "Einverstanden mit dem Handel des Loskaufs von Gefangenen" (II, 9), schlägt Ribeiro Rocha "einen Mittelweg" (II, 3) vor, der die Piraterie für den Gewissens- und Rechtsbereich regelt. Er sucht Lösungen, bei denen die Zeit des Loskaufs sich bis auf zwanzig Jahre belaufen kann (II, 16ss; II, 32; VIII, 18).

Auch die Informationen von José Honório Rodrigues, der sich fälschlicherweise auf Band drei (und nicht auf Band vier) der Bibliotheca Lusitana berief, dessen Informationen er an verschiedenen Stellen korrigierte, sind irreführend.[59] Nach Rodrigues ist *Etíope resgatado* das posthume Werk eines Jesuiten Manuel Ribeiro da (sic!) Rocha, der "58 Jahre alt

---

57 R. Walsh, *Notícias do Brasil* (1828-1829), 2 Bde., Belo Horizonte-São Paulo 1985, hier Bd. 2, 148-150.

58 F.A. de Varnhagen, *História geral do Brasil*, 9. Aufl., Bd. 2 (Tomo 4, secção 45), São Paulo 1978, 254.

59 Vgl. *Biblioteca Lusitana* (wie Anm. 54), Bd. 3, Stichwort "P. Manoel Ribeiro", 351, mit Bd. 4, Stichwort "Manoel Ribeiro da Rocha", 248f.

und 40 Jahre der Gesellschaft Jesu angehörend, im Jahre 1745 in Bahia verstorben sei".[60]

Perdigão Malheiros, Serafim Leite, Wilson Martins, João Manoel Lima Mira, Martins Terra, René Renou und Eduardo Hoornaert – sie alle erwähnen Manoel Ribeiro Rocha und sein Werk, ohne es, in den meisten Fällen, persönlich in Händen gehabt zu haben.[61] Selbst Ronaldo Vainfas kennt in seiner Arbeit über "Ideologie und Sklaverei" den Autor des Etíope nur als Manuel (sic!) Ribeiro da (sic!) Rocha.[62]

Im Nationalarchiv Torre do Tombo in Lissabon erscheint im Register der Kanzlei D. Jos, I. der Name "Rocha Ribeiro (Pe. Manoel da)" am 12. Januar 1781 als Bittsteller eines Staatszuschusses und als Pfarrer der Pfarrei S. José.[63] Es ist vorstellbar, dass Manoel Ribeiro Rocha an seinem Lebensabend von Bahia nach Lissabon zurückgekehrt ist und als

---

60 J.H. Rodrigues, *História da História do Brasil. Primeira Parte: Historiografia Colonial*, São Paulo 1979, 416.

61 Vgl. A.M. Perdigão Malheiro, *A escravidão no Brasil*, 2 Bde., Petrópolis 1976, Bd. 2, 81; S. Leite, *História da Companhia de Jesus no Brasil*, 10 Bde., Lissabon-Rio de Janeiro 1938, Bd. 2, 351, Fußnote 1; W. Martins, *História da inteligência brasileira*, Bd. 1, São Paulo 1977, 383ff; J.M. Lima Mira, *A evangelização do negro no período colonial brasileiro*, 217; M. Terra, *O negro e a Igreja*, São Paulo 1984, 89f; R. Renou, *Religion et société au Brésil au XVIIIe siècle*, Nanterre 1987, 1012; E. Hoornaert, *Padres e escravos no Brasil-Colônia*, Vida Pastoral XXIX/138 (Jan.-Feb. 1988), 21-26, hier 26.

62 Vgl. R. Vainfas, *Ideologia e escravidão*, Petrópolis 1986. Vainfas befasst sich relativ ausgiebig mit *Etíope resgatado*, ohne besonders auf die ideologische Funktionalität zwischen Portugal und Brasilien im damaligen historischen Kontext einzugehen (vgl. 98f; 110-112; 115f; 141-148).

63 Vgl. *Índice da Chancelaria de D. José I.: Doações, Ofícios, Mercês, Privilégios*, Bd. 141, 346f. – In den *Registros Paroquiais do Destrito e Conselho de Lisboa, Freguesia de S. José* (Obitos, livro 7), erscheint die Unterschrift eines Pfarrers Manoel da Rocha Ribeiro, vom 6.10.1780 bis zum 9.6.1781.

Pfarrer von S. José seinen Lebensabend beschlossen hat. Möglicherweise hat ihm seine schriftstellerische Tätigkeit und seine Freundschaft mit den Jesuiten – nach deren Vertreibung im Jahre 1760 und nach der Abdankung des Erzbischofs – in Brasilien Verdruss eingebracht. Aber bis jetzt gibt es keine zwingenden Hinweise für die Identität des Manoel Ribeiro Rocha – Pater, Rechtsanwalt, Schriftsteller – mit Manoel Ribeiro da (sic!) Rocha, dessen zittrige Handschrift am 9. Juni 1781 zum letzten Mal im Totenbuch der Pfarrei S. José zu finden ist.

4. Legitimation aus der Bibel

Wie eingangs bereits erwähnt, war das Paradigma vom "Loskauf" (*resgate*) schon drei Jahrhunderte vor Manoel Ribeiro Rocha ein ideologisches Werkzeug, um die Sklaverei im Dienst von Gott und König in ein humanitäres Hilfswerk und eine christliche Wohltat umzudeuten. Der Hofchronist Gomes Eanes de Zurara führte zur Begründung der Sklaverei ein sich damals jeder Legitimationspflicht entziehendes Argument der Tradition und göttlichen Vorsehung ins Feld. Es sei ja "aufgrund alter Bräuche", die wohl "von der Verdammung herrührten, die Noe nach der Sintflut über seinen Sohn Kam herabgerufen hatte", dass die Afrikaner untereinander Frondienste und Sklaverei praktizierten.[64]

Das Alte Testament verstand unter Äthiopien das Gebiet südlich des heutigen Assuan (Ez 29, 10), das ursprünglich Kusch und später Nubien genannt wurde. Aus Kusch sollte nach Isaias (18, 1-7) ein Volk mit "bronzefarbener Haut" kommen, um Jahve am Sionsberg anzubeten. Die Taufe des Äthiopiers in der Apostelgeschichte (8, 26ff) hat diesen literarisch-theologischen Hintergrund. Der Äthiopier bittet hier um Erklärung des Isaiastextes über den Gottesknecht. In der messianischen Zeit entdeckt das von den Enden der Welt kommende Volk die Bedeutung des

---

[64] Zurara, *Crónica* (wie Anm 43), l.c., 85.

Gottesknechtes in der von Knechtschaft befreienden Taufe, die es dem Äthiopier ermöglicht, "voller Freude seinen Weg fortzusetzen".
Im griechisch-römischen Altertum wurde mit Äthiopien ganz Afrika südlich Ägyptens und später auch die Länder des Indischen Ozeans und Indien selbst bezeichnet. Aus der geographischen Bezeichnung Kusch wurde Aethiopia und aus dem Volk mit "bronzefarbener Haut" wurden Aithiopes, "Brandgesichter".[65] Die griechische und die lateinische Bibelübersetzung – LXX und Vulgata – folgten hier dem landesüblichen Sprachgebrauch. Damit war der Weg für den verallgemeinernden Gebrauch von "Äthiopier" als "Afrikaner" oder "Dunkelhäutiger" vorbereitet.
Die koloniale Christenheit griff immer wieder auf die Bibel zurück, um die Sklaverei der Äthiopier/Afrikaner zu rechtfertigen. Das Buch Genesis bezeichne die Sklaverei der Nachkommen Kams zwar als Fluch (Gen 9, 18ff), aber – so wurde argumentiert – ein Teil der aus der Sintflut hervorgegangenen Menschheit sei eben der schicksalhafte Träger dieses Fluches.
Auch im Neuen Testament sei vom Christen Philemon nicht gefordert worden, seinen flüchtigen und nun getauften Sklaven Onesimus freizulassen. Paulus schickte ja Onesimus wieder seinem Herrn Philemon zurück, forderte diesen aber auf, den entlaufenen Sklaven wie einen Bruder zu behandeln (Phm 8ff; Kol 4, 9). Aber Sklave und Bruder, Sklaverei und Brüderlichkeit waren im Kolonialsystem schlecht auf einen Nenner zu bringen. Und schließlich habe der Apostel Petrus die Sklaven ermahnt, sich "aus Liebe zu Gott" ihren Herren zu unterwerfen – "nicht nur den guten und vernünftigen, sondern auch den launenhaften" (1 Petr 2, 18).

---

65 Wahrscheinlich handelt es sich um ein Kompositum aus αιθω (brennen, lodern, leuchten) und ωψ (Gesicht, Auge, Antlitz). Vgl. das Stichwort Αιθιοψ in: A. Bailly, *Dictionnaire grec français*, Paris 1990.

Die neue Bruderschaft "in Christus" und die Eucharistiegemeinschaft nährten im frühen Christentum jedoch den Traum struktureller Veränderung asymmetrischer Sozialbeziehungen. Möglicherweise war es dieser Traum und die konkrete Verheißung, dass eines Tages die Letzten auch geschichtlich-konkret die Ersten sein würden, welche den Grundstoff für die Legende geliefert hatten, dass der bei Paulus erwähnte Sklave Onesimus eines Tages Bischof von Ephesus geworden sei.[66] Schließlich wurde aus der Verheißung historische Wirklichkeit, als im Jahre 217 der ehemalige Sklave Calixtus zum Papst Calixtus I. (217-222) gewählt wurde. Aber dies blieb eine Ausnahme in der Geschichte der Kirche. Die Bekehrung Kaiser Konstantins zum Christentum markiert die Wende. Wenn man die Macht hat, wird man vergesslich, angepasst und arrogant. Das ändert alles. Schriftlektüre wird dann schnell zur Legitimation der jeweiligen Verhältnisse.
Auch die Schriftlektüre Rochas bildet da keine Ausnahme. Er hatte ja keine Option für die Sklaven getroffen, sondern versuchte in einer Art Schiedsrichterrolle zwischen Herren und Sklaven zu vermitteln. Den einen stellte er die gleichen Gewinne in Aussicht, den anderen nach zwanzigjähriger Arbeitszeit die Freiheit. Aber in einem System struktureller Unterdrückung entgeht der sich zwischen die Parteien stellende Vermittler dann schließlich doch nicht der kolonialen Grundoption für die Herren. Die Bibel Rochas ist nicht die Bibel der Gerechtigkeit einklagenden Propheten, sondern die der tröstenden Weisheitsbücher. Mehr als 80 % seiner Schriftzitate erscheinen erst ab dem fünften Teil des Buches, um vorweggetroffene Behauptungen zu untermauern.
Die koloniale Schriftexegese Rochas, sekundiert von den Moraltheologen Luis de Molina, Fernando Rebello und Thomás Sánchez, musste

---

66 Diese Legende hat als historischen Hintergrund den Brief des Märtyrerbischofs Ignatius von Antiochien an die Gemeinde von Ephesus (1,3), in dem liebevoll an einen nicht weiter identifizierbaren Bischof Onesimus erinnert wird (P.G. 5, 644ff).

sich aufgrund ihrer Systemlogik auf einen spiritualisierend-paternalistischen Fundamentalismus versteifen, der Afrikaner als Sklaven und später als Lohnarbeiter, nicht aber als Konfratres in Ordenskonventen und Pfarrhäusern zuließ. Noch bis zur Mitte dieses Jahrhunderts, praktisch bis zum Zweiten Vatikanum, gab es bei einer Reihe von Orden und Kongregationen Brasiliens ein statutarisches Zulassungsverbot für Schwarze. Offenbarung, Tradition und Vernunft, die drei klassischen Quellen christlicher Theologie, sind – wie die Geschichte zeigt – nicht unschuldig-neutral abrufbar. Nur historisch-kulturell artikuliert und aus der evangelischen Perspektive der Armen (Lk 4, 18; 7, 22), der Kleinen (Mk 9, 42; Lk 10, 21), der Verlorenen (Lk 15), der Letzten (Mk 9, 34) und der Anderen (Mt 8, 5ff; Lk 10, 33ff) erzeugen sie jenes Licht, das es den Christen ermöglicht, in der "Befreiung der Gefangenen" Praxis und Imperativ ihres Gründers zu erkennen.

5. Der historische Kontext

Die Sklaverei einer Epoche konfrontiert den historischen Betrachter in besonderer Weise mit strukturellen Fragen ökonomischer Ausbeutung und sozialer Ungleichheit und mit ihrer Legitimation in einer bestimmten Gesellschaftsformation. Im engeren Sinne geht es um die Ausbeutung der Arbeitskraft und um den Kolonialwarencharakter nicht nur der Arbeit, sondern insbesondere der arbeitenden Menschen. Der in Salvador da Bahia bis Ende 1756 geschriebene und in Lissabon im Juni 1758 veröffentlichte "theologisch-juristische Diskurs" des Manoel Ribeiro Rocha interessiert sich – laut Druckerlaubnis des Königlichen Hofes – "sehr für das geistliche Reich Christi und für die Königliche Krone". Dieser Diskurs ist einerseits Reflex der auf Sklavenarbeit beruhenden Basisverhältnisse; andererseits will er aber auch diese Verhältnisse durch den Vorschlag einer zeitlich befristeten Sklaverei verändern. Wer mit einem so heiklen Thema in der Metropole Portugal und im Kolonialland Brasilien den Beifall der herrschenden Klasse ernten wollte, der musste schon einen sehr "ausgewogenen" Reformvorschlag machen. Um diese "Ausgewogenheit" des *Etíope resgatado* zu charakterisieren, sollen einige Elemente zum damaligen wirtschaftlichen Strukturwandel, zu den politisch-rechtlichen Verhältnissen zwischen Portugal und Brasilien und schließlich zur Sozialstruktur der Erzdiözese Bahia eingebracht werden.

5.1. Strukturwandel

Für die Metropolen war es stets nötig, ihre Märkte mit konkurrenzfähigen Waren aus den Kolonien zu versorgen. Andererseits wurde es mit der beginnenden Industrialisierung des 18. Jahrhunderts unabdingbar, eine wachsende Nachfrage durch eine Produktionsweise zu fördern, welche die in den Anfängen befindliche Akkumulation von Kapital und damit die Kaufkraft von immer breiteren Schichten begünstigte. Dieser komplexen Interessenlage – billige Waren aus der Kolonie und Kapitalbildung in der Metropole – versuchte Portugal durch die schrittweise Abschaffung der Sklaverei im eigenen Land und durch ihre staatliche Förderung und Kontrolle in Brasilien gerecht zu werden.
Die portugiesische Wirtschaft war nie von Sklavenarbeit abhängig, obwohl der Sklavenhandel seit der Mitte des 15. Jahrhunderts zu einem einträglichen Geschäft geworden war.[67] Im Jahre 1551 waren von den 100.000 Einwohnern Lissabons etwa 10.000 Sklaven. Um das Jahr 1620, bei einer Bevölkerung von 165.000 Einwohnern, überschritt die Zahl der Sklaven Lissabons kaum die Ziffer 10.000, war also von 10 % auf 6 % abgesunken.[68]

---

67 Vgl. J. Tinhorão Ramos, *Os negros em Portugal*, Lissabon 1988, 55ff u. 78ff.

68 Vgl. C.F. Falcon; A.F. Novais, *A extinção da escravatura africana no quadro da política econômica pombalina. Anais do VI Simpósio Nacional dos Professores Universitários de História*. XLIII, Bd. 1, São Paulo 1973, 405-425, hier 408.

Für Brasilien lagen die Dinge anders. Brasilien war der typische Fall eines peripheren Landes im Kolonialsystem mit der Aufgabe, ganz bestimmte Waren – Zucker, Tabak, Baumwolle, Kakao, Bodenschätze – billig für den Markt der Metropole bereitzustellen. Da die kapitalistische Marktwirtschaft jedoch die Produktivkraft als Ware und den Arbeitslohn als Profitquelle betrachtet, wird Sklavenarbeit bei der Integration des reinen Merkantilismus in den Kapitalismus immer durch so genannte freie Lohnarbeit ersetzt. Lohnarbeit ist in dieser neuen Konstellation profitträchtiger als Sklavenarbeit, die ja durch den Kaufpreis des Sklaven einen "Lohnvorschuss", das heißt Kapitalinvestition erfordert und einen gesicherten Arbeitsplatz garantiert. Im Gegensatz zu den Sklaven konnten freie Lohnarbeiter bei Konjunkturschwankungen jederzeit entlassen werden.

In diesen neuen Verhältnissen, in denen Lohnarbeit gewinnbringender war als Sklavenarbeit, wurde es notwendig, einen gewissen Überschuss an freien Arbeitskräften und die ausschließliche Kontrolle des Arbeitsmarktes zu garantieren. Im Falle Brasiliens, und dies gilt für die meisten Länder Lateinamerikas, war ursprünglich weder der Überschuss an Arbeitskräften noch die Ausschließlichkeit des Arbeitsmarktes garantiert. Jeder Arbeiter – die Indios haben dies immer wieder gezeigt – konnte sich im Landesinnern ein Stück Land nehmen und bewirtschaften. Subsistenzwirtschaft garantiert dem Einzelnen zwar einen relativ großen Freiheitsraum, trägt jedoch – vom Gesichtspunkt kapitalistischer Marktwirtschaft aus – nichts zur Entwicklung des Landes bei. Subsistenzwirtschaft lebt sozusagen am marktwirtschaftlichen System, an den durch Waren und Arbeit erzeugten Gewinnen des Staates und der privaten Hand, vorbei.

Dies erklärt, warum im brasilianischen Kaiserreich (1822-1889), das für die Sklaven ja nicht Unabhängigkeit, sondern nur die Fortsetzung kolonialer Verhältnisse bedeutet hat, der Sklavenbefreiung ein Gesetz zur "Bodenversklavung" durch Kapital und Großgrundbesitz und zum Import freier Lohnarbeiter vorausgeschickt worden ist. Dieses Gesetz für

Grund und Boden aus dem Jahre 1850 ist ein wichtiger Schlüssel zum Verständnis der gesamten Abolitionsgesetzgebung Brasiliens.[69] Es versperrte den im Jahre 1888 befreiten Sklaven von vornherein den Zugang zur Landwirtschaft und Subsistenzwirtschaft. Gleichzeitig sorgte eine wohl kalkulierte Immigrationspolitik, die europäische Siedler ins Land lockte, dafür, das Land, vor allem den Süden, endgültig in Besitz zu nehmen, es von "vagabundierenden Indios" zu befreien oder diese, wie in Artikel 12 des Bodengesetzes vorgesehen, in Kolonien zusammenzufassen und den nötigen Überschuss an Arbeitskräften zu garantieren. Weitsichtige Politiker wie Joaquim Nabuco (1849-1910) haben den Zusammenhang zwischen Sklavenbefreiung und Landreform früh erkannt, ohne jedoch die Landfrage jemals in den Griff zu bekommen. In einer Wahlkampfrede in São José de Riba-Mar am 5. November 1884 erklärte Nabuco: "Ich trenne nicht mehr die zwei Fragen, die der Emanzipation der Sklaven und jene der Demokratisierung des Bodens. (...) Es ist nicht gerecht, dass ein System von Gesetzen, das vom Monopol der Sklaverei ausgedacht worden ist, mitten im Überfluss Elend produziert und, angesichts einer neuen Welt, die Kräfte lahm legt, die nichts anderes als Arbeit fordern."[70]

---

69 Das Gesetz, das über Grund und Boden im Kaiserreich befindet, wurde zwei Wochen nach dem so genannten Gesetz Eusébio de Queiroz verabschiedet, das die Sklavenbefreiung durch das Verbot des überseeischen Sklavenhandels einleitete. Vgl. Lei Nr. 581 vom 4.9.1850 und Lei Nr. 601 vom 18.9.1850. In: *Collecção das Leis do Império do Brasil de 1850*, Bd. 9, Teil 1, 267-270; 307-313. Artikel 1 des Bodengesetzes vom 18.9.1850 bindet den Landerwerb an Kauf (Kapital) und Artikel 18 bestimmt die dadurch gewonnenen Mittel für die Einfuhr von freien Landarbeitern. Beide Maßnahmen – die Bindung des Landerwerbs an die Kaufkraft und die Einfuhr von Landarbeitern – haben den 38 Jahre später "befreiten" Sklaven den Zugang zum Ackerland nahezu unmöglich gemacht.

70 J. Nabuco, *Obras Completas*, São Paulo 1949, Bd. 7, 286f.

5.2. Gesetzgebung zur Sklavenbefreiung in Portugal

Der "losgekaufte Äthiopier" versetzt uns in die Zeit des Sebastião José de Carvalho e Melo, der über 25 Jahre Staatssekretär und Erster Minister des portugiesischen Königs D. José I. (1750-1777) war. Im Jahre 1770 wurde er mit dem Titel eines Marquis de Pombal belohnt, mit dem er auch in die Geschichte einging. Es war Pombal, der die Abschaffung der Sklaverei in Portugal, die "Befreiung" der Indios von den Jesuiten – in Wirklichkeit war es eine Befreiung der Indios für den Arbeits- und Warenmarkt – und forcierte Sklaverei in Brasilien auf einen gemeinsamen gesetzlichen Nenner gebracht hat.

Die Gesetzes- und Verwaltungsmaßnahmen Pombals zeigen eine von politischem Opportunismus und ökonomischen Gewinnraten geleitete Staatsräson ohne ethische Grundsätze. So konnten zwei vom 20. März 1758 datierte königliche Briefe, die an den Bischof von Makau und an den Vizekönig von Indien gerichtet waren, die Sklaverei für "barbarisch" erklären und sich besorgt darüber zeigen, dass die Sklaverei in China ja "die christliche Religion verhasst" machen könnte, während gleichzeitig die Krone aus dem Sklavengeschäft Brasiliens harte Münze gewann.[71] Ob sich die christliche Religion nicht vielleicht auch bei den afrikanischen Sklaven Brasiliens verhasst machen könnte, war offensichtlich keine relevante Frage.

Um die Kolonialwaren für den europäischen Markt zu garantieren, mussten zunächst die Arbeitskräfte für die Plantagen Brasiliens sichergestellt werden. Folglich verbot ein Brief in Gesetzesform vom 14. Oktober 1751 den Sklavenexport in Länder außerhalb des Herrschaftsbereichs Portugals.[72]

---

71 A.D. da Silva (Hg.), *Supplemento à Collecção da Legislação Portuguêsa* (1750-1762), Lissabon 1842, 507-509 [SCLP].

72 Ders. (Hg.), *Collecção da Legislação Portuguêsa* (1750-1762), Bd. 1, Lissabon 1830, 119f [CLP/Bd. 1]. Auch SCLP, 111f.

Nachdem in Europa sich mehr und mehr Lohnarbeit durchgesetzt hatte, musste auch Portugal nachziehen und dafür Sorge tragen, dass die Sklaveneinfuhr verboten wurde. Ein Gesetzesbrief vom 19. September 1761 verbot die Einfuhr von Sklaven Amerikas, Afrikas oder Asiens nach Portugal. Der Gesetzgeber fügte drei Gründe dafür an. Erstens sei Sklaverei ja "gegen die Gesetze und Bräuche anderer Höfe"; zweitens würden diese Sklaven ja in Brasilien "merklich zum Ackerbau und zur Erzausbeutung fehlen"; drittens würden Sklaven in Portugal Arbeitslosigkeit für die Lohnarbeiter und Müßiggang für die Jugend mit sich bringen.[73] Schließlich galt es noch gesetzlich zu verhindern, dass Sklaverei zu einer Art "Erbkrankheit" wurde. Die schon in der Metropole lebenden Sklaven durften die Sklaverei also nicht über ihre Nachkommenschaft weitergeben. Daher erklärte der Gesetzesbrief vom 16. Januar 1773, dass die Kinder von Sklavinnen frei und "für alle Berufe, Ehren und Würden fähig seien".[74]

Die Sklavenbefreiung in Portugal schuf jedoch Probleme für die Schifffahrt zwischen Ländern, in denen die Sklaverei abgeschafft worden war, und solchen, wo sie weiterhin praktiziert wurde. Schließlich konnte jeder Küchensklave eines brasilianischen Schiffes in den Häfen Portugals an Land gehen und auf seiner Freilassung bestehen. Der Gesetzesbrief von 10. März 1800 saniert diese Situation, indem er erklärt, dass der Gesetzesbrief von 1761 nicht auf Schiffsmannschaften aus Übersee angewendet werden könne.[75]

Während Marquis de Pombal die Sklaverei in Portugal abschaffte, versuchte er sie in Brasilien zum Staatsgeschäft zu machen. Unter seiner Herrschaft sollte die gesamte Versorgung Brasiliens, der Handel und die Schifffahrt zum Staatsmonopol werden. Staatliche Handelskompanien –

---

[73] CLP/Bd. 1, 811f.

[74] CLP/Bd. 2 (1763-1774), 639f. – Vgl. Falcon; Novais, *A extinção* (wie Anm. 68), 419f.

[75] CLP/Bd. 4 (1791-1801), 611.

wie es sie für französische Kolonien schon seit 1685 gab[76] – waren nun im Norden des Landes auch für den Sklavenhandel zuständig.[77] In Bahia schuf Pombal im Jahre 1751 – gegen die in der *Mesa do Bem Comum dos Homens de Negócio* organisierten Geschäftsleute – eine staatliche Aufsichtsbehörde für das Zucker- und Tabakgeschäft.[78] Ihr wollte er auch den Sklavenhandel übertragen, der in den Händen von 24 Schiffseigentümern lag. Um deren Monopol zu brechen, erklärte eine Gesetzesverordnung vom 30. März 1756 – also aus der Zeit, da Manoel Ribeiro Rocha seinen Diskurs verfasste – den Sklavenhandel Bahias für "frei und allgemein zugänglich für alle, die sich an diesem Geschäftszweig beteiligen wollen".[79] Jeder Eigentümer eines für den Transatlantikverkehr geeigneten Schiffes konnte sich nun privat am Sklaventransfer beteiligen. Die dadurch entstehende Unordnung sollte dazu dienen, später die staatliche Hand auf diesen Geschäftszweig zu legen. In Bahia ist dies Pombal jedoch nicht gelungen. Die humanitären Warnungen Rochas zum privatwirtschaftlich organisierten Sklavenhandel passten also durchaus in das auf Verstaatlichung abzielende Konzept des portugiesischen Staatssekretärs.

5.3. Kirchliche Verhältnisse

Über die kirchliche Struktur der Erzdiözese Bahia und die soziale Zusammensetzung ihrer Pfarreien zur Zeit der Niederschrift von *Etíope*

---

76 Vgl. *Déclaration du Roi, pour l'etablissement d'une Compagnie sous le titre de la Compagnie de Guinée (Versailles, Janvier 1685)*, in: *CODE NOIR*, Paris 1767, 10-27.

77 Companhia Geral do Grão Pará e Maranhão (1755-1777) und Companhia Geral de Pernambuco e Paraíba (1759-1780).

78 Junta (oder Mesa) de Inspeção do Açúcar e Tabaco.

79 Arquivo do Estado da Bahia, 72, f. 244. Vgl. P. Verger, *Fluxo e refluxo do tráfico de escravos entre o Golfo do Benin e a Bahia de Todos os Santos dos séculos XVII a XIX*, São Paulo 1987, 102f.

resgatado gibt es relativ gute Informationen. Es handelt sich um kolonialkirchliche Strukturen, in denen die portugiesischen Könige schon über zweihundert Jahre die Patronatsrechte ausübten. Im Jahre 1755 – das Erdbeben hatte gerade große Teile Lissabons zerstört – forderte die Krone von den Bischöfen, die ihr ja durch das Kirchenpatronat unterstanden, im Mutterland und in den Kolonien Berichte über ihre Diözesen und Pfarreien an. Im Berichtsjahr 1757 umfasste die Erzdiözese São Salvador da Bahia – bis 1763 Hauptstadt Brasiliens – 49 Pfarreien, von denen 20 erst im Jahre 1718 gegründet worden waren.[80]

Bahia im Jahre 1757 ist, vor allem im Landesinnern, eine Diözese, deren Gläubige mehrheitlich afrikanische Sklaven sind, die auf den Zuckermühlen und den Plantagen arbeiten. In gewissem Sinne ist es ein Abbild jenes Brasiliens, in dem man die Sklaven für eine Notwendigkeit und die Indios für eine Plage hält. Roberto de Brito Gramacho, Vikar der Pfarrei des S. Boaventura de Poxim, zum Beispiel hielt sein Pfarrgebiet für "heimgesucht und besetzt von den Indionationen Pataxó und Anaxó, die der Autorität des Staates Minas entlaufen, nun in diesen Wäldern wie innerhalb schützender Mauern herumstreifen, und hinter jedem Baumstamm muss man einen Indio fürchten, denn wo man am wenigsten daran denkt, da kommt der Pfeil daher".[81]

Die Berichte der Stadtpfarreien sprechen jeweils nur von "einigen Sklaven". In den Landpfarreien dagegen stellten die afrikanischen Sklaven die absolute Mehrheit dar. Der "Bericht der Pfarrei Nossa Senhora do Rosário do Cayrú" registriert 2210 Seelen: "Die Mehrheit dieser Leute

80 *Lista das informaçães e discripções das diversas freguezias do Arcebispado da Bahia, enviadas pela Frota de 1757, em cumprimento das Ordens regias expedidas pela Secretaria d'Estado do Ultramar, no ano de 1755*, in: E. Castro Almeida (Hg.), *Inventário dos documentos relativos ao Brasil existentes no Archivo de Marinha e Ultramar de Lisboa*, Rio de Janeiro 1913, Bd. 1, Bahia 1613-1762, 178-234.

81 ebd. 186.

sind schwarze und dunkelhäutige Gefangene." In der Pfarrei Nossa Senhora da Purificação de Santo Amaro do Reconcavo da Bahia, die verschiedene Zuckermühlen hat, werden von 6429 Seelen 1163 unter die "gänzlich Ungebildeten" gerechnet, die nicht zur Kommunion zugelassen waren. "Der größte Teil der Herdfeuer dieser Pfarrei gehört sehr armen Leuten, Sklaven, Freigelassenen, Alten und Verelendeten, und der größte Teil der Seelen sind schwarze Sklaven, die auf den Zuckermühlen oder auf den Zuckerrohrplantagen arbeiten. Es gibt Zuckermühlen mit mehr als 100 Sklaven und mehr als 30 Plantagenarbeiter, in deren Häuser es wenige Weiße gibt (...). Mit wenig Leuten kann man keine Zuckerrohrplantage betreiben, und mit weniger als 40 Sklaven kann keine Zuckermühle gewinnbringend produzieren."[82] Auch in der Pfarrei S. Pedro de Itararippe, in der 15 Zuckermühlen existieren, sind die 4252 Pfarreiangehörigen "mehrheitlich Schwarze". Und in der Pfarrei S. Estevão do Jacuibe, die erst 1751 gegründet worden war, gibt es unter 1350 Seelen nur 20 Weiße.

In den Pfarreiberichten von 1757 werden auch Ordensleute – Jesuiten und Karmeliten – als Sklaven- und Zuckermühlenbesitzer genannt. Körperliche Arbeit war auch in Frauenklöstern verachtet. Daher ist auch dort eine relativ große Zahl von Sklavinnen und Sklaven anzutreffen. Im Jahre 1775 hatten die 81 Klarissen von Salvador da Bahia 290 Sklavinnen, 40 freigelassene Sklavinnen und 8 Sklaven. Und die 48 Ursulinenschwestern hatten 71 Sklavinnen, 15 freigelassene Sklavinnen und zwei Sklaven.[83] Bei der Seelsorge der Pfarreien Bahias ging es hauptsächlich um Sakramentenspendung, so wie sie in den Constituições Primeiras do Arcebispado da Bahia vom Jahre 1707, die Manoel Ribeiro Rocha mehr als zwanzigmal zitiert, vorgesehen war. In der Erzdiözese Bahia scheint es auch keinerlei "Nachwuchsprobleme" für den Kleriker-

---

82 ebd. 201ff.

83 Vgl. R. Azzi; M.V. Rezende, *A vida religiosa feminina no Brasil Colonial*, in: R. Azzi (Hg.), *A vida religiosa no Brasil*, São Paulo 1983, 50.

stand gegeben zu haben. Im Gegenteil, der Erzbischof von Bahia, D. José Botelho de Mattos, klagt in einem Schreiben an den Königlichen Hof vom 5. September 1757 "über die außerordentliche Zahl von Individuen, die sich weihen lassen möchten, und über die Unannehmlichkeit, die ihm die Vielzahl von Bitten und Empfehlungsbriefen bereitete, die man deshalb an ihn richtete".[84]

Im Jahr 1758, in dem *Etíope resgatado* in Lissabon gedruckt wurde, ließ Francisco Xavier de Mendoça Furtado, der Bruder Pombals und Gouverneur der Staaten Pará und Maranhão, eine Art Grundgesetz für die Indiodörfer seines Staates drucken, das zum offenen Konflikt mit den Jesuiten geführt hat.[85] Das so genannte Direktorium bestätigte das Gesetz vom 6. Juni 1755, das die Versklavung von Indios verbot, und entzieht den Ordensleuten – im Namen der Freiheit für die Indios – endgültig die weltliche Gewalt über das Indiodorf. Das Direktorium will – da Indios nicht versklavt werden durften – die Integration der Indios in den freien Waren- und Arbeitsmarkt und zerstört daher ihre Subsistenzwirtschaft und ihre von der Jesuitenmission noch aufrechterhaltenen kulturellen Besonderheiten von Sprache und Organisation.

Weil die Jesuiten im Amazonasgebiet dem Zugriff auf die indianische Arbeitskraft widerstanden hatten, wurden sie im Jahre 1760 des Landes verwiesen. Auch aus Bahia wurden sie vertrieben, wo es damals keine strukturelle Konfliktsituation zwischen Staat und Kirche gegeben hat. Während es aufgrund der Indiofrage immer wieder zu Auseinandersetzungen zwischen staatlich-administrativer Obrigkeit und Kirchenvertretern gekommen war, gab es um 1758 in Fragen der afroamerikanischen Sklaverei keine grundsätzlichen Meinungsverschiedenheiten zwischen

84 Almeida (Hg.), *Inventário* (wie Anm. 80), l.c., Bd. 1, 176.

85 *Directório, que se deve observar nas povoações dos Índios do Pará e Maranhão, em quanto Sua Magestade não mandar o contrário. Lisboa: na Officina de Miguel Rodrigues, 1758*, in: J.O. Beozzo, *Leis e regimentos das missões. Política indigenista no Brasil*, São Paulo 1983, 129-167.

Staat und Kirche. In der Mitte des 18. Jahrhunderts hat sich in der Kirche Bahias keine prophetische Stimme gegen die Sklaverei erhoben.
Der Erzbischof von Bahia, José Botelho de Mattos, der die Vertreibung der Jesuiten nicht gebilligt hatte – es gab dafür in Bahia ja auch keinen Grund –, erhielt vom König ungebeten seine Entlassungsurkunde zugesandt. Selbst der Apostolische Nuntius Portugals wurde des Landes verwiesen. Zwischen den Jahren 1760 und 1770 gab es keine diplomatischen Beziehungen zwischen dem Kirchenstaat und Portugal. Das Jahr 1760 war ein sehr stürmisches Jahr für die Patronatskirche.

6. Rückbesinnung und Perspektiven

Nach der Jesuitenvertreibung und dem Bischofswechsel dürfte Manoel Ribeiro Rocha wohl kaum ein viel gelesener Autor in Bahia gewesen sein. Nur in einem unabhängigen und an seiner eigenen Entwicklung interessierten Brasilien konnte ökonomische Vernunft auch Sklavenbefreiung in ihr Kalkül aufnehmen. In Brasilien aber war die Befreiung der Sklaven zunächst nicht das Ergebnis seiner Unabhängigkeitserklärung (1822), wie das in den anderen lateinamerikanischen Ländern der Fall war. Die portugiesische Kolonisation hat keinen Simon Bolivar hervorgebracht. Sklavenbefreiung in Brasilien war der durch das "Gesetz des Grund und Bodens" von 1850 – also durch Landmonopol für Staat, Kapital und Großgrundbesitz – schon angefaulte Apfel, der 1888 – vor allem durch den Einsatz liberaler und antikirchlicher Kräfte – vom Baume des greisen Kaiserreiches fiel. Dies stellt die brasilianische Nation und auch die Kirche vor schwierige Fragen ihrer Identität. Wie sollen die Nachfahren der Sklaven all jene biblischen Texte lesen, die von der Befreiung aus der Sklaverei Ägyptens sprechen, wo doch die Begegnung mit dem Christengott der Beginn der Sklaverei ihrer Väter war? Für die große Mehrheit des Volkes ist Entkolonialisierung, Unabhängigkeit und Befreiung an kein historisch abrufbares Datum der Vergangenheit gebunden, sondern bleibt eine Aufgabe der Zukunft.

Die lobenden Worte über den Autor, die dem *Etíope resgatado* vorausgehen – sei es in der Gedichtform seiner jesuitischen Freunde oder in der Kanzleisprache des Heiligen Offiziums, der Erzbischöflichen Kurie oder des Königlichen Palastes –, zeigen, dass der zeitgeschichtliche Kontext den Vorschlag von Manoel Ribeiro Rocha begünstigt hat. Sklaven nach 20-jähriger Arbeitszeit zu befreien schien "vernünftig" zu sein, wenn man davon ausging, dass ein Sklave in fünfjähriger Arbeitszeit seinen Kaufpreis abgearbeitet hatte.[86] Jeder Sklave musste also nach Manoel Ribeiro Rocha nicht nur seinen Kaufpreis, sondern den von drei weiteren Sklaven erarbeiten. "Vernünftig" war Ribeiro Rochas Vorschlag auch als eine Portugal – das die Sklaverei ja aufgrund außenpolitischen Drucks abzuschaffen im Begriff war – und Brasilien verbindende Zwischenlösung. "Vernünftig" waren dann ferner die Vorschläge zur Humanisierung des Sklavenhandels und der Sklavenarbeit zu einem Augenblick, da dieser Handelszweig in Bahia ausschließlich in Händen der Privatwirtschaft lag. Eine völlig undisziplinierte Sklavenausbeutung in einem mehrheitlich von Sklaven besiedelten Gebiet hätte zu einem neuen Palmares werden können.[87] Schließlich kam der Vorschlag auch jenen kirchlichen Kreisen entgegen, die noch Reste von unbewältigten Gewissensproblemen mit der Sklaverei haben sollten, aber nicht bereit waren, ihren Sklaven bedingungslos den Freibrief zu geben.

Sklaven nach zwanzigjähriger Arbeitszeit in die "Freiheit" zu entlassen, das hieß, abgearbeitete, durch körperliche Ausbeutung früh gealterte Menschen ohne Sozialleistung auf die Straße zu schicken. Das hatten

86 A. Wirz, *Sklaverei und kapitalistisches Weltsystem*, Frankfurt a.M. 1984, 108.

87 Im 17. Jahrhundert gab es im Landesinnern Brasiliens eine Reihe von Republiken geflüchteter Sklaven. Die bedeutendste dieser Quilombos genannten Republiken war Palmares (Alagoas), das mehr als 10.000 flüchtige Sklaven zählte. Palmares wurde nach langen Kämpfen im Jahre 1694 zerstört.

Sklavenbesitzer ohnehin praktiziert. "Eine tiefgreifende ökonomische Depression konnte Freilassungen in großem Ausmaß hervorrufen, denn es gab Herren, die ihre Sklaven nicht einmal mehr zu ernähren vermochten und auch keine Möglichkeit hatten, sie zu verkaufen."[88]

Die Sklavenbefreiung in Brasilien – 130 Jahre nach der Veröffentlichung des *Etíope Resgatado* und 66 Jahre nach der politischen Unabhängigkeit des Landes – hat dann einzelne Szenen jenes theologisch-juristischen Denkspiels Rochas in der Wirklichkeit vorgeführt. Verantwortungslos wurde den ehemaligen Sklaven der Zugang zu Grund und Boden verweigert. Eine mit dem ersten brasilianischen Kaiserreich beginnende Einwanderungspolitik europäischer Siedler hatte es von Anfang an darauf abgesehen, sich abzeichnende Widerstandsherde von Schwarzen und Indios im Keim zu ersticken. Die Geschichte der gewalttätigen Besetzung Brasiliens durch europäische Siedler im 19. und in der ersten Hälfte des 20. Jahrhunderts, die ja ihrerseits auch Opfer der herrschenden Klasse waren, muss erst noch geschrieben werden.

Freilich hat Ribeiro Rocha auch den Vorschlag gemacht, dass die von Sklavinnen geborenen Kinder mit 15 Jahren oder, falls sie bei ihrem Herrn irgendein Handwerk gelernt hätten, nach dem 25. Lebensjahr befreit werden sollten (II, 18.28). Anhand der portugiesischen Gesetzgebung zur Sklavenbefreiung war zu sehen, dass das Umfeld der Sklaverei nur durch das grundsätzliche Verbot des Sklavenhandels ausgetrocknet werden konnte. Da Ribeiro Rocha aber die Meinung vertrat, dass der Sklavenhandel unter dem neuen Vorzeichen des "Loskaufs" guten Gewissens weitergeführt werden könne, hatte er völlig Recht, wenn er den Besitzern von Sklaven zusicherte, dass sein Vorschlag die bisherigen Gewinne nicht antaste.

Rocha blies der Zeitgeist in den Rücken und nicht ins Gesicht wie dem Jesuiten Miguel Garcia, der – 175 Jahre früher – aus Thesen, die denen Rochas ähnlich waren, ganz andere Handlungsweisen abgeleitet hatte.

---

[88] J. Gorender, *O escravismo colonial*, São Paulo 1978, 347.

Schon im Jahre 1583 hatte Garcia behauptet, dass kein Sklave Brasiliens rechtens gefangen sei. Zu einer Zeit, als das Jesuitenkolleg in Bahia 70 Sklaven hatte, schrieb Miguel Garcia an den Ordensgeneral Aquaviva:

"Manchmal kam es mir in den Sinn, dass ich sicherer Gott dienen und mich retten würde in der Welt als in der Ordensprovinz, wo ich die Dinge sehe, die ich sehe. (...) Die große Zahl von Sklaven, welche die Gesellschaft in dieser Provinz und speziell in diesem Kolleg hat, ist eine Sache, die ich auf keinen Fall hinunterschlucken kann, besonders, weil nicht in meinen Kopf hinein will, dass sie rechtmäßig erworben wurden."[89]

Gonçalo Leite, Zeitgenosse von Miguel Garcia und Professor am Jesuitenkolleg in Bahia, fasste seine Zweifel wie folgt zusammen: "Die nach Brasilien gehen, gehen nicht, um Seelen zu retten, sondern um ihre eigenen zu verdammen. Weiß Gott, unter welchem Herzeleid ich dies schreibe, denn ich sehe unsere Patres Mördern und Räubern von Freiheit, Gut und Schweiß anderer die Beichte abnehmen, ohne Wiedergutmachung der Vergangenheit und ohne Heilmittel zukünftiger Übeltaten, die auf gleiche Weise täglich begangen werden."[90] Der Bericht des Ordensvisitators, Cristóvão de Gouveia, der Pater Gonçalo für "unangepasst" und "unruhig" hielt, sorgte dafür, dass dieser nach Portugal "zurückgerufen" wurde. "In diesem Land", schrieb Manuel da Nóbrega schon im Jahre 1550 von Porto Seguro, "haben alle oder der größte Teil der Leute

89 Der Brief ist vom 26.1.1583 (Bahia), in: Archivum Societatis Iesu Romanum (ASIR), *Lusitania*, 68, 255.

90 Brief des Paters Gonçalo Leite an den Ordensgeneral vom 20.6.1586, Lissabon, in: ASIR, *Lusitania*, 69, 243.

ein schlechtes Gewissen wegen der versklavten Indios, die sie gegen die Vernunft besitzen (...)".[91]

Für aus Afrika kommende Sklaven stellte sich die Gewissensfrage in den Ordenshäusern nur bei "Außenseitern". Am Ende des 16. Jahrhunderts erhielten die Jesuiten Angolas vom Stamm der Sobas jährlich neben Bodenprodukten auch 300 Sklaven, von denen sie 150 zum Unterhalt ihrer Werke verkauften.[92] In einem Brief vom 21. August 1611 an seinen Mitbruder Alonso de Sandoval meinte Pater Luis Brandon, Rektor des Jesuitenkollegs in Luanda:

"Wir sind hier seit 40 Jahren (...) und wir und die Patres von Brasilien kaufen diese Sklaven für unsere Arbeiten ohne Skrupel. (...) Unter zehn- oder zwölftausend Negern, die jährlich in diesem Hafen verschifft werden, einige herauszusuchen, die unrechtmäßig versklavt wurden, ist selbst unter größten Vorsichtsmaßnahmen unmöglich. Wegen einigen unrechtmäßig Versklavten, die man ja nicht kennt, all die Seelen zu verlieren, die hier verschifft werden und von denen viele sich retten, das scheint – da es sich ja um wenige Zweifelsfälle handelt – nicht der Wille Gottes zu sein, weil es sich bei den Geretteten und rechtmäßig Versklavten ja um viele handelt."[93]

Hier hat Rocha anders geurteilt. Er betrachtete die Mehrheit der Sklaven als unrechtmäßig versklavt. Freilich hat er daraus nur formaljuristische und keine praktischen Konsequenzen gezogen.

---

91 *Cartas Jesuíticas I: Manoel da Nóbrega, Cartas do Brasil (1549-1560)*, Belo Horizonte-São Paulo 1988, 109.

92 L. Jadin, *L'œuvre missionnaire en Afrique noire*, in: J. Metzler, *Sacrae congregationis de propaganda fide memoria rerum,* Rom-Freiburg-Wien 1972, Bd. I/2, 441f.

93 A. de Sandoval, *Un tratado sobre la esclavitud*, Madrid 1987, Buch 1, Kap. 17, 143f.

Als die Gesellschaft Jesu Kollegien und Internate als Mittel zur Katechese und Zivilisation einsetzte, entschied sie sich – wie auch andere Orden – für den ordenseigenen Großgrundbesitz und für Sklavenarbeit. Dass der Sklavenbesitz, besonders für die Orden, die Gretchenfrage nach der Evangelischen Armut, nach der christlichen Brüderlichkeit und nach dem Arbeitsethos überhaupt aufwarf, wurde nur von prophetischen Außenseitern erkannt.
Neben Miguel Garcia und Gonçalo Leite wären noch andere "Außenseiter" zu nennen. Der Erzbischof von Mexiko, Alonso de Montúfar, äußerte schon sehr früh Unverständnis über den gesetzgeberischen Eifer, mit dem die Spanische Krone einseitig versuchte, die Freiheit der Indios zu garantieren. Dies stünde ganz im Gegensatz zu dem, "was in diesen Gegenden mit den Negern geschähe, die in Schiffen aus allen Teilen Guineas und aus den von Portugal eroberten Ländern kämen". Und Montúfar bringt die Frage auf den entscheidenden Punkt, wenn er fortfährt: "Wir wissen nicht, welchen Grund es dafür geben mag, dass die Neger mehr Gefangenschaft verdienen sollen als die Indios, denn wie ich höre, nehmen sie guten Willens das Heilige Evangelium an und führen keinen Krieg gegen die Christen", was gemeinhin als Grund für die Sklaverei angeführt wird.[94] Eine schlüssige Antwort auf diese Frage hat er wohl nie erhalten.
Es müssten auch noch die beiden Kapuzinerpatres Francisco José de Jaca und Epifanio de Moirans genannt werden. Der eine von Cartagena – wo Alonso de Sandoval und Pedro Claver wirkten –, der andere von Cumaná kommend, lernten sie sich im Hafen von Havanna kennen. Als sie in Wort und Schrift für die Freilassung der Sklaven eintraten, wurde ih-

---

[94] Brief des Erzbischofs Montúfar an den König, vom 30.6.1560. In: F. del Paso y Troncoso, *Epistolario de Nueva España*, Bd. 9 (1560-1563), Mexiko 1940, 53f.

nen 1681 der Prozess gemacht. Sie wurden eingesperrt und mussten nach Spanien zurückkehren.[95]

Es kann ganz allgemein gesagt werden, dass auch innerhalb der Kirche und der jeweiligen Orden Verteidiger von Sklaven, Hexen und Indios keine "Karriere" gemacht haben. Dafür stehen Namen wie Bartolomé de Las Casas und Alonso de Sandoval, Friedrich von Spee und Oscar Romero.[96] Sie können heute nicht so ohne weiteres als Zeugen für den steten Kampf der Kirche für Freiheit und Gerechtigkeit abgerufen werden.

Schließlich soll noch, ebenfalls aus dem 17. Jahrhundert, der Bericht erwähnt werden, den die Kapuzinerpatres Francisco de la Mota und Angel de Fuente la Peña, auch im Namen ihrer Mitbrüder, aus ihrer Mission an der Küste Guineas an den König von Portugal gerichtet haben. Sie nannten darin den Sklavenhandel "unerlaubt, sündhaft und ungerecht" und forderten, dass er "verboten werde und dass allen Sklaven, die in dieser Gegend gekauft wurden (...), die Freiheit zurückerstattet werde".[97]

Neben so mutigen Zeugnissen wird klar, dass *Etíope resgatado* kein Aufschrei des Gewissens und Manoel Ribeiro Rocha kein Prophet war. Er repräsentierte den Alltag der Kirche, ihre so genannte pastorale Klugheit und Schiedsrichterfunktion zwischen den Parteien. Da galt es, den Sklavenbesitzern – man ist ja selbst einer – keine strukturellen Prügel zwischen die Füße zu werfen. Eine grundsätzliche Infragestellung der

---

95 Vgl. J.T. López García, *Dos defensores de los esclavos negros en el siglo XVII*, Maracaibo-Caracas 1981.

96 Sowohl Alonso de Sandoval als auch Friedrich von Spee wurden nicht zu den "letzten Ordensgelübden" in der Gesellschaft Jesu zugelassen.

97 *Informe y relacion que Fr. Francisco de la Mota, viceprefecto de la Mision de religosos capuchinos de las Costas de Guinea y sus compañeros hacen a su Magestad que Dios guarde el Señor rey de portugal del modo con que los negros de dichas costas y rios se compran y son reducidos a cautiverio (14.4.1684)*, in: *As viagens do bispo D. Frei Vitoriano Portuense à Guiné e a cristianizacão dos reis de Bissau. Junta de Investigações Científicas do Ultramar*, Lissabon 1974, 121-133, hier 121.

Sklaverei durch Absolutionsverweigerung im Beichtstuhl, wie das einst Las Casas gegenüber den Spaniern praktiziert hatte, die Indios auf ihren Encomiendas ausbeuteten, stand nicht zur Diskussion. Die päpstlichen Dokumente, die ja im Allgemeinen auf Bitten von Bischöfen, Ordensleuten oder Staatsmännern zurückgehen, reflektieren dieses kirchliche Zeitbewusstsein. Die Freiheit der Indios war von päpstlichen Dokumenten seit dem Jahre 1537 im Abstand von jeweils 100 Jahren sehr energisch eingefordert worden. Gegen die afroamerikanische Sklaverei gibt es ähnliche Dokumente erst im 19. Jahrhundert.[98]

Der "christliche Zeitgeist" war grundsätzlich mit der afroamerikanischen Sklaverei einverstanden. Die Kirche sah ihre Aufgabe darin, dass Sklaven innerhalb der kolonialen Systemlogik "menschlich" und "christlich" behandelt wurden. Sie versuchte die Sklaven vor den Übergriffen ihrer Herren zu schützen und sie zu den Sekundärtugenden Frömmigkeit, Fleiß und Gehorsam anzuleiten. Der den Sklaven in Aussicht gestellte Freibrief nach 20-jähriger Arbeitszeit und die Perspektive des ewigen Heils nach einem christlich-tugendhaften Leben bedeutete Balsam für die Gewissen der Herren und Ansporn für die Knechte.

Weil Ribeiro Rocha nicht zwischen bestehendem Gesetz und Gerechtigkeit unterscheiden konnte, versuchte er den Spielraum "möglicher Gerechtigkeit" im Kolonialsystem auszuloten. Aber in der Einbahnstraße "möglicher Gerechtigkeit" bleibt die gegenläufig-sperrige Utopie des Evangeliums auf der Strecke. Aus dem Hunger nach dem Reich Gottes wird dann Anpassung an den Zeitgeist und Loyalität zu den Schutzherren der Kirche. Unterwürfigkeit hat der Kirche des 18. Jahrhunderts Lei-

---

98 *Sublimis Deus* (1537) von Paul III., *Commissum Nobis* (1639) von Urban VIII. und *Immensa Pastorum* (1741) von Benedikt XIV., an die Bischöfe Brasiliens und Portugals gerichtet, treten für die Freiheit der Indios ein. Gegen die Sklaverei der Afrikaner nehmen der Apostolische Brief *In Supremo* (1839) von Gregor XVI. und der an die brasilianischen Bischöfe gerichtete Brief *In Plurimis* (1888) von Leo XIII. Stellung.

den nicht erspart. Aber dieses Leiden hat blinde Augen nicht geöffnet. Es war narzisstisch und erinnerungslos. Man kann auch unerlöst an sich selbst leiden. In Erinnerungslosigkeit wird das erlösende Wort im noch offenen Prozess afrikanischer Sklaverei in Lateinamerika nicht zu finden sein. Über Jahrhunderte haben die Gesichter der Sklaven die Kirche nicht an ihren gekreuzigten Herrn erinnert. Er hatte ihr nicht die Gefangennahme der Freien, sondern die Befreiung der Gefangen aufgetragen, als messianisches Heilszeichen auf die Stirn gezeichnet und als Kreuz auf die Schultern gelegt. Die Beweislage ist klar. Es wird keinen Freispruch aus Mangel an Erinnerung geben, sondern nur auf Grund von Buße, Umkehr, Vergebung und solidarischer Präsenz.

III. Weltmission auf dem Prüfstand
Kohärenz und Relevanz

Bei den Themen dieser Vorlesungsreihe geht es darum, Begegnungen über Kontinente und Jahrhunderte hinweg für unseren Christenalltag fruchtbar zu machen. Vor dem Hintergrund der Fragen, welche die Überlebenden an das Christentum stellen, versuche ich eine paradigmatische missionarische Konstellation aus dem Kontext der indianischen Gesellschaft der Tupinambá und der Biographie "ihres" Missionars José de Anchieta zu rekonstruieren. Um den selbstrelevanten Zirkel apologetischer, fundamentalistischer oder fatalistischer Rückbesinnungen aufzusprengen, muss immer wieder nach den historischen Alternativen Ausschau gehalten werden, die jede Zeit bereithält. So gilt es, institutionalisierte Heiligkeitsmuster, deren Rigorismus ja immer auch einen Kern von Gewalt enthält, zu konfrontieren mit stigmatisierten Außenseitern, die neues Licht auf "abgeschlossene" Interpretationsraster werfen können. Auch hier gilt das quantenphysische "Prinzip der Unsicherheit". Nicht alle Außenseiter können zu Modellen umgebaut werden und nicht alle kanonisierten "Helden" werden nach der "Weisheit letztem Schluss" plötzlich zu kleinlichen Egozentrikern. In der Artikulation des Ambivalenzprinzips mit dem Verantwortungsprinzip liegt die Schwierigkeit bei jeder Evaluierung von historischen Akteuren. An ihren Früchten können sie erkannt werden.

1. Die historische Hypothek

Der Dialog mit anderen Kulturen und mit Anderen, mit armen Anderen, aber auch mit Anderen ohne Einschränkung, ist ja gerade in der neuen Weltkonstellation der "totalen" Kontaktmöglichkeit, aus der dann Kontaktzwänge werden können, nicht unproblematisch. Der Dialog mit dem Anderen muss täglich neu eingeübt werden, weil es im Dialogverfahren

keine dauernden Besitzstände gibt. Regressionen zu gewaltsamen Verfahren der Auseinandersetzung sind immer möglich.
Aber es geht nicht nur um den Dialog mit armen Anderen, sondern um Dialog ohne qualifikative Einschränkung, weil Alterität keine besondere Bedürftigkeit ("arm") oder heroische Tugenden ("gut") vorweisen muss, um respektiert und anerkannt zu werden. Die ausgerotteten Anderen haben nicht die Beweislast für eine zu ihrer Ausrottung noch hinzukommende "gute Sache" zu tragen. Sie brauchen nicht als "edle Wilde" verklärt zu werden, um die christliche Rede vom "gekreuzigten Gott" in Alarmbereitschaft zu versetzen. Das Anderen zugefügte Leid hat eine der konventionellen Ethik vorgelagerte Dringlichkeit und Praxisrelevanz. Es waren nicht hauptsächlich "arme" Andere, welche die jüdischen Synagogen, die in der Reichskristallnacht niedergebrannt wurden, besucht haben. Sollten wir für die reichen Anderen, die verachtet und geschändet wurden, nicht einstehen? Es geht um das Anders-sein-Können aller, ohne Ausnahme, solange diese Anderen keine ausschließenden und andere Lebensprojekte zerstörenden Hegemonieansprüche anmelden. Nicht nur Armut, auch verweigerte Alterität bedroht Lebensprojekte. Verantwortlichkeit darf nicht halbiert werden durch eine ausschließlich-ausschließende Verantwortung für arme Andere. Durch eine aussortierende Verantwortlichkeit wäre auch den Armen, die es ja nie in total gleicher Armut gibt, nicht geholfen. Die vorrangige Option für die Armen wird durch die bedingungslose Option für die Anderen, deren Leben und Lebensweise bedroht ist, zu einer Option ohne Ausschlussklausel. Das ist dann keine abstrakte Megaoption, die von den Menschen wegführt. Im Gegenteil. Bedrohung wird im Nahbereich des Körpers, der Emotionen, Gefühle, der Psyche, der Sinne, kurzum, in allen Nahverkehrsbereichen des Lebens erfahren.
In der historischen Verweigerung von Alterität kann immer auch die Verwandtschaft zu zeitgenössischen Formen der Nicht-Anerkennung wahrgenommen werden. Erinnerung ist der Versuch, die Wahrheit herauszuholen aus dem Gefängnis der Naivität, der Lüge und des Verges-

sens. Paulus spricht im Römerbrief (Röm 1,18) vom Niederhalten der Wahrheit. Wir können die historische Wahrheit niederhalten durch apologetische Beruhigung, durch den sektiererischen Lärm einer kompensierenden Sozialpastoral oder durch naive Schuldzuweisung und Projektion auf Andere. Die eingekerkerte Wahrheit verursacht eine Kettenreaktion unheilbarer, neurotischer Schmerzen. Aber der Schmerz, auch der neurotische, ist kein überflüssiges Symptom, sondern Lebenszeichen und Hinweis auf Veränderungsbedürftigkeit; ist Reaktion gegen den Tod und ungewollter Aufstand der Wahrheit gegen die Lüge. Die schlimmsten Krankheiten sind jene, die kein schmerzliches Lebenszeichen mehr senden.

Der kritische Umgang mit der Geschichte des Christentums ist schmerzlich. Besonders wenn die Anderen und die Armen das Christentum vor das Gericht der von Christen selbst gepredigten Maxime stellen; wenn Christen von Juden, Türken, Indios, Sinti, den Nachfahren afroamerikanischer Sklaven zur Rede gestellt werden: "Warum habt ihr für eure uns versprochene Freundschaft so wenig aufs Spiel gesetzt? Warum habt ihr euch von unseren Feinden einschüchtern lassen? Warum habt ihr uns 'kalt' ausgeschlossen oder 'heiß' integriert, sodass das Unsere dadurch verdorben und verbrannt ist?" Indianische Pastoralträger haben es so ausgedrückt:

"Wir sind ein Produkt der Kirche: das deutlichste und tragischste Beispiel für das repressive und marginalisierende Handeln der Kirche. Im Grunde wissen wir nicht, wer wir sind als indianische Pastoralträger: Volk oder Kirche?

Wir haben keine eigene Identität. Wir tragen so viele, uns von außen umgehängte Lumpen am Leib, dass wir weder diese Lumpen sind, noch wissen, was darunter steckt.

Man hat uns unsere Mutter entrissen, um uns eine andere zu geben. Sicher ist nur, dass wir jetzt überhaupt keine Mutter mehr haben. Zwei Identitäten streiten miteinander in uns: die indianische und jene, die uns

durch die religiöse Erziehung aufgenötigt wurde. Wir sind schizophrene Wesen. Manchmal wissen wir nicht einmal, ob wir überhaupt glauben. Den Glauben unseres Volkes haben wir verloren, aber auch zum Glauben, der durch die Kirche vermittelt wurde, haben wir keinen vollen Zugang.
So können wir nicht leben, noch können wir darüber reden, ohne dass es uns innerlich vor Schmerz zerreißt.
Wir fragen uns: Warum musste das so kommen? Warum mussten wir das aufgeben, was wir waren, um Christen, um Ordensleute zu sein oder um unsern christlichen Glauben zu leben? Warum dürfen wir Gott nicht auf gleiche Weise loben, wie es unser Volk tut, sogar mit dem gleichen Namen? Warum hat man uns eine gewisse Abscheu der indianischen Religion gegenüber eingebleut? Manchmal sind wir die schlimmsten Feinde unseres Volkes."[99]

Warum sind Indios manchmal die "schlimmsten Feinde" ihres Volkes? Weil sie oft zu Mitarbeitern kolonialer Zerstörung gemacht und in ein System ohne kulturelle und religiöse Spielräume hineinsozialisiert wurden. Kolonisation gelingt immer nur durch die Kollaboration der Kolonisierten. In Kulturen, die nicht von dem ausschließenden, aristotelisch-cartesianischen Identitätsprinzip geprägt sind, muss von der Möglichkeit einer ganz anderen, integrierend-einschließenden Identitätsvorstellung ausgegangen werden, die im westlichen Paradigma häufig der Kategorie "Doppelidentität" zugeschlagen wird. Kulturen, die nicht so scharf zwischen *res cogitans* und *res extensa* (Subjekt/Objekt) unterscheiden wie die westliche und die dann oft vergröbernd als "animistisch" bezeichnet wurden, haben ja den Vorteil, dass die Anderen – wobei Tiere und Pflanzen mitgedacht werden können – nie zum reinen Denkobjekt (*res extensa*) degradiert werden. Den Anderen und ihren Lebenswelten wohnt

[99] P. Suess, *Auf dem Weg zu einer indianischen Kirche*, Orientierung 51/11 (15. Juni 1987), 121-124, hier 123.

eine denkende Subjektivität inne. Alles Lebende hat am Leben teil; hat und ist *anima* und *res cogitans*.
Autochthone Kulturen haben eine "lässigere", eine durchlässigere Identität. Dabei handelt es sich nicht notwendigerweise um Bikulturalität, sondern meist um eine noch nicht durch alle Phasen der Spaltung gegangene ursprüngliche Einheit. Das hat nichts mit opportunistisch vorgetäuschtem Rollenspiel zu tun, sondern mit der Fähigkeit, das eigene Lebensparadigma in verschiedenen Lebensentwürfen zu entfalten oder gar entgegengesetzte Pole partiell oder ganz mitzuleben. Diese Fähigkeit kann ursprünglich oder aber auch biographisch erworben sein. Ich kenne katholische Priester, die ohne Gewissensprobleme im brasilianisch-afrikanischen Umbandakult initiiert und existentiell verankert sind, ohne deshalb mit ihrer sonntäglichen Pfarrgemeinde oder mit sich selbst in Konflikt zu geraten.
Im Gegenzug sollen die Fulniô-Indios aus dem Nordosten Brasiliens erwähnt werden. Sie bestehen auf zwei Dingen: auf der katholischen Taufe und auf dem Ausschluss aller Nicht-Fulniô bei ihren eigenen Initiationsriten. Ehe sie sich zu ihrem oft drei Monate dauernden "Laubhüttenfest" zurückziehen, laden sie den Bischof der Nachbarstadt Garanhuns/PE zu einem Gottesdienst ein, verabschieden ihn dann aber freundlich, ehe "ihr" Fest beginnt. Die Vermutung ist wohl nicht ganz abwegig, dass hier die Taufe den Charakter einer Kreditkarte für die weiße Nachbargesellschaft hat und nicht den einer Initiation. Dies sagt dann einiges über die Nachbargesellschaft, aber auch über den Stamm der Fulniô aus. Gebrannte Kinder scheuen das Feuer, oder, wie die Römer sagten, *mundus vult decipi*.[100]

[100] *Mundus vult decipi*: Die Welt will getäuscht werden.

2. Die Gesellschaft der Tupinambá

Die Makroethnie Tupinambá bewohnte im 16. Jahrhundert große Teile des zentralen Küstenstreifens Brasiliens.[101] Durch die verschiedensten zeitgenössischen Berichte von iberischen Jesuiten (Nóbrega, Anchieta, Cardim, Monteiro), Franzosen (Abbeville, Évreux, Thévet und Léry – Kapuziner die ersten drei, Calviner der letzte), Portugiesen (Pero de Magalhães Gandavo und Gabriel Soares de Sousa) und durch den schiffbrüchigen deutschen Artillerieleutnant Hans Staden sind wir vielseitig informiert über Leben und Bräuche der Tupinambá, so wie sie sich dem europäischen Auge dargestellt haben. Dank neuerer anthropologischer Untersuchungen sind wir in der Lage, die kulturelle Grammatik der Gesellschaft der Tupinambá einigermaßen zu verstehen, wenn wir dabei unsere Konzepte von Krieg, Rache und Feindschaft, die nur einen sehr oberflächlichen semantischen Annäherungswert an die historisch-kulturelle Wirklichkeit besitzen, relativieren.[102]

Die Gesellschaft der Tupinambá organisiert sich, wie jede menschliche Gesellschaft, um Wohlstand und Glück ihrer Zeitgenossen und Nachkommen zu garantieren. Das "gute Leben" hat in der Vorstellungswelt der Tupinambá einen historisch-geographischen und einen eschatologisch-spirituellen Horizont. Sie stellen sich dieses Leben im "Land ohne Übel" (*terra sem males*) vor. Der Weg zu diesem Land ist durch histori-

---

101 Vgl. C. Fausto, *Fragmentos de história e cultura tupinambá. Da etnologia como instrumento crítico de conhecimento etno-histórico*, in: M.C. da Cunha (Hg.), *História dos índios no Brasil*, São Paulo 1992, 381-396, hier 382ff. – Vgl. F. Cardim, *Tratados da terra e gente do Brasil*, Belo Horizonte-São Paulo 1980, 101ff. Zur Makroethnie Tupinambá gehören auch die Stämme der Tupiniquin, Tamoio, Temomino, Tupinaé, Kaeté und Potiguar.

102 Vgl. M.C. da Cunha; E. Viveiros de Castro, *Vingança e temporalidade: os Tupinambá*, Anuário Antropológico 85 (1985), 57-78. – Auch E. Viveiros de Castro, *Araweté: os deuses canibais*, Rio dc Janeiro 1986, bes. 646-700.

sche Feinde und jenseitige "Seelen" (Geister) bedroht. Die Männer der Tupinambá haben die Aufgabe, Frauen und Kinder auf diesem Weg zu beschützen. Männer sind "Beschützer". Wir nennen sie "Krieger". Der gestorbene "Krieger" findet den Weg zu dem eschatologischen "Land ohne Übel", wo er die "Seelen" der anderen toten Krieger und aller, die den kulturell definierten Rollen entsprechend gelebt haben, wiederfindet. Der gestorbene Krieger/Beschützer hält den Weg zum Jenseits offen.

Weil die Gesellschaft der Tupinambá eine Gesellschaft von "Kriegern" ist, bedeutet kulturell vorgegebene, männliche Initiation "Aufnahme in den Stand der Krieger/Beschützer". So wie in manchen Ländern Militärs immer wieder eine Gelegenheit suchen, ihre Waffenfertigkeit auszuprobieren, so brauchen auch die Tupinambá zu ihrer Initiation eine "kriegerische Situation" im Sinne einer rituellen Kooperation zwischen zwei verschiedenen Stämmen. Auch der Nachbarstamm braucht diese Situation zur Initiation seiner jungen Männer, sodass bei diesen kulturell vorgesehenen "Kriegen" durchaus von einer historisch-eschatologisch notwendigen und kriegerisch-rituell gefeierten Reziprozität gesprochen werden kann. Wir nennen diese Reziprozität nicht ganz korrekt "Rache".

Der Krieger/Beschützer der Tupinambá ist ein kultureller "Rächer" ritueller Schulden. Seine wichtigste Aufgabe ist es, einen rituellen Opfertod, den ein Mitglied seines Stammes gestern erlitten hat, durch einen rituellen Opfertod heute zu bereinigen. Der rächende Krieger ist der kulturell korrekte Mann dieser Gesellschaft. Krieg und Rache haben nichts mit persönlichen Leidenschaften zu tun, sondern sind integrierender Bestandteil eines Rituals, das für den Bestand dieser Tupinambá-Gesellschaft notwendig ist. Von dieser "Rache" hängt die Zukunft des Stammes ab. Durch den rituellen Opfertod des "Feindes" wird der Weg zu den Ahnen und zum Paradies offen gehalten. Der Krieger/Beschützer ist daher nicht nur ein Held, sondern, wie wir in unserer Terminologie sagen würden, auch ein Heiliger.

Die ritualisierte Rache geschah durch den Zeremonialmord des Gefangenen im Hof des Dorfes. Der Krieger-Rächer erhält mit jedem Ritualmord eine Ritzung am Oberarm, vergleichbar mit den Schulterklappen eines aufsteigenden Militärs. Er erhält aber auch zusätzlich einen Namen, der mit dem Namen des Gerächten zusammenhängt. Der Krieger der Tupinambá-Gesellschaft hat Prestige und wird von Frauen begehrt. Er macht sich durch den Ritualmord, der durch den Schlag mit einer Holzkeule auf die Schädeldecke des Gefangenen geschieht, buchstäblich einen Namen. Die erste zerbrochene Schädeldecke eines "Feindes" vermittelt ihm die Anerkennung als Erwachsener seines Stammes.[103]

Jedes Kind dieser Tupinambá-Gesellschaft ist Sohn oder Tochter eines Vaters, der einen "Gegner" getötet hat. Jeder Junge kommt als zukünftiger "Rächer" auf die Welt. Frauen verweigern sich Feiglingen, die sich nie gerächt haben. Feiglinge bleiben nach dem Tode bei *Anhángua*, dem Teufel, der sie ohne Unterlass foltert. Der Rächer ist der Rächer eines Rächers. Die rituelle Rache bildet eine endlose Kette. Die Erinnerung an vergangene und noch ausstehende Racheakte, die im Falle des eigenen Todes von den Verwandten weitergeführt wird, vermessen den historisch-subjektiven Horizont der Tupinambá-Gesellschaft. Die "Feinde" verdanken sich gegenseitig Ruhm zu Lebzeiten und Heiligkeit nach dem Tode.

So schreibt Fernão Cardim, Jesuit und Augenzeuge der Tupinambá-Gesellschaft:

"Von allen Ehren und Vergnügen des Lebens ist keines so groß für diese Heiden wie jenes, das sie empfinden, wenn sie töten und auf den Kopf ihrer Gegner neue Namen nehmen. Auch gibt es unter ihnen keine Feste, die jenen gleichen, die sie veranstalten beim Tod derer, die sie mit großen Zeremonien umbringen."[104]

---

[103] M.C. da Cunha; E. Viveiros de Castro, *Vingança* (wie Anm. 102), 61.

[104] Cardim, *Tratados* (wie Anm. 101), 95f.

Mord am Feind bringt ganz wörtlich "Re-nommee", neue Namensgebung, Renommee, d.h. einen guten Ruf . Zu dieser Initiation werden Verwandte und Bekannte anderer Dörfer eingeladen; Frauen, Männer und Kinder nehmen daran teil. Um Renommee und Namen zu gewinnen, war es notwendig, die Schädeldecke eines rituellen "Gegners" zu zerbrechen. Das erforderte nicht in jedem Fall ein anthropophagisches Mahl. Einen "Namen zu gewinnen", "den Kopf eines Feindes zerbrechen" und den Arm "zu ritzen" war wichtiger als Anthropophagie.[105] Anchieta wunderte sich, dass die Tupinambá "mehr als 300 Meilen durchstreifen, wenn sie in den Krieg ziehen. Sie nehmen dann vier oder fünf Feinde gefangen, ohne sich um den Rest zu kümmern, und wenn sie dann zurückkommen (...), rühmen sie sich die ganze Zeit dieses außerordentlichen Sieges".[106]

Ritualisierte Feindschaft und Rache ist eine Notwendigkeit von Geschichte und Eschatologie der Tupinambá-Gesellschaft. Die "Rache" ist konstitutiv für Geschichte und Unsterblichkeit, für die Erinnerung der Vergangenheit und für den Appell an die Zukunft. Die Rache ist die ritualisierte, kriegerische Reziprozität. Sie ist nicht Ausdruck persönlichen Hasses oder strafender Gefühlsaffekte. Zwischen der Festnahme eines Gefangenen und seinem Tod kann ein Zeitraum von vielen Monaten verstreichen. Während dieser Zeit wird der Gefangene gut behandelt. Der, welcher ihn gefangen genommen hat und der ihn auch töten wird, gibt ihm nicht nur genügend zu essen, sondern auch seine Töchter zum Schlafen. So kommt es, dass das Wort "Feind" auch "Schwager" (*tovaja*) bedeutet. Der so genannte Rächer nimmt nicht an dem kannibalischen Fest teil, bei dem das Opfer verzehrt wird. Er zieht sich zu einem längeren Fasten zurück, aus dem er mit einem neuen, zusätzlichen Namen

---

105 Vgl. M. C. da Cunha; E. Viveiros de Castro, *Vingança* (wie Anm. 102), 59f.

106 H.A. Viotti (Hg.), *Cartas. Correspondência ativa e passiva*, Obras completas, Bd. 6, São Paulo 1984, Nr. 22, 75f [1554].

hervorgeht. Namensübernahme bedeutet, das zu übernehmen, was der Name bedeutet, seine Geltung verschaffende und Gültigkeit garantierende Aura. Namenlosigkeit ist der Tod des Verlierers, ist Bedeutungslosigkeit. Namensanhäufung ist Akkumulation von Bedeutung; bedeutet Erweiterung von Identität. Fremde haben keine Namen. Verlierern wird der Name genommen, manchmal an der Kirchentüre oder am Taufbecken. Aber an die Wände der Verliese unseres Gedächtnisses – in der Widerständigkeit des Unbewussten – sind immer noch einige Namen gepinselt: Motezuma, Tupac Amaru, Sepé, Atahualpa, Marçal Guarani. Der Rachetod bringt nicht nur dem Rächer Renommee, er befreit auch die Gefangenen und später Getöteten von einem traurigen Schicksal. "Um nichts in der Welt werden sie damit einverstanden sein, dass ihr Tod in Dienstleistungen verwandelt wird, denn sie sagen, dass es eine traurige Sache ist zu sterben, dem Verwesungsgeruch ausgesetzt zu sein, von Tieren aufgezehrt"[107] und vom Teufel gefoltert zu werden. Anchieta hat das gut beobachtet, wenn er dann schreibt:

"Sogar die Gefangenen meinen, dass ihnen mit einem so glorreichen Tod ein edles und würdiges Schicksal zuteil werde, denn sie sagen, es sei einem ängstlichen Gemüt zu Eigen und unwürdig für den Krieg, so zu sterben, dass sie dann im Grab das Gewicht der Erde, das sie sehr groß einschätzen, zu ertragen hätten."[108]

Initiation durch ritualisierte Rache war bei den Tupinambá eine zum Erwachsenwerden gehörende Mutprobe, die nichts mit der Beseitigung von Fremdheit oder von wirklichen Feinden durch Ausschluss (Tötung) oder durch Integration (Einverleibung) zu tun hat. Das positive Sich-gegenseitig-Garantieren durch rituelle Reziprozität hat für die Gesellschaft der Tupinambá sowohl den Horizont der Transzendenz als auch den ihrer

---

107 Cardim, *Tratados* (wie Anm. 101), 96.
108 Viotti (Hg.), *Cartas* (wie Anm. 106), Nr. 22, 76.

Geschichte und ihres gesellschaftlichen Lebens offen gehalten. Die so genannten Kriege der Tupinambá waren keine Metzeleien, sondern intrakulturelle Versuche, das "Viatikum" zu garantieren. Ihr tägliches Leben war voller Zärtlichkeit. "Sie lieben ihre Kinder außerordentlich (...) und geben ihnen keinerlei Züchtigung (...)"[109], berichtet Cardim. Sie häufen keine Schätze an, noch kennen sie Eifersucht. Sie behandeln ihre Frauen gut und empfangen ihre Gäste mit "Willkommenstränen".

3. José de Anchieta

José de Anchieta, 1534 in La Laguna, Tenerife, geboren, steht in vieler Hinsicht exemplarisch für vormoderne oder, wie wir heute sagen würden, für vorkonziliare missionarische Praxis.[110] Nach einem kurzen Studium in Coimbra (1548 u. 1553), wo er in die Gesellschaft Jesu eintrat, kam er mit 19 Jahren nach Bahia/Brasilien (1553). Im Jahr 1554 wird er ins Hochplateau von Piratininga geschickt, wo verschiedene Indiodörfer zur Wiege der Stadt São Paulo werden. Er studiert sofort Theologie und *tupi*, die Sprache der Tupinambá, alphabetisiert und katechetisiert. 22-jährig schreibt er die erste Tupi-Grammatik, die seit 1556 in den Kollegien der Gesellschaft Jesu zum Tupiunterricht benützt wurde.[111] Im Jahr 1563 treffen wir Bruder Anchieta mit seinem Provinzial, Manuel da Nóbrega, in einer "Friedensmission" bei dem Stamm der Tamoios in Iperoig (an der Küste). Im Jahre 1566 wird er zum Priester geweiht und zwölf Jahre später (1578) zum Provinzial der Jesuiten Brasiliens ernannt.

---

109 Cardim, *Tratados* (wie Anm. 101), 91ff.

110 Vgl. P. Suess, *Menschwerdung als Vorgabe und Aufgabe. Die Initiation der Tupinambá vor der Glaubensverkündigung des José de Anschieta*, in: Th. Schreijäck (Hg.), *Menschwerden im Kulturwandel. Kontexte kultureller Identität als Wegmarken interkultureller Kompetenz*, Luzern 1999, 327-342.

111 Vgl. J. de Anchieta, *Arte de gramática da língua mais usada na costa do Brasil* [Coimbra 1595], São Paulo 1946 [Faksimileausgabe].

Gestorben ist er in Reritiba, dem heutigen Anchieta/ES, am 9. Juni 1597. Die Gesprächspartner Anchietas, die Tupinambá, und ihre Nachkommen sind heute praktisch "*desaparecidos*"[112]. Das Gedächtnis der *desaparecidos* – nicht nur auf der *Plaza de Mayo* – erinnert daran, dass auch wir Zeitgenossen von Barbarei sind.
Im Laufe seiner Geschichte hat Brasilien José de Anchieta mit Straßennamen, Statuen, Kollegien und einem nationalen Gedenktag geehrt.[113] Statuen einer "Gründerfigur", welche die Regierenden in Auftrag geben, haben stets eine zweideutige Funktion. Sie ehren, entwaffnen und integrieren einen oft "sperrigen" Helden. Sie lenken das kritische Auge von der unzulänglichen öffentlichen Verwaltung ab und hin zu Gründermythen, heldischen Großtaten und zukünftigem Ruhm.
Aber Groß-São Paulo wird nicht nur von einer "*Via Anchieta*" durchquert, sondern auch von einer Straße der "*Bandeirantes*" und von einer "*Raposo Tavares*", Gegenhelden Anchietas, welche an den so genannten Zyklus der Jagd auf die Indios erinnern. Die immer eiligen Passanten São Paulos stören sich nicht daran, dass die Standbilder von Anchieta und die von Anhangüera – d.h. Sohn des Teufels, wie die Indios den Bandeirante Bartolomeu Bueno da Silva nannten – um ihre Aufmerksamkeit werben. Das brasilianische Volk hat seine religiöse Alchimie von den Indios gelernt und weiß, wie nützlich es sein kann, eine Kerze für Gott und eine andere für den Teufel anzuzünden, zumal ja der Gott der einen oftmals der Teufel der anderen sein kann.
Zwischen der Kultur der Tupinambá mit ihrem zentralen Kern kriegerisch-ritueller Reziprozität und der christlichen Religion, deren virtueller Kern Vergebung, Gnade und Gratuität ist, gibt es keine stufenweise

---

112 Desaparecidos: Verschwundene, d.h. ohne öffentliches Aufsehen Ermordete.

113 O "Dia Nacional de Anchieta", 9 de junho, se deve ao primeiro presidente do regime militar de 64, Castello Branco [Decreto 55.588-MEC, 18.1.1965].

Vermittlung. Bleibt dann nur die perspektivische Möglichkeit des interreligiösen Dialogs oder koloniale Zerstörung von Alterität? Die zweite Perspektive verletzt das Grundprinzip des Evangeliums. In der Verleugnung ihrer propositionalen Inhalte von "Vergebung", "Friede", "Feindesliebe" sah die koloniale Christenheit, die ja auch ihrerseits rächerisch und gewaltsam gegen die "Feinde des Glaubens" vorgegangen ist, der Gesellschaft der Tupinambá ähnlich. "Soldaten Christi" im missionarischen Schafspelz haben immer wieder Andere als Glaubensfeinde bekämpft, um ihren eigenen Zugang zum Paradies sicherzustellen.

Durch sein langjähriges Zusammenleben mit den Tupinambá hatte Anchieta alle Vorraussetzungen, die Tupinambá-Kultur in ihrer Originalität zu kennen. Kennen heißt im okzidentalen Paradigma ja "objektivieren", "versachlichen", "abschätzen". Anchieta hat diese Kultur gekannt, aber sie als teuflisch abgeschätzt und nicht anerkannt.[114]

Anerkannt hat er die komplementäre Abhängigkeit zwischen politischer Macht und kirchlicher Autorität. Als "Seine Hoheit" beschloss, so Anchieta, "zwölf Männer ins Sertão zu schicken, um Gold zu entdecken", da bat der Gouverneur Tomé de Sousa "einen Priester, damit er mit ihnen ginge an Christi Stelle, damit sie nicht unbeschützt wären". Und Anchieta wägt ab: "Sie gehen, um Gold zu holen, er [der Pater Navarro] geht, um den Schatz der Seelen zu holen, die es in diesen Gebieten sehr reichlich gibt."[115] Die Kolonialverwaltung wusste, dass sie die Indios nicht ohne die Missionare "halten" konnte. Die Missionare ließen sich überzeugen, dass ihre Mission ohne bewaffneten Arm selbstmörderisch sei. So schreibt der 20-jährige Missionar Anchieta schon bei seiner Ankunft in Brasilien: "Keine Frucht, oder nur eine sehr kleine, kann man von diesen Bäumen ernten, wenn man sich nicht mit der Gewalt des

---

114 Im AT, vor allem im Buch Genesis, kann das Wort "*iadá*" heißen "kennen", "wissen", "anerkennen", "ehelich lieben" und schließlich "eindringen" in das Geheimnis eines Ereignisses oder einer Person.

115 Viotti (Hg.), *Cartas* (wie Anm. 106), 57 [1554].

weltlichen Arms zusammentut, damit er sie bändige und unterwerfe dem Joch des Gehorsams."[116] Hinter solchen Aussagen steht noch keine persönliche Erfahrung und keine Autonomie des Denkens. Das hat Anchieta einfach als gültig übernommen. Nomadentum und Freiheitsliebe der Indios, die sich ökonomischer Ausbeutung widersetzte, hat schließlich auch die Bekehrungsarbeit erschwert und nahezu unmöglich gemacht. So konstelliert sich eine Interessensidentität zwischen Mission und Ausbeutung. Wo das Geschäft florierte, kam die Mission meist nicht zu kurz. Und der 29-jährige Anchieta schreibt an Diego Laínes (1558-1565), den zweiten General der Gesellschaft Jesu, als hätte er einen neuen Schlüssel zur Indiomission entdeckt:

"Es scheint uns, dass jetzt die Türen dieser Kapitanie offen stehen für die Bekehrung der Heiden, denn, so unser Herr-Gott es will, werden sie unterworfen und ins Joch gespannt. Denn für solche Art von Leuten gibt es keine bessere Predigt als Schwert und Eisenrute, wodurch sich, wie auf keine andere Weise, das *compelle eos intrare* (nötige sie hereinzukommen) erfüllt."[117]

Die Indios, *los naturales*, waren die unerlöste Natur. Der Kampf zwischen den beiden Reichen fand nicht zwischen Kirche und Imperium statt, sondern zwischen Gott und dem Teufel, zwischen der durch die Gnade erlösten Naturordnung und der gefallenen, ungehorsamen und perversen Natur. Portugal, Spanien und die Kirche wussten sich auf der Seite Gottes, feindliche Indios, Heiden, Franzosen, Lutheraner, Calviner waren auf der Seite des Teufels. Für Anchieta ist die Welt der Indios, die er antraf, eine Welt in Ungnade. Man muss "den Teufel, die Welt und das Fleisch besiegen, die fortwährend gegen uns ankämpfen und für un-

---

116 ebd. Nr. 23, 76 [1554].
117 ebd. Nr. 8, 197 [1563].

sere Niederlage arbeiten"[118], ermahnt der Missionar im Rahmen seines noch mittelalterlich geprägten Weltbildes. Das Land der indianischen Völker muss befreit werden "von der großen Gefangenschaft des Teufels, in der es sich befindet"[119].

Anchieta hat an der "geistlichen Conquista" paradigmatisch für andere teilgenommen. Seine Waffen waren seine Kenntnis der Kultur der Tupinambá und seine schriftstellerische Fertigkeit. Vom Portugiesen Gil Vicente hat er die Kunst gelernt, volkstümliche Theaterstücke, so genannte Autos, zu schreiben.[120] Gil war ein kritischer Beobachter der Feudalgesellschaft. In seinen allegorischen Stücken, welche die Tradition des mittelalterlichen Theaters weiterführen, denunziert er ganz offen die Korruption der politischen und religiösen Kasten. In seinem Stück "*Barca do Inferno*" (1517) – "Das Höllenschiff" – werden der Edelmann, als Repräsentant seines Standes, der Richter, der Rechtsanwalt, der Geldverleiher und der liederliche Ordensmann in die Hölle geschickt. Der Dorfnarr und vier Kreuzzugsritter – Rächer des Glaubens, wie die Krieger der Tupinambá – werden vom Engel eingeladen, in das Boot zu steigen, das zur himmlischen Glorie fährt.

Anchieta dagegen zielt mit keinem seiner literarischen Pfeile auf die Kolonialgesellschaft. Das Theater Anchietas ist gegen die Kultur der Indios gerichtet. In seinen Stücken sind die Teufelsfiguren gekleidet wie die Indios, während Engel und Heilige die Kleider der Kolonialgesellschaft tragen. In seinem berühmten Stück "*Auto na Festa de São Lourenço*" (Spiel am Fest des heiligen Laurentius) ist der König der Dämonen, Guaixará, ein ehemaliger Stammeshäuptling der Tamoio, seinerzeit ein Verbündeter der Franzosen. Seine Helfer sind Aimbirê, ein anderer Stammeschef der Tamoio, und Saraivaiaçu, der die Rolle eines Spions

118 J. de Anchieta, *Cartas, informações, fragmentos históricos e sermões*, Belo Horizonte-São Paulo 1988, 522.

119 ebd. 96 [15.3.1555].

120 Vgl. G. Vicente, *Obras completas*, Lissabon 1965 [1562].

und Verräters spielt. Die signifikanten Bräuche der Tupinambá-Kultur – Krieg führen, Cauim trinken, Tanzen, Rächen – werden in der Rede des als Teufel gekleideten ehemaligen Stammeshäuptlings lächerlich gemacht.[121] So führt Indiokultur im ganz wörtlichen Sinn zum Teufel. Die ehemaligen Kulturheroen werden dargestellt als Zerstörer des Lebens durch Sünden, die sie nicht kannten. Der heilige Laurentius und der heilige Sebastian, Helfer des Schutzengels des Dorfes, nehmen die "Teufel" dann gefangen. Schon die Wahl dieser heiligen Märtyrer ist eine offene Kritik an der Tupinambá-Kultur. Der heilige Sebastian – Schutzpatron von Rio de Janeiro –, Märtyrer wegen seiner Standhaftigkeit im Glauben, lebt in der religiösen Vorstellungswelt von Pfeilen durchbohrt. Der heilige Laurentius, ermordet während der Verfolgung des Kaisers Valerian, wurde auf einen glühenden Rost gelegt. Die Heiligen deuten auf die "Sünden" der Indio-Kultur: Wankelmütigkeit, Kriegsführung mit Pfeil und Bogen und Kannibalismus.

Oft fand Anchieta nicht die für die christliche Initiation für notwendig gehaltenen Zeichen. So gab es bei den Tupinambá kein den christlichen Konzepten von "Sünde" und "Versuchung" entsprechendes Wort. Ohne "Sünde" ist es schwierig, die Notwendigkeit von Erlösung zu erklären. Die "gute Nachricht" des Evangeliums setzt die "böse Nachricht" der Sünde voraus. Im interkulturellen Vergleich – jeder Übersetzer weiß davon ein Lied zu singen – fehlen oft bestimmte Wörter, andere bleiben übrig, wiederum andere sind sich äußerlich sehr ähnlich, haben aber ganz verschiedene semantische Hintergründe.

Christliche Initiation verlangt von den Tupinambá, ihre historische Vergangenheit in der Mythologie ihrer Kolonisatoren zu buchstabieren. Der bekehrte Tupinambá wird zum Ex-Indio. So berichtet Anchieta voller Freude: "Wir haben hier bei uns einen Häuptling der Indios Carijós (...). Ich sage euch, meine lieben Mitbrüder, er ist ein sehr guter Christ, ein

---

121 Vgl. J. de Anchieta, *Auto na Festa de S. Lourenço*, in: *Teatro de Anchieta*, Obras completas, Bd. 3, São Paulo 1977, 145ff.

sehr diskreter Mensch und er scheint nichts mehr von einem Indio an sich zu haben."[122] Und in Tibiriçá Martim Afonso, der sich "aus Liebe zu Gott und seiner Kirche" und um die Mission der Jesuiten zu verteidigen "zum Feind seiner eigenen Brüder und Verwandten gemacht hat,"[123] erkannte Anchieta "so viel Vernunft und Reife, dass er kein Brasilianer zu sein schien."[124] In der Internatsschule von Piratininga, dem späteren São Paulo, entfernen sich die Schüler so weit

"von den Bräuchen ihrer Eltern, dass, wie neulich, als der Vater von einem hier in der Nähe vorbeikam, um seinen Sohn zu besuchen, dieser ihm keinerlei kindliche Zärtlichkeit mehr entgegenbrachte, sodass er nur ganz kurz und gegen seinen Willen und von uns gezwungen mit seinem Vater sprach".[125]

4. Alternatives Gewissen

Zu allen Zeiten finden sich Menschen, deren Gewissensentscheidungen über das jeweilig kulturell Korrekte hinausgehen. Gemeinhin werden sie als Dissidenten und Häretiker, als Vorbilder und Verführer (Sokrates!) der Menschheit oder aber auch als Propheten und Heilige gekennzeichnet. Von der gesellschaftskritischen Haltung des Gil Vicente war bereits die Rede. Aber es muss hier auch Michel de Montaigne (1533-1592) genannt werden. Er war ein Zeitgenosse Anchietas, der durchaus innerhalb der katholischen Kirche den Ethnozentrismus seiner Epoche durchschaute und in Frage stellte. In seinen *Essais* (1580) kommentierte er die verschiedensten Bräuche der Indios, über die er gute Informationen durch Augenzeugen hatte, und versuchte sie in ihrer inneren Logik zu

---

122 de Anchieta, *Cartas* (wie Anm. 118), 89f [15.3.1555].
123 Viotti (Hg.), *Cartas* (wie Anm. 106), Nr. 4, 194, u. Nr. 10, 197.
124 ebd. Nr. 10, 198.
125 ebd. Nr. 14, 73 [1554].

verstehen. Über die in Europa viel kommentierten Bräuche der Tupinambá, wie Kannibalismus, Polygamie, Nacktheit und Kriegswesen, kommt Montaigne zu dem überraschenden Schluss:

"Nun finde ich (...), dass nach dem, was mir berichtet wurde, die Eingebornen in jener anderen Welt nichts Barbarisches oder Wildes an sich haben, oder doch nur insofern, als jeder das Barbarei nennt, was bei ihm ungebräuchlich ist – wie wir ja in der Tat offensichtlich keine andere Messlatte für die Wahrheit und Vernunft kennen als das Beispiel und Vorbild der Meinungen und Gepflogenheiten des Landes, in dem wir leben: Stets findet sich hier die perfekte Religion, die perfekte Staatsordnung, der perfekteste Gebrauch der Dinge."[126]

Und Montaigne fährt fort:

"Wir können die Menschenfresser also nach Maßgabe der Vernunftregeln durchaus Barbaren nennen, nicht aber nach Maßgabe unsres eigenen Verhaltens, da wir sie in jeder Art von Barbarei übertreffen. (...) Und wenn am Krieg (...) überhaupt etwas schön und entschuldbar sein kann, so findet es sich bei ihnen: Sie haben keinen anderen Beweggrund hierfür als das Verlangen, ihre Tapferkeit zu beweisen. Ihre Streitigkeiten gelten nicht der Eroberung neuer Ländereien (...). Sie sind noch in der glücklichen Verfassung, nur so viel zu begehren, wie ihre natürlichen Bedürfnisse erfordern – alles, was darüber hinausgeht, scheint ihnen überflüssig. (...) Mit den Gütern der Besiegten wüssten sie doch nichts anzufangen."[127]

---

[126] M. de Montaigne, *Essais*, Frankfurt a.M. 1998, Erstes Buch, XXXI, 109-115, hier 111.

[127] ebd. 113.

Die drei Tupinambá, die von der Küste Brasiliens ins französische Rouen verschleppt worden waren, wunderten sich darüber, "dass es Menschen unter uns gebe, die alles besäßen und mit guten Dingen jeder Art geradezu vollgestopft seien, während ihre andern Hälften bettelnd an deren Türe stünden, von Armut und Hunger ausgemergelt" (ebd.). Die laikale Sensibilität des Michel de Montaigne zeigt doch, dass, wer immer sich offen, d.h. erkennend und handelnd auf die Welt des Anderen einlässt, durch dessen Alterität wichtige Impulse zur Selbsterkenntnis erhalten kann. Nicht alles musste so sein, wie es war. Wer, wie der junge Anchieta, alles Wesentliche schon weiß, bevor er dem Anderen begegnet, läuft Gefahr, im Rigorismus der Selbstbegrenzung "das Schönste von allem"[128] nicht zu sehen und dem Anderen Gewalt anzutun.

Zwei in ihrem historischen Ursprung und in ihrer Kontextualität so grundverschiedene Religionssysteme wie das Christentum und die Religion der Tupinambá können sich in einer freien Kommunikationssituation weder durch Reduktion ihrer Mythologie und Gründergeschichte noch durch Anpassung auf der symbolisch-liturgischen oder doktrinär-utopischen Ebene entgegenkommen. Alterität ist immer irreduzibel, zugleich aber auch historisch gewachsen und daher veränderbar und kooperationsfähig.

Über Annäherung und Distanz unterschiedlicher Religionen/Kulturen entscheidet nicht die Höhe eines aus Vergessen und Zerstörung der Vergangenheit zusammengetragenen Schuttberges. Das Verbindende kann auch im Horizont eines reziprok verträglichen Zukunftsprojekts gefunden werden. In der modernen Gesellschaft, deren Grundverfassung von allen Menschen anerkannt wird, geht es neben identitätsstiftenden partikulären Weltbildern immer gleichzeitig um ein gemeinsames Lebensprojekt aller. Man kann zu diesem gemeinsamen Lebensentwurf von sehr verschiedenen kulturellen Vorgaben her kommen. Die kulturelle Nähe

---

128 Goethe: "Was ist das Schönste von allem, das dich das Leichteste dünkt, mit den Augen zu sehen, was vor den Augen liegt."

oder Distanz der je eigenen Lebenswürfe ist in sich "gleichgültig", insofern ein Artikulationsraum gemeinsamen Handelns ohne Hegemonieansprüche anerkannt wird. Universalität muss als Vernetzung vieler und ganz verschiedener Lebensentwürfe verstanden werden.

Wo bleibt da aber die religiöse und mystische Essenz von Mission? Gelingen oder Misslingen von Mission kann nicht an Taufstatistiken, sondern an Überlebensstatistiken abgelesen werden. Die Erinnerung an die missionarische Präsenz der heute zerstörten Gesellschaft der Tupinambá kann Anlass zu Trauerarbeit sein. Trauerarbeit aber darf nicht als Rückzug vom Anderen missverstanden werden. Wir kommen nur zu uns selbst durch und mit Anderen. Dem Geheimnis unseres eigenen Lebens kommen wir gerade da ganz nahe, wo wir die Anderen in ihrer Differenz anerkennen, Verbindliches mit ihnen teilen und vor ihrem Geheimnis schweigen. Der Andere ist die Tür zur Selbstüberschreitung, die dem in sich und seiner Welt gefangenen Ich die Türe zum Erwerb von Autonomie und Individualität öffnet. Die Anderen sind nicht die Schatten der Einen, sondern die Bedingung ihrer Existenz.

Die Essenz der Mission verweist uns auf die Essenz des "unzugänglichen" Lebens. Der Anteil der Essenz des Lebens, der in der Utopie des Evangeliums und im Geheimnis des Anderen verborgen liegt, muss neu gedacht werden, jenseits von Markt, Institution und Trieb. Der Andere ist kein Gegenstand des Marktes, kein Objekt von Erkenntnis und Lust, kein Kirchenmitglied. "Essenz", "Utopie" und "Geheimnis" sind uns zu Fremdwörtern geworden. Vielleicht müssen wir, um den kritischen Aufgaben von Vernunft, Geschichte und Gesellschaft gewachsen zu sein, uns wieder ganz bewusst in die verlorenen Vorgaben des Lebens hineininitiieren. "Primitiven" Völkern waren diese Vorgaben noch ganz selbstverständlich. Aus der neuen Hörigkeit eines zur *talk show* degradierten Lebens sind sie verschwunden.

Vielleicht gelingt es uns doch noch, beschwört Lévi-Strauss in *Traurige Tropen*, unser "bienenfleißiges Treiben" zu unterbrechen und den Impuls zu zügeln, der die "klaffenden Risse in der Mauer der Notwendigkeit einen nach dem anderen zuzustopfen" versucht, sodass unser Werk gerade dann vollendet ist, wenn wir unser Gefängnis zuschließen und den Weg zum Unzugänglichen endgültig aus der Erinnerung verlieren.[129] Damit würde die menschliche Gattung jene Gnade verspielen, "in die sie ihre Muße, ihr Vergnügen, ihre Ruhe und ihre Freiheit setzt"; jene Gnade, in der es ihr möglich wäre, "das Wesen dessen zu erfassen, was sie war und noch immer ist, diesseits des Denkens und jenseits der Gesellschaft: zum Beispiel bei der Betrachtung eines Minerals, das schöner ist als alle unsere Werke; im Duft einer Lilie, der weiser ist als unsere Bücher; oder in dem Blick – schwer von Geduld, Heiterkeit und gegenseitigem Verzeihen –, der ein unwillkürliches Einverständnis zuweilen auszutauschen gestattet mit einer Katze".

129 C. Lévi-Strauss, *Traurige Tropen*, 2. Aufl., Frankfurt a.M. 1979, 412f.

IV. Medellín (1968)
Gültiger Horizont und unvollendetes Projekt

Die *Generalversammlung des Lateinamerikanischen Episkopates in Medellín*[130] markiert nicht nur die kreative Rezeption des *II. Vatikanischen Konzils* (1962-1965) durch das lateinamerikanische Lehramt, sondern auch eine Weichenstellung für die später unter dem Markenzeichen "Theologie der Befreiung" verhandelte theologische Reflexion. Ja, man kann sagen, *Medellín* signalisiert den Beginn des ordentlichen Lehramtes eines Kontinents, obwohl der Lateinamerikanische Bischofsrat (CELAM) ja schon 1955 in Rio de Janeiro gegründet worden war. Lateinamerika beginnt in *Medellín* aufgrund der neu bewusst gewordenen kontextuellen Relevanz des Christentums die Hegemonie seines lateinischen Christentums zu hinterfragen. Die konstituierende Generalversammlung des Lateinamerikanisches Bischofsrates von Rio de Janeiro (1955) hat die wichtigen Fragen des Kontinents überhaupt noch nicht zur Kenntnis genommen. Seine Sicht der Welt war ekklesiozentrisch introvertiert.[131] Als es darum ging, den Sitz des Generalsekretariats des CELAM zu definieren, hatte noch die Mehrheit (32 Stimmen) für Rom gestimmt. Papst Pius XII. (1939-1958) dankte für die Wahl Roms, ließ aber ausrichten, dass er nicht daran glaube, dass das Generalsekretariat des CELAM außerhalb Lateinamerikas die ihm zugedachten Aufgaben

130 "Medellín" steht hier sowohl für die II. Generalkonferenz des Lateinamerikanischen Episkopates (Bogotá, 24.8.; Medellín, 26.8.-5.9.1968) wie auch für die dort gefassten Beschlüsse und für das Ereignis als solches.

131 Die wichtigsten Themen von Rio de Janeiro waren Berufungspastoral, Ausbildung der Seminaristen, Laien als Hilfskräfte des Klerus, Organisation der Seelsorge, Medien als Instrumente der Kirchenpropaganda, Protestantismus als Antikatholizismus, Immigration. Die Dokumente der vier CELAM-Konferenzen in: *Consejo Episcopal Latinoamericano/CELAM. Rio de Janeiro, Medellín, Puebla, Santo Domingo. Conferencias Generales del Episcopado Latinoamericano*, Bogotá 1994.

wahrnehmen könne. So kam es nach der Gründung des CELAM, die als wichtigstes Ergebnis der I. Generalversammlung von Rio de Janeiro angesehen werden kann, zur Wahl von Bogotá als Sitz des Sekretariats und zur Wahl von Medellín als Ort der II. Generalversammlung, beide im traditionell katholischen Kolumbien.

1. Politische Aufbrüche von 1968

Die II. Generalversammlung des lateinamerikanischen Episkopates von Medellín ereignet sich im Jahr 1968. Vielleicht muss man im Zeitraffer dieses Jahr noch einmal zusammenfassen, um *Medellín*, seinen kirchlichen Kontext, seine Vor- und Wirkungsgeschichte einigermaßen zu verstehen. In den Ereignissen des Jahres 1968, die nahezu gleichzeitig in Paris und São Paulo, in Prag und in Lima, in Vietnam und in den Vereinigten Staaten stattgefunden haben, verdichtet sich das Elend und die Hoffnung eines Jahrhunderts. Die Gewalt sozialer Ausbeutung, institutioneller Unterdrückung, rassischer Diskriminierung und machistischer Repression rief nach Veränderung.

Die strukturelle und individuelle Gewalt von 1968 hatte viele Gesichter:

– Am 21. Januar stürzte ein amerikanisches Flugzeug, das mit nuklearen Bomben beladen war, in der Nähe Grönlands ab.

– Am 30. Januar begann der Vietcong die Ted-Offensive, die nach vielen Massakern schließlich zum Abzug der USA aus Vietnam führte.

– Im März erklärte der brasilianische Innenminister, dass er Beweise für "Korruption und Sadismus" des staatlichen Indianerschutzdienstes (SPI) habe, "einschließlich des Massakers an Indiostämmen durch Dynamit, Schnellfeuergewehre und mit Arsen vermischtem Zucker".

– Am Jahrestag des Militärputsches der brasilianischen Regierung, am 1. April, kam es zu Protesten, vor allem von Studenten, im ganzen Land.

– Am 4. April wurde Martin Luther King ermordet.

– Am 15. April begann der Frühling von Prag, der am 20. August mit dem Einmarsch der Truppen des Warschauer Pakts in Prag sein gewaltsames Ende fand.
– Am 15. Mai versammelten sich die Provinzoberen der Jesuiten in Rio de Janeiro und versprachen, "den sozialen Problemen Lateinamerikas absolute Priorität zu geben" (*Fola de São Paulo*, 16.5. I/8). Die Jesuiten verpflichteten sich, ihren pastoralen Schwerpunkt von den Oberschichten zu den Armen zu verlagern. Pater Arrupe, der General der Jesuiten, war zu dieser Zeit noch *persona grata* im Vatikan und daher auch in *Medellín* zugegen.
– Es folgten die Maiunruhen in Frankreich und weltweite Proteste von Studenten und Arbeitern.
– Der 21. Juni wurde zum "blutigen Freitag" in Rio de Janeiro. Nahezu 1000 Menschen wurden eingesperrt, viele verletzt und einige umgebracht.
– Am 26. Juni formierte sich ein Protestmarsch von über 100.000 Menschen. Streiks, Attentate auf verschiedene Volkstheater und Protestdemonstrationen häuften sich.
– Am 12. Oktober begannen die Olympischen Spiele in Mexiko. Am gleichen Tag überfiel die Polizei die Teilnehmer des XXX. Kongresses der Nationalen Studentenunion (UNE) in Ibiuna, im Innern des Staates São Paulo. 713 Studenten kamen ins Gefängnis.
– Am 13. Dezember veröffentlichte der Justizminister den Institutionellen Akt Nr. 5 – kurz AI-5 genannt –, wodurch der brasilianische Kongress geschlossen wird. Damit begann eine neue Phase der Willkürherrschaft in Brasilien.

Die Ereignisse von 1968 haben weltweit gezeigt, dass die Strukturen der Gewalt erschüttert werden können. Das kleine Vietnam hat die mächtigen Vereinigten Staaten moralisch und später militärisch in die Knie gezwungen. Der David Kuba hatte den Goliath USA schon 1959 und dann noch einmal 1961 an der Schweinebucht mit einem Steinwurf verletzt. Studenten, Arbeiter und Campesinos haben Achtungserfolge gegen den

Autoritarismus des Staatsapparates und seiner Institutionen erzielt. Martin Luther King fiel zwar einem Attentat zum Opfer, aber das Antirassismusprogramm konnte schließlich durchgesetzt werden. Che Guevara wurde nach seiner Ermordung (1967) zur inspirierenden Symbolfigur vieler junger Menschen und politischer Bewegungen. Streiks, Protestmärsche, Universitäts- und Fabrikbesetzungen wurden zu Orten politischer Schulung. Die Ereignisse haben gezeigt, dass eine Jugend, die nicht bereit ist, sich mit dem Ist-Zustand der Welt abzufinden, fähig ist, veraltete Verhaltensnormen zu unterlaufen, erstarrte Anpassungsrituale abzuschaffen. Die Zukunft kann nicht mit Wohlstand und Ordnung abgegolten werden. Im Jahr 1968 wurde das Realitätsprinzip mit der Elle des "Prinzips Hoffnung" neu vermessen. Inmitten der Protestbewegung von '68 ereignete sich eine schöpferische Diskussion über das "Projekt Menschheit", über Zukunftsentwürfe und Lebenssinn. In Lateinamerika erwuchs aus dieser Diskussion ein neues historisches Bewusstsein, das sich als Widerstand in revolutionären Bewegungen und in Gewerkschaften, an Universitäten und in Fabriken, in Basisgemeinden und in der Befreiungstheologie artikulierte. Aber es erwuchs aus den Ereignissen um 1968 auch das Bewusstsein der Notwendigkeit, den Glauben zu kontextualisieren, das Lebenszeugnis und die Glaubensverkündigung enger miteinander zu verbinden und die Präsenz in der Welt nicht als Mittel zur Bekehrung, sondern als sakramentales Heilszeichen zu leben.

2. Zeichen der Zeit

Die institutionelle Reaktion auf die Ereignisse von 1968, so wie sie in *Medellín* zum Ausdruck kommt, könnte mit "sensibler Kenntnisnahme der Ereignisse" und "partieller Rezeption ohne Anbiederung" umschrieben werden. Mentalitätsmäßige Vorarbeiten dazu waren durch Papst Johannes XXIII. und das II. Vatikanische Konzil geleistet worden. Nicht nur die Geschichte sei ein wichtiger "theologischer Ort", sondern auch die Ereignisse der Gegenwart seien ein *Kairos*, Gottes Einspruch und

Zuspruch zeichenhaft zu erkennen. Wie können solche "Zeichen Gottes in der Zeit" unterschieden werden von Trends, Fundamentalismus oder nur kulturellen Innovationsschüben?
"Zeichen der Zeit" sind Erinnerungen, Hinweise und Unterbrechungen, die ekklesial-kontextuelle Gleichgültigkeit, historische Abgehobenheit und lebensweltliche Plausibilität in Frage stellen.[132] Sie sind Klopfzeichen an den Zellwenden einer evolutionistisch gestreckten Zeit, die keine Unterbrechungen mehr zulässt; sie sind vieldeutiger Ausdruck von Heimsuchungen, Anfragen und Hoffnungen, "Wegmarken des Reiches Gottes".[133] Theologie treiben heißt vor der Prämisse Gott, d.h. auf dem Grund des Glaubens solche mehrdeutigen Zeichen lesen, Spuren suchen in der Wüste von Kontexten und ein Sinnganzes konstruieren in fragmentarischen Lebenstexten, in den Bruchstücken von Welt und Biographie. "Zeichen der Zeit" weisen auf die in Geschichte und sozio-kulturellen Kontexten ausgelagerte korrektive Vernunft Gottes hin. Schon vor Aufklärung und Revolution hat der Dominikaner Melchior Cano, Theologe des Trienter Konzils (1545-1563), auf die Geschichte als "theologischen Ort" hingewiesen.
Seit der Enzyklika *Pacem in terris* (1963) Johannes XXIII. steht der Begriff "Zeichen der Zeit" innerkirchlich für eine aufmerksame Spurensuche Gottes in konkreten geschichtlichen Abläufen. Die Deutung der "Zeichen der Zeit" ist eine stets offene und immer gewagte hermeneutische Aufgabe ohne Schlusswort, weil "Zeichen der Zeit" auch als

---

132 Vgl. P. Suess, *Zeichen der Zeit. Medellín war ein Umbruch in der lateinamerikanischen Kirche*, Lateinamerika Nachrichten 294 (Dezember 1998), 19-22. – Vgl. auch die Schwerpunkthefte zu *Medellín*: Revista Eclesiástica Brasileira 192 u. 232 (Dezember 1988 u. 1998).

133 H.-J. Sander; *Die Zeichen der Zeit in Gewalt und Widerstand. Zu einem Grundbegriff der Theologie in der Welt von heute*, Orientierung 59 (1995), 92-96, hier 93. Sander benennt den Widerstand gegen Gewalt als Zeichen der Zeit, setzt diesen Widerstand aber schon innerkirchlich an und nicht als ein Zeichen Gottes, das durch die "Welt" auf die Kirchen zukommt.

"Mode" missverstanden werden können. Es geht also nicht um eine fundamentalistische Identifikation Gottes im Weltgeschehen, die es erlauben würde, die Finger Gottes in die Hand zu nehmen. "Geht nicht hin, wenn sie euch sagen, der Messias ist hier oder dort!" Es geht vielmehr um ein neues, historisches Bewusstsein, das sich in den Umbrüchen der Moderne herauskristallisiert hat.
Im brodelnden und sich mehr und mehr beschleunigenden Prozess immer neuer Möglichkeiten erfahren wir heute Zeit und Ort (Heimat!) als knappe Ressource. Für Christen hat die Zeit immer schon etwas Drängendes und der Ort etwas Vorläufiges. Paulus sagt: "Die Liebe Christi drängt uns" (2 Kor 5, 14) und im Brief an Diognet ist nachzulesen, dass den Christen jede Heimat gleichzeitig auch Ausland ist (V. 5). Erst die Relativierung eigener Zeiten und Kontexte ermöglicht das Ernstnehmen fremder Biographien und Orte.
"Zeichen der Zeit" haben als korrektive Vernunft Gottes, also ihres "Senders" wegen, der aber zugleich in seiner besonderen Nähe zu den Armen "Adressat" ist, eine besondere Dringlichkeit. Die Armen, Ausgeschlossenen und Ausgebeuteten an unserer Tür, in denen wir das Antlitz Christi erkennen (vgl. Mt 25, 31ff), sollen nicht warten. Das den Armen zugefügte Leid hat eine konventioneller Ethik vorgelagerte Dringlichkeit. Wir kennen die Code-Worte der "geringsten Brüder Jesu", mit denen der Menschensohn sich in der Gerichtsrede identifiziert. Die *passwords* "zum ewigen Leben" lauten: "nackt", "krank", "gefangen", "hungrig" und nicht "rein", "fromm", "unschuldig", "vernünftig" oder "fleißig". Zuerst die Armen und das Reich Gottes! Beider Herz ist zusammengewachsen. Diese jesuanische Doppelpriorität, durch die Theologie und politisch-öffentliches Handeln vernetzt sind, ist keine lateinamerikanische "Bastelarbeit". Das emphatische Insistieren auf dieser Doppelpriorität in und nach *Medellín* hat manche beunruhigt, die dann die Befreiungstheologie als "chiliastisches Modell", das sowohl die Hoffnung des

Glaubens als auch die Rationalität des politischen Handelns korrumpiere, abgetan haben.[134]

Zwei gut situierte Menschen, der eine *hatte* alles und der andere *wusste* alles, fragten Jesus nach dem Reich Gottes, das sie sich als gesetzliche Leistung und nicht als neue Umlaufbahn um die Erde vorgestellt hatten. Angesichts der Frage des "reichen Mannes" und der des "Gesetzeslehrers", was denn zu tun sei, um "das ewige Leben zu gewinnen", antwortete Jesus lapidar: Teile deine Güter mit den Armen und eile dem unter die Räuber Gefallenen zu Hilfe (Mk 10, 17ff; Lk 10, 30ff). Die politisch-öffentliche Verantwortung für das "ewige Leben" offenbart sich in der Nähe zum Anderen, der heute strukturell-systemisch unter die Räuber gefallen ist, und im Teilen mit den Armen und Ausgeschlossenen. Im Hinblick auf sinnvolles, ganzes und daher "ewiges Leben" ist der absolute "Standortvorteil" der Christen unter den Armen. Diese Präsenz schielt nicht auf "propagandistische" Bekehrung oder auf eigene Seelenrettung. Sie ist absichtslose Zeugenschaft und sakramentale Zeichenhaftigkeit in der Nachfolge Jesu. Seine Zeichenhandlungen – Heilungen, Sündenvergebung, Brechen von Tabus – waren nicht etwa Präevangelisierung, sondern Verkündigung des Gottesreiches.[135]

Die Enzyklika *Pacem in terris* benennt drei Emanzipationsschübe der Moderne als "Zeichen der Zeit": die Emanzipation der Arbeiterklasse, der Frauen und der kolonisierten Völker. "Zeichen der Zeit" sind keine wiederholbaren Zeichen eines Naturprozesses – sind nicht Vogelschau oder Wetterbericht (vgl. Mt 16, 3) –, sondern historisch verwurzeltes Heilsgeschehen. Dabei sind zwei Momente besonders bemerkenswert:

Zum einen steht das Paradigma "Zeichen der Zeit" *gegen* einen gewissen Offenbarungspositivismus und *für* den Prozesscharakter der Offenba-

---

134 J. Ratzinger, *Eschatologie und Utopie*, Internationale katholische Zeitschrift 6/2 (März/April 1977), 97-110, hier 102.

135 Vgl. A. Peter, *Christliche Präsenz als missionarisches Konzept*, NZM 54 (1998/4), 241-258.

rung, die sich bis in unsere Gegenwart hinein immer neu ereignet. Offenbarung ist kein archimedischer Punkt, von dem aus man außerhalb von Geschichte und Kontext die Welt heilsgeschichtlich aus den Angeln heben kann. Offenbarung hat einen inkarnatorischen Zeitkern.

Zum anderen werden durch den Topos "Zeichen der Zeit" soziokultureller Kontext und Geschichte als theologische Standorte benannt, deren Horizont weit über den Binnenraum der Kirchen in den Welt-Raum hineinreicht. Um Gottes Willen zu erfahren, muss man oft über das Planquadrat der Kirche hinausgehen. Die Lösungen sind in uns angelegt, aber wir finden sie erst, wenn wir aus unserem Quadrat (Tradition, parochiale Sicht, Kantönlisgeist) hinausgehen. Wir kommen nur zu uns mit den Anderen. Die Armen Anderen sind der glühende Docht, um aus dem göttlichen Funken in uns das Feuer des Geistes zu schlagen. Von den Grenzen der Welt kommen die "Zeichen der Zeit" auf die Kirchen zu als Korrektiv, Anfragen Gottes und Aufgabe.

In einem der sieben Einleitungsreferate zu *Medellín* sprach Eduardo Pironio am 28. September 1968, damals Weihbischof von La Plata (Argentinien) und Generalsekretär des CELAM und der Konferenz von Medellín, vor den Delegierten zum Thema: "Christliche Interpretation der Zeichen der Zeit heute in Lateinamerika". In seinem viel beachteten Referat sagte Pironio: "Seit der Inkarnation Christi ist jeder historische Augenblick ein Moment der Erlösung."[136] Die lateinamerikanische "Situation der Sünde" müsse in eine "Realität der Gerechtigkeit" verwandelt werden. "Wir konzentrieren unsere Aufmerksamkeit auf den Menschen. (...) Er ist Subjekt der Erlösung der Kirche (...) und Architekt seiner Zukunft." Diese Artikulation von lateinamerikanischer Wirklichkeit mit theologischen Grundaussagen in einem Hoffnungshorizont, der ins Le-

---

[136] E. Pironio, *Interpretacion cristiana de los signos de los tiempos hoy en America Latina*, in: *Segunda Conferencia General del CELAM. La Iglesia en la actual transformación de América latina a luz del Concílio,* 5. Aufl., Bd. 1, Ponencias, 101-121.

ben eingreift, sollte das Wasserzeichen *Medellíns* werden. *Medellín* – das Lehramt der lateinamerikanischen Kirche – hat sich nicht direkt mit den Fragen des Jahres 1968 auseinandergesetzt, und doch waren die wichtigen Fragen, die durch den Aufstand der Studenten an das Ufer des Bewusstseins gespült wurden, dort präsent.

3. Konziliarer Hintergrund

Bei der Eröffnung des II. Vatikanischen Konzils war Lateinamerika der einzige Kontinent, der schon auf eine kollegiale Bischofsstruktur, den 1955 in Rio de Janeiro gegründeten Lateinamerikanischen Bischofsrat (CELAM), zurückgreifen konnte. Sein Präsident war der mexikanische Kardinal Dario Miranda y Gómez. Als er im Oktober 1962 zum Konzil nach Rom kam, erhielt er ein Schreiben der Kommission für Lateinamerika (CAL), dass es dem CELAM nicht erlaubt sei, während des Konzils Versammlungen einzuberufen. CAL bezog sich auf die Erfahrung vorausgegangener Konzile. Um nationale Blockbildungen zu vermeiden, bat die Kommission, dass es keine Versammlungen des CELAM während des Konzils geben solle.
Die unvorhergesehene Unterbrechung des Konzils, gleich in der ersten Sitzung (auf Bitten von Kardinal Achille Lienart, Erzbischof von Lille/Frankreich), damit sich die Bischofskonferenzen konsultieren könnten, um die Kandidaten für die einzelnen Konzilskommissionen vorzuschlagen, führte zu einer neuen Situation. Dom Helder Câmara von Olinda-Recife, Brasilien, – der Motor der Gründung des CELAM und der Brasilianischen Bischofskonferenz – besprach sich mit Dom Manoel Larraín, Bischof von Talca, Chile, – dem späteren CELAM-Präsidenten und Motor der Vorbereitungsphase von *Medellín* – und Kardinal Silva Enríquez, von Santiago do Chile. Vier Tage lang funktionierte dieser inoffizielle Kontakt, und das genügte, um bewundernswerte Bischöfe wie Mgr. Zoa aus dem Kamerun, der international überhaupt nicht bekannt war, in die Kommissionen zu bekommen.

Während der zweiten Sitzungsperiode, schon in einem Klima größerer Freiheit, organisierte der CELAM seine Versammlungen während des Konzils, neben vielen Treffen zum Studium von Einzelfragen und Debatten. Aus diesen Versammlungen erwuchs das Bewusstsein, dass es notwendig sein würde, gleich nach dem Konzil eine lateinamerikanische Bischofskonferenz einzuberufen mit der doppelten Aufgabe:
– das Konzil für Lateinamerika umzusetzen,
– fundamentale Themen, die wegen der europäischen Bischofsmehrheit nicht mehr in die Konzilsdokumente aufgenommen wurden, neu zu formulieren.
Viele Bischöfe der Dritten Welt machten Papst Paul VI. auf die fehlenden sozialen Fragen in den Konzilsdokumenten aufmerksam. Dieser versprach, diese Themen in einer Enzyklika sofort nach dem Konzil aufzunehmen. Daraus wurde dann die Enzyklika *Populorum progressio* (1967), die einen nachhaltigen Einfluss auf den Kontinent ausüben sollte. Neben den Konzilsdokumenten ist *Populorum progressio* das meist zitierte Dokument von *Medellín.*
Spirituelle Spuren *Medellíns* kann man bis in die erste Sitzungsperiode des Konzils zurückverfolgen. Inspiriert durch Paul Gautier, der Professor im Priesterseminar von Dijon war und nach Nazareth aufbrach, wo er, in der Nachfolge Jesu als Schreiner, ein Leben in Armut als Arbeiter führte, konstituierte sich eine Gruppe von Bischöfen aus Europa, Afrika und Lateinamerika als "Kirche der Armen".
Am Ende des Konzils, am 16. November 1965, versammelte sich diese Gruppe von etwa 40 Konzilsvätern in der Domitilla-Katakombe zu einer Eucharistiefeier. Sie betet dort um die Treue dem Geist Jesu gegenüber, der sie gesalbt und gesandt habe, "um Armen die Frohbotschaft zu bringen" (Lk 4, 18). Bei dieser Gelegenheit haben viele der anwesenden Bischöfe sich auf den folgenden "Pakt der Katakomben" verpflichtet:

"Wir Bischöfe, die wir uns auf dem Zweiten Vatikanischen Konzil versammelt haben, sind uns bewusst, wie lückenhaft wir die dem Evangelium gemäße Armut leben; wir haben uns gegenseitig ermutigt, eine Initiative zu ergreifen, bei der jeder von uns es vermeiden möchte, in besonderer Weise einzeln Aufmerksamkeit zu erregen. In Gemeinschaft mit allen unseren Brüdern im Episkopat vertrauen wir vor allem auf die Gnade und Kraft Unseres Herrn Jesus Christus, auf das Gebet der Gläubigen und Priester unserer jeweiligen Diözesen; wir stellen uns in Gedanken und Gebet vor die Dreifaltigkeit, vor die Kirche Christi und vor die Priester und Gläubigen unserer Diözesen; in Bescheidenheit und im Bewusstsein unserer Schwäche, aber auch mit aller Entschlossenheit und Kraft, die Gott uns in Gnade geben mag, verpflichten wir uns zum Folgenden:

1) Wir werden versuchen so zu leben, wie unsere Leute normalerweise leben, und zwar im Hinblick auf Wohnung, Nahrung, Verkehrsmittel und alles, was damit zusammenhängt. Vgl. Mt 5, 3; 6, 33f; 8, 20.

2) Für immer legen wir allen scheinbaren und realen Reichtum ab, speziell im Hinblick auf Kleidung (teure Stoffe und schreiende Farben), kostbare Insignien (die ja wirkliche evangelische Zeichen sein sollen). Vgl. Mk 6, 8f; Mt 6, 9; 10, 9f; Apg 3, 6. Weder Gold noch Silber.

3) Wir werden weder Wohnungen noch Möbel noch Bankkonten etc. in unserem eigenen Namen besitzen; falls sich jedoch ihre Notwendigkeit erweist, werden wir alles auf den Namen der Diözese oder der sozial-karitativen Werke laufen lassen. Vgl. Mt 6, 19-21; Lk 12, 33f.

4) Damit wir weniger Verwalter sind und mehr Hirten und Apostel, werden wir, wo immer es möglich ist, die Verwaltung von Geldern und Gütern in unserer Diözese einer Kommission von kompetenten Laien anvertrauen, die sich ihrer apostolischen Aufgabe bewusst sind. Vgl. Mt 10, 8; Apg 6, 1-7.

5) Wir lehnen es ab, mündlich oder schriftlich mit Namen und Titeln angesprochen zu werden, die soziales Prestige oder Macht zum Ausdruck bringen (Eminenz, Exzellenz, Monsenhor ...). Wir ziehen es vor, mit dem evangelischen Namen "Pater" genannt zu werden. Vgl. Mt 20, 25-28; 23, 6-11; Joh 13, 12-15.

6) In unserem Auftreten und in unseren Sozialbeziehungen werden wir alles vermeiden, was den Anschein erwecken könnte, dass wir den Reichen und Mächtigen Privilegien, Prioritäten oder sonstige Vorrechte einräumen (beispielsweise durch Einladungen zu Festessen, das Praktizieren verschiedener Klassen bei religiösen Zeremonien). Vgl. Lk 13, 12-14; 1 Kor 9, 14-19.
7) Ebenso werden wir es vermeiden, irgendjemandem zu schmeicheln, um Wohltaten zu belohnen oder zu erbitten, oder aus sonst welchen Gründen. Wir werden unsere Gläubigen einladen, ihre Gaben als eine normale Teilnahme am Kult, am Apostolat oder an der Sozialarbeit zu betrachten. Vgl. Mt 6, 2-4; Lk 15, 9-13; 2 Kor 12, 4.
8) Soweit es angebracht ist, werden wir unsere ganze Zeit, unser Nachdenken, unser Herz, unsere Mittel etc. für den apostolischen und pastoralen Dienst der Personen und Gruppen zur Verfügung stellen, die arbeitsam, ökonomisch schwach und unterentwickelt sind, ohne dass dies andere Personen oder Gruppen der Diözese zu schädigen braucht. Wir werden die Laien, Ordensleute, Diakone oder Priester unterstützen, die der Herr berufen hat, die Armen und Arbeiter zu evangelisieren und mit ihnen das Arbeitsleben zu teilen. Vgl. Lk 4, 18f; Mk 6, 4; Mt 11, 4f; Apg 18, 3f; 20, 33-35; 1 Kor 4, 12 u. 9, 1-27.
9) Im Bewusstsein der Forderungen der Gerechtigkeit und Liebe und ihrer gegenseitigen Beziehungen werden wir versuchen, die Werke der "Wohltätigkeit" in soziale Werke zu verwandeln, deren Fundament Liebe und Gerechtigkeit sein soll, die alle Menschen und Anforderungen in Rechnung stellen. Dies soll ein bescheidener Beitrag für die kompetenten öffentlichen Einrichtungen sein. Vgl. Mt 25, 31-46; Lk 13, 12-14 u. 33f.
10) Wir werden alles tun, damit die Verantwortlichen für unsere Regierung und für die öffentlichen Aufgaben Gesetze, Strukturen und Sozialeinrichtungen beschließen und praktizieren, die für die Gerechtigkeit, für die Gleichheit und für eine harmonische und ganzheitliche Entwicklung des ganzen Menschen und aller Menschen notwendig sind – für den Be-

ginn einer anderen Sozialordnung, einer neuen, würdigen für die Menschen- und Gotteskinder. Vgl. Apg 2, 44f; 4, 32-35; 5, 4; 2 Kor 8 u. 9 ganz; 1 Tim 5, 16.

11) Weil wir die bischöfliche Kollegialität sehr dem Evangelium gemäß betrachten, wenn es darum geht, gemeinsam die Last der menschlichen Massen zu tragen, die sich im Zustand physischen, kulturellen und moralischen Elendes befinden, und das sind zwei Drittel der Menschheit, verpflichten wir uns:

– an den dringenden Hilfeleistungen für die Episkopate der armen Nationen teilzunehmen, soweit dies unsere Mittel gestatten;

– zusammen mit dem Plan internationaler Organisationen – im Zeugnis für das Evangelium, wie es Papst Paul VI. in der UNO getan hat – die Schaffung ökonomischer und kultureller Strukturen einzuklagen, die nicht mehr – in einer immer reicheren Welt – proletarische Nationen produzieren, sondern es den armen Volksmassen gestatten, aus ihrem Elend herauszukommen.

12) In pastoraler Liebe verpflichten wir uns, unser Leben mit unseren Brüdern in Christus, mit Priestern, Ordensleuten und Laien, zu teilen, damit unser Amt sich konstituiert als ein wirklicher Dienst; daher

– werden wir uns anstrengen, unser Zusammenleben mit ihnen zu überprüfen;

– werden wir uns bemühen, dass unsere Mitarbeiter Menschen sind, die Mut einflößen, gemäß dem Heiligen Geist, und nicht Chefs, gemäß der Welt;

– werden wir versuchen, äußerst menschlich präsent und gastfreundlich zu sein;

– werden wir uns offen für alle zeigen, was immer ihre Religion sei. Vgl. Mk 8, 34f; Apg 6, 1-7; 1 Tim 3, 8-10.

13) Wenn wir in unsere jeweiligen Diözesen zurückkommen, werden wir unseren Beschluss unseren Diözesanen bekannt machen und sie bitten, uns mit ihrem Verständnis, Beistand und ihren Gebeten zu unterstützen.

GOTT MÖGE UNS HELFEN TREU ZU SEIN."[137]

4. Arbeitsmethode: Sehen – Urteilen – Handeln

Was *Medellín* wesentlich vom *II. Vatikanum* unterschied, war die Arbeitsmethode. *Medellín* ging von einer "Theologie der Zeichen der Zeit" aus, stets mit einem aufmerksamen Auge auf die soziale, politische, ökonomische und kirchliche Realität gerichtet. Dann versuchte man, die aus dieser Realität und dem konkreten Leben der Menschen erwachsenden Herausforderungen im Licht des Wortes Gottes, der Tradition, des Konzils, der Erfahrung und der Sozialwissenschaften zu analysieren. Der dritte Schritt führte dann dazu, pastorale Leitlinien zu erarbeiten im Horizont des Reiches Gottes Veränderungen vorzuschlagen, die zur Befreiung der Armen, zur Umwandlung von Strukturen der Sünde führen und so Zeichen der Hoffnung sein können. So haben alle 16 Dokumente von *Medellín* in der Regel jedes 3 Teile: Situation, Grundlegung der Lehre, Pastorale Schlussfolgerungen.
Die Methode "Sehen – Urteilen – Handeln" markiert zunächst die kirchliche Präsenz an der Seite der christlichen Arbeiterjugend. Ihr Gründer, Joseph Cardijn, hatte im Belgien der zwanziger Jahre (seit 1924!) dieses Drei-Takt-Prinzip entwickelt. Die theologische Reflexion der damaligen Zeit verdankt der kirchlichen Nähe zur Arbeiterschaft wichtige Impulse. 1933 beginnen erste Experimente von Ordensleuten als "Arbeiterpriester". J. Maritain schreibt über den "integralen Humanismus" (1937) und H. de Lubac über "die soziologischen Aspekte des Dogmas" (1938). Im April 1960 fordert die Plenarversammlung der französischen Bischöfe, dass die ganze Kirche missionarisch werden müsse, und drei Jahre später schreibt Weihbischof Ancel von Lyon über seine Erfahrung von "fünf Jahren mit den Arbeitern".

---

[137] B. Kloppenburg (org.), *Concílio Vaticano II.*, Vol. V, Quarta Sessão, Petrópolis 1966, 526-528.

Die Methodologie "Sehen – Urteilen – Handeln" war präsent in der französischen "Theologie der irdischen Wirklichkeit", aber auch in der Spiritualität des Charles de Foucauld und der Kleinen Schwestern und in der Praxis eines Abbé Pierre (Lumpensammler von Emmaus).[138] Die pastorale Nähe zur "irdischen Wirklichkeit" hat auch die Theologie der Mission, des Laikats und des Ökumenismus (1951 wird *Pax Christi* gegründet, 1962 wird in Taizé die Versöhnungskirche eingeweiht) erneuert. Aber irgendwie tat man sich in Europa schwer, über kurzlebige Genitivtheologie (Theologie der Stadt, des Laikats, der Säkularisation, der Revolution, der Kultur) hinauszukommen. Woran lag dies?

Das potentiell revolutionäre Subjekt der westlichen Welt, die Arbeiterschaft, fand sich im Wohlfahrtsstaat gut aufgehoben und begann vor allem in den siebziger Jahren, Fortschritt als privatisierte Konsumsteigerung zu buchstabieren. Auch die kontextuellen Theologien der siebziger und achtziger Jahre, ja selbst die Politische Theologie um Johann Baptist Metz hatten ihre Schwierigkeit, die zu ihrem Theologietreiben gehörigen konkreten Subjekte zu benennen, und dies nicht aus Kurzsichtigkeit der theologischen Altmeister, sondern aufgrund einer gewissen kontextuellen Aporetik.[139] Die Moderne stützte sich zunächst auf das liberale Bürgertum und dann auf die Arbeiterklasse, die beide in ihrer großen Mehrheit von Kirche, Theologie und Religion nichts mehr erwarteten. Bürgertum und Arbeiterklasse waren ja, historisch betrachtet, gebrannte Kinder, die ohne und gegen die Kirchen ihre Emanzipation durchgesetzt hatten, um dann gemeinsam in die von der säkularisierten Gesellschaft aufgestellten Wohlstandsfallen zu laufen. Für die westliche Theologie in den Großkirchen wurde es immer schwieriger, einen Fuß zwischen die Türe zu bringen, welche die Kammern "Wohlstand" und "internationalen

138 Vgl. G. Thils, *Théologie des réalités terrestres*, 2 Bde., Louvain 1949. – M.D. Chenu, *L'évangile dans le temps*, Paris 1964.

139 Vgl. die Diskussion und Literatur zum Thema "kontextueller Theologie", Theologie und Glaube 86 (1996), Heft 2.

Strukturwandel", "privates Glück" und "öffentlich-weltweite Verantwortung" voneinander trennt. Der Spendenerfolg der "kirchlichen Werke" darf nicht über die Abwesenheit einer diesen Werken gemäßen Theologie hinwegtäuschen.
Die Arbeitsmethode "Sehen – Urteilen – Handeln" kann letztlich auf die Schrift zurückgeführt werden. Das letzte Zeichenwunder Jesu in den synoptischen Evangelien ist eine Blindenheilung. "Sehen" ist die Voraussetzung für Nachfolgen. Nur wem die Augen aufgehen über den falschen Schein von "Unmittelbarkeit" und "Ideologie", der kann autonom handeln. Die Methodologie des "Sehen – Urteilen – Handeln" wurde auch auf der III. Generalversammlung des Lateinamerikanischen Episkopates, die vom 26.1.-13.2.1979 in Puebla, Mexiko, stattgefunden hat, durchgehalten. Bei der 4. Generalversammlung des CELAM, die vom 12.-28. Oktober 1992 in Santo Domingo durchgeführt wurde, also 24 Jahre nach *Medellín*, begann man wieder, in Lateinamerika Schlussdokumente mit essentiellen theologischen Aussagen einzuleiten, die dann den Kontext als pastoralen Störungsfaktor an zweite oder letzte Stelle rücken.

5. Lücken und Wegzeichen in den Texten

Ganz im Kontrast zu einer über 400-jährigen *Kolonialkirche in Lateinamerika* bedeutet *Medellín* den Beginn einer *lateinamerikanischen Kirche*. Der Leitungssektor einer Ortskirche versucht in *Medellín*, sich, seinen Kontinent und die Welt mit eigenen Augen zu sehen. Aber dieser Blick ist vom langen Aufenthalt im kolonialen Verlies der Bevormundung noch getrübt. Die *Beschlüsse von Medellín* sind Ausdruck eines neuen historischen Gegenwartsbewusstseins, das sich jedoch noch nicht mit seiner eigenen Geschichte auseinandergesetzt hat. *Medellín* arbeitet mit einem historischen Kurzzeitgedächtnis. Kollektive Subjekte mit sehr unterschiedlichen Biographien, wie die indianischen Völker und die Nachfahren afrikanischer Sklaven, werden oft undifferenziert dem Mak-

rosubjekt "Arme" zugeschlagen. Die Armen *Medellíns* haben noch keine spezifischen lateinamerikanischen Gesichter und Namen. Man wird vergeblich in den *Dokumenten von Medellín* nach Guaranís, nach Mayas oder Quechuas suchen. Ihre Geschichte, ihre Kulturen und Religionen, die in der langen Nacht der Kolonialgeschichte gelitten, aber sich auch widerständig behauptet haben, erfahren keine vertiefte Aufarbeitung.[140] *Medellín* setzt sich kaum mit den differenzierten historischen Träumen derer auseinander, für die es und zu denen es spricht. *Medellín* leistet keine Trauerarbeit. Für Lateinamerika ist es heute ebenso wichtig, sich kritisch mit *Medellín* auseinanderzusetzen, wie es wichtig ist, *Medellín* nicht zu vergessen. Dasselbe gilt für das Zweite Vatikanum.
Drei "Zeichen der Zeit", die sich auf die eine oder andere Weise in den *Beschlüssen von Medellín* reflektieren, können im historischen Kontext von 1968 ausgemacht werden: der Ruf nach sozialer Veränderung und Befreiung, der Protagonismus der Unterdrückten und die Notwendigkeit eines neuen Lebensprojekts der Menschheit.
Alle 16 Einzeldokumente[141] der Konferenz durchzieht der Ruf nach "einer globalen Veränderung der Strukturen" (*Gerechtigkeit* 16). Welches sind die angemessenen Mittel, diese von allen als dringend erachteten sozialen Veränderungen durchzuführen? Reform oder Revolution? Zwei Tage vor Konferenzbeginn, am 22.8., hatte Papst Paul VI. vor 200.000 Campesinos ausgerufen: "Setzt euer Vertrauen nicht auf Gewalt, noch auf Revolution!" Rom und die Mehrheit der lateinamerikanischen Bi-

---

140 Vgl. die Dokumente zu Volkspastoral I.1.; Erziehung I.3; Gerechtigkeit III.14.

141 Sekretariat der Deutschen Bischofskonferenz (Hg.), *Die Kirche Lateinamerikas. Dokumente der II. und III. Generalversammlung des Lateinamerikanischen Episkopates in Medellín und Puebla* (Stimmen der Weltkirche 8), Bonn o.J. Nach dem jeweiligen Kurztitel zitiert: Gerechtigkeit, Friede, Familie, Erziehung, Jugend, Volkspastoral, Führungsschichten, Katechese, Liturgie, Laien, Priester, Ordensleute, Klerus, Armut, Pastoral, Kommunikationsmittel.

schöfe hatten wenig Sympathie für eine Revolution nach dem Muster Kubas (1959). Das plausible Argument gegen jedwede bewaffnete Revolution war, dass durch Gewalt keine friedliche Welt konstruiert werden könne. Zwischen einer neuen sozialen Ordnung und dem Kampf um diese Ordnung bestünde eine dialektische Beziehung. Man könne keine Despotie der Mittel billigen, um friedliche Ziele zu erreichen. Die Mittel eines Kampfes müssen mit seinen Zielen vereinbar sein.

Welche Widerstandsformen bleiben dann noch übrig? Im Dokument *Friede*, an dessen Ausarbeitung Helder Camara und Gustavo Gutiérrez beteiligt waren, erklären sich die lateinamerikanischen Bischöfe für die Verteidigung "der Rechte der Armen und Unterdrückten" (*Friede* 22) verantwortlich. Sie denunzieren die strukturelle und erste Gewalt, die soziales Elend und Ungerechtigkeit hervorbringt. *Medellín* prangert die Interventionen der "mächtigen Nationen gegen die Selbstbestimmung der schwachen Völker" (*Friede* 32) ebenso wie die eigenen Regierungen an, die am Wettrüsten teilnehmen. "Der wirkliche Krieg, den unsere Nationen führen sollen, ist der Kampf gegen das Elend" (*Friede* 29). Obwohl im Falle einer "offensichtlichen und lang andauernden Tyrannei, welche die fundamentalen Rechte der Person und das Gemeinwohl des Landes verletzen" ein "revolutionärer Aufstand" gesetzlich sein könne (*Friede* 19), so führe der ordentliche Weg zu Veränderung doch über "Bewusstseinsbildung und Organisation des Volkssektors" (*Friede* 18, 19, 27). Die Denunzierung struktureller und willkürlicher Gewalt, das Einklagen von Selbstbestimmungsrecht und der Appell an die Organisation der Betroffenen, sich zu organisieren, sind Aussagen des Lehramtes, die bis heute ihre Aktualität nicht verloren haben.

In seiner Eröffnungsansprache zur Konferenz von *Medellín* unterstreicht Paul VI., dass eine Annäherung zwischen (hierarchischer) Kirche und den Armen notwendig sei. "Die Kirche hat heute eine Berufung zur Armut Christi (...). Die Bedürftigkeit der Kirche ist (...) ihr Zeugnis für die Treue zum Evangelium; sie ist Vorbedingung (...) für die Glaubwürdigkeit der eigenen Sendung." Und die Delegierten von *Medellín* antworten dem Papst: "Wir wünschen, dass unsere Wohnung und unser Lebensstil einfach seien. (...) Wir verzichten auf Ehrentitel (...) und wollen, dass unsere lateinamerikanische Kirche frei sei von weltlichen Verquickungen, Annehmlichkeiten und zweideutigem Prestige" (*Armut* 12.16.18). Hier ist wohl ein Echo des "Paktes der Domitilla-Katakomben" herauszuhören. Die größere Nähe zu den Armen solle nicht deren "legitime Autonomie in den weltlichen Geschäften" beeinträchtigen, sondern sie ermutigen, "sich selbst zu helfen" (*Armut* 11, 18). Eine gerechte Weltordnung setze voraus, dass "die Menschen nicht Objekte, sondern Subjekte ihrer eigenen Geschichte sind" (*Friede* 14a).

In dieser Frage blieb *Medellín* jedoch auf halbem Wege stehen. Die körperliche Nähe zu den Armen und die versprochene "Hilfe zur Selbsthilfe" waren wichtige Impulse für ein neues Verhältnis zwischen Kirche und Volk, zugleich müssten sie auch im innerkirchlichen Raum strukturelle Konsequenzen haben. Man kann ehrlicherweise nicht für Protagonismus in der Welt einstehen und dann kirchenintern nur die Adressaten neu aussortieren, diesen aber das entscheidende Wort als Akteure verweigern. Arme und Arbeiter, Indios und Schwarz-Amerikaner, Frauen und Jugendliche sind nicht nur "Berater" für eine in ihren vormodernen Strukturen erstarrte Kirche. Die Armen-Anderen aber sollten eine konstitutive Instanz der Kirchen sein. Der innerkirchliche Protagonismus der Armen wäre wie eine Kopernikanische Wende, kein Eingriff ins Sonnensystem, sondern nur die Anerkennung, dass die Sonnenbahn schon immer anders verlief. Es ist wohl auch eine Lehre des Zweiten Vatikanums, dass inhaltliche Neuorientierungen und Kirchenreformen, solange sie in keine strukturellen Veränderungen einmünden, immer wieder zurückgenommen werden können.

Eine nach-christenheitliche Kirche kann sich weigern, staatlich strukturierten Formen hierarchischen Zusammenlebens Modellcharakter zuzubilligen. *Medellín* hat den Vorschlag eines neuen "Lebensprojekts", der ja auch strukturellen Bruch bedeuten kann, ähnlich wie "Bekehrung" und "Neuschöpfung", auf den Begriff "Befreiung" gebracht. Die Verände-

rung von Strukturen der Gewalt, von politischen und sozialen Strukturen, die Durchsetzung einer umfassenden Agrarreform – all dies setzt Befreiung voraus. "Integrale Befreiung" braucht einen "neuen Kontinent", eine "neue Gesellschaft" mit "neuen Menschen", die "wissen, wirklich frei und verantwortlich" zu handeln (*Gerechtigkeit* 3f; *Erziehung* 8). Der "neue Mensch" ist einem neuen Wertesystem verpflichtet. Dabei richtet sich *Medellín* selbstkritisch an die junge Generation. Die Jugend finde "überinstitutionalisierte Organisationen und starre Strukturen" unerträglich (*Jugend* 6). Sie lebe Werte, "welche die verschiedenen Epochen der Geschichte erneuern". Und diese Jugend erwarte von der Kirche "eine Haltung des Dialogs", "Dienst ohne Autoritarismus", "moralischen Rückhalt" bei den sozialen Auseinandersetzungen. Sie fordere "Authentizität" und "Kohärenz" (*Jugend* 13.15c.3.5).
Aber die neuen Werte der Generation von '68 bezogen sich nicht nur auf institutionelle Körperschaften, sondern auf den Körper eines jeden Einzelnen. Sie implizierten grundlegende Veränderungen im Sexualverhalten, die in der Folgezeit dann mehr und mehr selbstverständlich wurden. Die Enzyklika *Humanae vitae* (25.7.1968), am Vorabend von *Medellín* von Papst Paul VI. unterzeichnet, bestätigte die Naturrechtstradition der Kirche im Hinblick auf "eheliche Liebe" und "verantwortliche Vaterschaft". In Lateinamerika, vor allem unter den Armen, für die eine zahlreiche Nachkommenschaft Teil einer humanen Altersversicherung ist, hat die Enzyklika nicht jene dem europäischen Interpretationschaos vergleichbare Wirkung gehabt. Da viele Aktionen zur Geburtenbeschränkung von ONG's der Vereinigten Staaten durchgeführt werden, hat *Humane vitae* ganz unbeabsichtigt einem antiimperialistischen Diskurs Schützenhilfe geleistet. Die Universitätsstudenten aber und die elitären Oberschichten, deren kulturelles Verhalten sich ohnehin mehr an den soziologischen Weltuhren justiert als an den Lehren der Kirche, haben die Enzyklika im Gegenwind des Zeitgeistes kaum beachtet.

6. Perspektiven

"Zeichen der Zeit" stehen ja immer auch im Gegenwind zum Zeitgeist. Aber dieser Gegenwind darf nicht aus der Königsloge des Ancien Régime kommen. Prämoderne und pyramidale Kirchenstrukturen verhindern weiterhin die körperliche Nähe zu den Armen. Dialog, Demokratie, Partizipation und Mündigkeit sind Voraussetzung für jedwede Befreiung. Kritik der Moderne setzt den schmerzlichen Durchgang durch sie voraus. *Medellín* war eine Zeit prophetischer und moderner Stimmen. Die Entkolonialisierung einer über 400-jährigen kirchlichen Praxis, der Kampf um Autonomie und Selbstbestimmung ist eine von der Moderne mitgetragene Schwerarbeit.

Das Erwachen der Armen und Anderen hat klimatische Veränderungen bewirkt, aber auch großkirchliche Ängste genährt. Eine strukturell verwandelte Kirche, in der die Option für die Armen auch in die Ämter- und Entscheidungsstrukturen der Großkirche hineinreichen müsste, hat *Medellín* und seine Propheten nicht hervorgebracht. Und doch war die lateinamerikanische Kirche im langen politischen Winter nach 1968 oft der einzige Ort, an dem Unterdrückte, Indios, die Landlosen-Bewegung, Revolutionäre und Theologen sich aufwärmen konnten und für einen Moment Rast fanden im Kampf um ein neues Lebensprojekt. Die Kirche *Medellíns* fand in den Armen und in der Option für ihre Sache, wenn auch nur für einen relativ kurzen Augenblick, einen neuen Gravitationspunkt. Im Rückblick von über 30 Jahren muss man wohl sagen, dass die Metapher der galileischen Revolution unangebracht war. Die lateinamerikanischen Eliten sind wieder fest im Sattel. Eine Damaskusstunde der Eliten gab es in Wirklichkeit nie.

Medellín war die Zeit prophetischer Stimmen. Die Zeit nach *Medellín* war die Zeit der Märtyrer: Hector Gallego (Panama, 1971), Rodolfo Lunkenbein und Simão Cristino (1976), Angel Angelelli (1976), Luis Espinal (Bolivien, 1980), Oscar Romero (1980), Marçal Guarani (1983), Vicente Cañas (1987). Prophetie und Martyrium haben den Traum einer

Kirche, die "authentisch arm, missionarisch und österlich" und gleichzeitig "losgelöst von aller zeitlichen Macht und mutig engagiert in der Befreiung des ganzen Menschen und aller Menschen" (*Jugend* 15) ist, nicht zum Alptraum werden lassen. Sie haben dafür ihr Leben eingesetzt. Heute wissen wir, dass die "Option für die Armen", wenn ihr Projekt nicht aus dem Horizont der Welt verschwinden soll, ergänzt werden muss durch die institutionelle Verankerung des Protagonismus der Armen und Anderen in der Kirche. "Partizipation" ist das entscheidende "Zeichen der Zeit" am Ende dieses Jahrhunderts. Es genügt nicht, die gesellschaftlichen Bedingungen wissenschaftlich zu beschreiben, die Verlaufsformen sozialer Konflikte zu kennen und dann prophetisch zu denunzieren, möglichst mit abrufbaren Bibelzitaten. Es geht um eine neue Qualifizierung der Subjekte und um die Rezeption ihrer Gotteserfahrung durch Partizipation in Gesellschaft, Kirche und Theologie. Mit dem Protagonismus der Armen-Anderen sind dann auch neue Prioritäten verbunden.
Die institutionelle Verankerung des Protagonismus der Armen wird einen antisystemischen Stachel haben gegen falsche Anpassung, bequeme Kontinuität und ängstliche Schweigsamkeit. Jesus von Nazareth hat immer wieder kritisch an den Grenzen systemischer Festlegungen gerüttelt. In der Dialektik von Veränderung und Bewahrung und in der Ambivalenz zwischen Gut und Böse aber hat niemand das letzte Wort. Auch für eine Kirche der Armen gibt es keine endgültigen Parameter, die Präsenz Gottes in historischen Projekten auszumachen, weil er aus Steinen Kinder Abrahams machen kann und weil Er aus der leichten Brise ebenso sein Wort an uns richtet wie aus Sturm und Gewitter.

V. Santo Domingo (1992)
Chronik und Symptome einer gebrochenen Kontinuität

Ein Jahr nach *Medellín* wurde in Lateinamerika das so genannte Rockefeller-Dokument bekannt, in dem bestimmte Sektoren der Katholischen Kirche als Risikofaktoren bezeichnet wurden. Dies galt besonders für jene pastoralen Sektoren, die als "Theologie der Befreiung" artikuliert wurden. Zur Trockenlegung revolutionärer Kontexte empfahl das Dokument die Förderung von Sekten ebenso wie Regierungsumstürze. Brasilien, mit seinem Militärputsch von 1964 (Castello Branco), war *Medellín* um vier Jahre vorangegangen. Unter dem ideologischen Druck der "Doktrin der Nationalen Sicherheit" folgten weitere nordamerikanische Interventionen in Lateinamerika: 1971 der Militärputsch von Hugo Banzer in Bolivien, 1973 der von Pinochet in Chile, 1976 putschte Videla in Argentinien. Keine dieser Diktaturen wäre ohne die Unterstützung der Vereinigten Staaten lebensfähig gewesen. Die "Theologie der Befreiung" sah sich in den kommenden Jahren von Staat und Kirche mehr und mehr unter Druck gesetzt.[142] Die Praxis der Befreiung führte zu Verfolgung, Folter, Exil und Martyrium. 1973 schloss der Lateinamerikanische Bischofsrat (CELAM) sein Pastoralinstitut von Quito und eröffnete ein neues in Medellín. Seit dieser Zeit haben Befreiungstheologen Hausverbot bei CELAM-Kursen und -Konferenzen (*Puebla*, *Santo Domingo*!), was nicht bedeutet, dass nicht das eine oder andere Nikodemus-Gespräch stattgefunden hätte.

1. Kontinuität in *Puebla*

Das *Schlussdokument der 3. Generalversammlung des Lateinamerikanischen Episkopates* in Puebla (26.1.-13.2.1979) bleibt inhaltlich und me-

142 Vgl. die beiden Dokumente der Glaubenskongregation: *Libertatis nuntius*, 1984, und *Libertatis conscientia*, 1986.

thodisch ("Sehen – Urteilen – Handeln") den Vorgaben von *Medellín* treu, obwohl es doch auf ganz andere Weise als das von *Medellín* zustande gekommen ist. *Medellín* begann mit Vorträgen und Debatten zu verschiedenen Schwerpunkten, um dann in 16 verschiedenen Arbeitsgruppen 16 verschiedene Dokumente zu produzieren. Die Delegierten hatten großteils zusammen im Priesterseminar gewohnt, was abendliche Treffen und Austausch ermöglichte. In *Puebla* gab es fast keine Diskussionen in Plenarversammlungen. Diskutiert wurde lediglich in Gruppen und es begann dann sofort die Redaktionsarbeit am Schlussdokument. Nach der zweiten Redaktion dieses Dokuments konnten Verbesserungsvorschläge in der Vollversammlung eingebracht werden, ohne eigentlich eine Diskussion zu ermöglichen. In ein gemeinsam gebilligtes Gliederungsschema wurden dann die Beiträge der 21 Kommissionen zu einem Gesamtdokument durch eine "Gruppe der Artikulation"[143] verarbeitet.
Die inhaltliche Kontinuität und kreative Weiterführung *Medellíns* in *Puebla* – trotz der formalen Abwesenheit der Befreiungstheologen – hatte verschiedene Gründe.
Zwischen beiden lateinamerikanischen Generalversammlungen fand vom 27. September bis zum 26. Oktober 1974 in Rom die *Dritte Generalversammlung der Bischöfe* statt. Sie hatte die "Evangelisierung in der modernen Welt" zum Thema und arbeitete den missionarischen Auftrag der Kirche in der Welt heraus. Diese Synode fand mit dem *Nachsynodalen Apostolischen Schreiben Evangelii nuntiandi* (18.12.1975) von Papst Paul VI. ihren Abschluss. *Evangelii nuntiandi* hat programmatisch, auch für den lateinamerikanischen Kontext, die Fragen der Evangelisierung und des Dialogs mit den Kulturen auf einem nachkonziliaren Niveau vertieft.

143 Zur "Gruppe der Artikulation" gehörten: D. Luciano Mendes de Almeida (Brasilien), D.L. Bambarén (Peru), D. Marcos MacGrath (Panama) und D.J. Oscar Laguna (Argentinien).

Ein anderer Grund für die Kontinuität von *Medellín* war, dass *Puebla* zu Beginn des Pontifikats von Johannes Paul II. stattfand. Erst die spätere Personalpolitik des Vatikans hat dann fortschrittlich profilierte Persönlichkeiten der lateinamerikanischen Kirche, die sich mit der Sache der Armen identifizierten und daher oft in Konflikt mit den jeweiligen Regierungen gerieten, institutionell isoliert. Viele der Delegierten *Pueblas* waren auch Delegierte von *Medellín* gewesen. Ein besonderes Verdienst kam dem theologisch versierten brasilianischen CELAM-Präsidenten Kardinal Aloisio Lorscheider zu, der einer der Präsidenten *Pueblas* war.[144] Es war ihm, dem Franziskaner aus der Südprovinz Brasiliens, gelungen zwei von der großen Mehrheit akzeptable theologische Achsen in den Dokumenten durchzuhalten: *Gemeinschaft* (*comunio*) und *Partizipation.*

Puebla spricht, in Kontinuität mit *Medellín*, vom "Abgrund zwischen Reichen und Armen", der "ein Ärgernis und einen Widerspruch zum Christsein" (Nr. 28) darstelle. Die "extreme Armut" nimmt im "täglichen Leben ganz konkrete Züge an" – in den Gesichtern von Kindern und Jugendlichen, Indios und Bauern, Arbeitern und Randgruppen, "in denen wir das Leidensantlitz Christi, unseres Herrn, erkennen sollten" (Nr. 31ff). *Puebla* artikuliert mit dieser Analyse die "vorrangige Option für die Armen mit Blickrichtung auf deren umfassende Befreiung" (Nr. 1134). Freilich wurde in *Puebla* die "Option für die Armen" nur mit knapper Stimmenmehrheit im Dokument belassen.[145]

---

144 Die drei Präsidenten von Puebla waren: Sebastião Baggio, Präfekt der Bischofskongregation und Präsident der Päpstlichen Kommission für Lateinamerika (CAL), Aloísio Lorscheider, Präsident der Brasilianischen Bischofskonferenz (CNBB) und Präsident des Lateinamerikanischen Bischofsrates (CELAM), und Ernesto Corrípio Ahumada, Erzbischof von Mexiko. Generalsekretär der Synode war Alfonso López Trujillo, Generalsekretär des CELAM.

145 Vgl. den Bericht des Teilnehmers der Konferenz D. Clemente Isnard: Revista Eclesiástica Brasileira 209 (März 1993), 150-153, hier 152. – Das

Puebla steht in Kontinuität zu *Medellín* und zum *II. Vatikanum*, beispielsweise in seiner Sicht des Verhältnisses, das zwischen Gerechtigkeit und Liebe besteht: "Zuerst muss man den Forderungen der Gerechtigkeit Genüge tun, und man darf nicht als Liebesgabe anbieten, was schon aus Gerechtigkeit geschuldet ist. Man muss die Ursachen der Übel beseitigen, nicht nur die Wirkungen. Die Hilfeleistung sollte so geordnet sein, dass sich die Empfänger, allmählich von äußerer Abhängigkeit befreit, auf die Dauer selbst helfen können" (*Puebla* 1146, *Apostolicam Actuositatem* 8).
Puebla bringt für die lateinamerikanische Kirche neue Aspekte ins pastorale Gespräch mit ein, vor allem die Fragen um die Artikulation von Kultur und Evangelium. Die mehr auf soziale Fragen beschränkte Wirklichkeitsanalyse *Medellíns* wird um die für Lateinamerika wichtigen Fragen der Kulturen erweitert. *Puebla* geht es um die Rezeption der Kulturen für den Prozess der Evangelisierung. Diese Rezeption ist eine Voraussetzung für die pastorale Umsetzung, die das "Prinzip der Inkarnation" erfordert (vgl. Nr. 400, 469). Als pastorale Ernte aus den Basisgemeinschaften bringt *Puebla* die Erfahrung mit ein, dass die Armen nicht nur Adressaten, sondern auch Subjekte der Evangelisierung sind, vor allem aufgrund ihres "evangelisatorischen Potentials" (Nr. 1147), das der Kirche dazu verhilft, Umkehr und Solidarität, Dienst und Lebensstil immer neu zu kontextualisieren. Das *Schlussdokument der 3. Generalversammlung des lateinamerikanischen Episkopates* in Puebla ist weder ein Anhängsel zu *Medellín* noch ein Vorwort zu *Santo Domingo*. Es hat ein eigenes Gesicht, trotz latenter und ausgesprochener Ängste einiger damals noch minderheitlicher Sektoren des Episkopats um eine Ausweitung des Lehramts des Gottesvolkes und einer gewissen Unsicherheit im Umgang mit lateinamerikanischen Theologen (vgl. Nr. 375).

Schlussdokument wurde mit 179 Stimmen – bei nur einer Stimmenenthaltung – angenommen.

2. Leuchtturm des Kolumbus, Statue Montesinos'

Die *4. Generalversammlung der lateinamerikanischen Bischöfe* in Santo Domingo vom 12. bis 28. Oktober 1992, also 13 Jahre nach *Puebla*, fand aus Anlass der 500-Jahr-Feier der Evangelisierung Amerikas statt.[146] Sie stand unter dem von Papst Johannes Paul II. vorgegebenen Leitwort "Jesus Christus gestern, heute und in Ewigkeit" (Hebr 13,8) mit den drei Reflexionsschwerpunkten "Neue Evangelisierung, Förderung des Menschen, Christliche Kultur". Mit dem *Quinto Centenario* war Polemik und Ambivalenz vorprogrammiert, weil ja "Conquista" und "Evangelisierung der Neuen Welt", aufgrund ihrer historischen und institutionellen Artikulation nun nicht einfach durch ein freimütiges Schuldbekenntnis des Papstes entflochten werden konnten. Eingestandenes Unrecht entpflichtet nicht von Wiedergutmachung. Noch komplizierter wird dann die Sprachregelung einer *felix culpa*, einer "glücklichen Schuld", die Conquista zwar verurteilt, aber dann doch dem Admiral der Conquista, Christoph Kolumbus, Reverenz erweist, weil er vom "Schlüsseldatum" des 12. Oktober 1492 nicht weggedacht werden kann, an dem "in diesem Land das Kreuz Christi" errichtet worden ist, das durch eine "bewundernswerte Evangelisierung" zu einer "Ausweitung der Heilsgeschichte" beigetragen habe.[147]

Polemik war auch mit der Papstmesse am "Leuchtturm des Kolumbus" (*Faro a Colón*) verbunden, weil dieses Monument von der Regierung der Dominikanischen Republik in einer vorher gebauten großen Parkanlage errichtet worden war, auf dem Grund und Boden vieler armer Leute, die dort ihre Hütten hatten und dann kurzfristig vertrieben worden wa-

[146] Der Autor gehörte in *Santo Domingo* und auf der *Römischen Synode* zu einer inoffiziellen theologischen Beratergruppe.

[147] Johannes Paul II., *Eröffnungsansprache in Santo Domingo*, in: Sekretariat der Deutschen Bischofskonferenz (Hg.), *Santo Domingo. Schlussdokument* (Stimmen der Weltkirche 34), 13f.

ren. Der Papst brauchte dann zwar den Leuchtturm des Kolumbus, der gleichzeitig auch Monument, Mausoleum und Museum ist, nicht mehr einweihen, konnte aber einer Messfeier am *Faro* nicht entkommen. Der Kardinal von Santo Domingo, Nicolás de Jesús López Rodriguez, warf den vertriebenen Demonstranten "unpatriotische Gesinnung" vor.
In seiner Eröffnungsansprache unterstrich der Papst noch einmal die vorgegebenen Themen und legte der Generalversammlung die Artikulation von "drei lehrmäßigen und pastoralen Elementen" ans Herz, "die gleichsam die drei Koordinaten der neuen Evangelisierung bilden: Christologie, Ekklesiologie und Anthropologie".[148] Freilich war dies dann der Auftakt, um, die *Instruktion der Kongregation für die Glaubenslehre über die kirchliche Berufung des Theologen* (24.5.1990) zitierend, von "verkürzenden Christologien" zu sprechen, von der Fragwürdigkeit des "theologischen Pluralismus", vom "parallelen Lehramt der Theologen", das er dem authentischen Lehramt der Kirche gegenüberstellte, und von "Haltungen systematischer Opposition", die "schwere Schäden für die Gemeinschaft der Kirche mit sich bringen".[149] Alle wussten, wer damit gemeint war. Praktisch war die gesamte lateinamerikanische Befreiungstheologie von *Santo Domingo* ausgeschlossen bzw. zu einem Katakombendasein in Privathäusern bzw. zu virtueller Präsenz über E-Mail-Konnektionen verdammt.

[148] ebd. 15.
[149] ebd. 16f.

Im Jahre 1510 kamen die spanischen Dominikaner Pedro de Córdoba, Antonio Montesinos, Bernardo de Santo Domingo und ein Laienbruder auf die heute aus den Staaten Haiti und Dominikanische Republik bestehende Insel Hispaniola. Bereits nach einem Jahr war den Dominikanern klar, dass die Sünder der "Neuen Welt" nicht die "heidnischen Indios" waren, wie sie das in Kastilien gelernt hatten, sondern die sich als Christen bezeichnenden Kolonisatoren. "Ihr alle befindet euch im Stande der Todsünde", wird Fray Montesinos in seiner Adventspredigt wettern. Die Predigerkommunität von Santo Domingo beschloss nach "unablässigem Beten, Fasten und Nachtwachen", die Übergriffe gegen die Indios am vierten Adventssonntag des Jahres 1511 durch Montesinos auf die Kanzel zu bringen. Dieser predigte über den Isaias-Text "Ich bin die Stimme eines Rufers in der Wüste" (Is 40, 3; Mt 3, 3): *"Mit welchem Recht und auf Grund welcher Gerechtigkeit haltet ihr diese Indios in so grausamer und schrecklicher Knechtschaft? Mit welcher Autorität führtet ihr so abscheuliche Kriege gegen diese Leute, die schlicht und friedlich auf ihrem Land gelebt haben, wo ihr unzählige von ihnen auf eine unerhörte Weise ermordet und niedergemetzelt habt? Wie kommt ihr dazu, sie so zu unterdrücken und zu erschöpfen, ohne ihnen Essen zu geben oder ihre Krankheiten zu behandeln, die von dem Übermaß an Arbeitsfron herrühren, die ihr ihnen aufbürdet und die sie zu Tode bringen, oder – um es deutlicher zu sagen – warum bringt ihr sie um, nur um jeden Tag mehr Gold aufzuhäufen? (...) Diese Indios – sind sie keine Menschen? Haben sie keine vernünftigen Seelen? Seid ihr nicht verpflichtet, sie zu lieben wie euch selbst?"*[150] Ende März des Jahres 1512 verpflichtete der Dominikanerprovinzial Alfonso de Loyasa die Kommunität in Santo Domingo im Namen des "heiligen Geistes und des heiligen Gehorsams und unter Strafe der Exkommunikation" zu einem Bußschweigen. Las Casas berichtete 30 Jahre später, "dass gegenwärtig von mehr als drei Millionen Menschen, die ich ehedem auf der Insel Hispaniola mit eigenen Augen sah, nur noch zweihundert Eingeborene vorhanden sind".[151]

---

150 B. de Las Casas, *Historia de las Indias*, 3 Bde., Mexiko 1981, Buch 3, Kapitel 4.

151 Ders., *Bericht von der Verwüstung der Westindischen Länder*, Frankfurt a.M. 1981 [1542].

Die Eröffnungsansprache des Papstes produzierte dann im Verlauf der Konferenz ein etwas übertriebenes Abhängigkeitsverhältnis. Die verschiedensten Sektoren haben immer wieder den Papst für ihre Anliegen zitiert. Das ging so weit, dass man selbst den Papst meinte zitieren zu müssen, wenn von Jesus Christus dem Erlöser die Rede war.[152] Der Papst sprach von der "unermüdlichen Verteidigung der Indios" durch die Katholische Kirche und vom prophetischen Wirken der Dominikaner Antonio Montesinos, Pedro de Córdoba und Bartolomé de Las Casas. Wer heute die Verteidigung der Rechte der Indios durch die Dominikaner Montesinos und Las Casas auf der missionarischen Habenseite verbucht, der darf ehrlicherweise nicht ihr kirchliches Redeverbot verschweigen und ihren Nachfolgern, wie seinerzeit Oscar Romero in El Salvador, das Leben schwer machen und ihren Feinden dadurch das Morden erleichtern.[153] Hinter Oscar Romero standen viele andere qualifizierte Glaubenszeugen, in Guatemala, Panama, Chile, Brasilien, Argentinien. Die Gräber von Las Casas und Montesinos sind verloren gegangen, während Francisco Pizarro, der grausame Eroberer, bis heute ein gut gepflegtes Grabmal in der Kathedrale von Lima besitzt.[154]
Es gab in Santo Domingo, schon lange vor der Konstruktion des "Leuchtturm des Kolumbus", eine Statue des prophetischen Antonio Montesinos. Es lag daher nahe, zum Ausgleich einer diplomatisch unvermeidlichen Messe am *Faro a Colón* eine prophetische Eucharistiefeier mit den Nachfahren der Opfer der Conquista am Denkmal Montesinos zu organisieren. Als eine Gruppe von Bischöfen begann, eine sol-

---

152 Vgl. D.L. Valentini, *A conferência de Santo Domingo. Depoimento pessoal*, Revista Eclesiástica Brasileira 209 (März 1993), 5-18, hier 17.

153 Oscar Arnulfo Romero war drei Jahre Erzbischof von San Salvador und wurde am 24. März 1980 während einer Eucharistiefeier erschossen.

154 Las Casas starb am 18. Juli 1566 im Dominikanerkonvent "Nuestra Sra. de Atocha", Madrid, wo nichts mehr an ihn erinnert außer einer Inschrift des *Ayuntamiento de Madrid* an den Mauern der Pfarrei: "Hier starb und wurde beerdigt Fay Bartolomé de Las Casas, genannt Apostel von Westindien."

che Messe vorzubereiten, hat sie der Kardinal von Santo Domingo energisch eingeschüchtert, als er in seiner Eigenschaft als einer der Präsidenten der Konferenz ganz offiziell die versammelten Bischöfe bat, an einer so "ideologisierten" Messe nicht teilzunehmen. Als ob es am "Leuchtturm des Kolumbus" ohne Ideologie abgegangen wäre! Zwei brasilianische Bischöfe, D. José Maria Pires, der sich zeitlebens für die Sache der Afroamerikaner eingesetzt hatte, und D. Erwin Kräutler, damals Präsident des Brasilianischen Indiomissionsrates (Cimi), kamen dann doch symbolisch vorbei, ohne das Ende der Eucharistiefeier abzuwarten. Der Weg zwischen episkopalem Corpsgeist und prophetischer Solidarität kann sehr steinig sein.

Nach dem Glaubensbekenntnis (Nr. 1-15) des Schlussdokuments, für das die "Theologische Kommission"[155], die dann in "Kommission 1, Präambel" umbenannt wurde, verantwortlich zeichnete, folgt der für das "Ereignis Santo Domingo" wichtige Text über die "500 Jahre der Erstevangelisierung" (Nr. 16-21). Dieser historische Teil wurde von der "Kommission 2, historische Wirklichkeit" verfasst und war von langer Hand durch CAL und seinen Vizepräsidenten, Cipriano Calderón Polo, vorbereitet worden. Schon im Mai 1992 hatte CAL ein Internationales Symposium im Vatikan organisiert, um Leseschlüssel für die "Geschichte der Evangelisierung Amerikas" zu erarbeiten. Die Delegierten von *Santo Domingo* wurden alle mit den Kongressakten beschenkt und die Teilnehmer der "Kommission 2" hatten nahezu alle an diesem Symposium teilgenommen.[156] Die historische Sicht des Schlussdokuments bewegt sich auf der folgenden Argumentationsebene:

---

[155] Ihr Präsident war Estanislao Esteban Karlic, Erzbischof von Paraná (Argentinien). Zur Kommission 1, die als eine Art "Glaubenskommission" gedacht war, gehörte auch Cipriano Calderón Polo, Vizepräsident von CAL.

[156] Pontificia Commissio Pro America Latina (Hg.), *História da evangelização da América. Trajetória, identidade e esperança de um Continente. Simpo-*

– wir feiern nicht die Conquista und ihre Verbindung mit der Evangelisierung, sondern "eine leuchtende und bleibende Realität (...): die Ankunft des Glaubens", die durch eine "gründliche, fruchtbare und bewundernswerte Evangelisierung zustande kam" (Nr. 16, 18);
– in den präkolumbianischen Kulturen waren die "Samenkörner des Wortes" präsent (Nr. 17);
– es gab auch in diesen Kulturen negative Aspekte, die der Reinigung bedurften, einer Reinigung "von innen heraus", damit aus ihnen eine "christliche Kultur" werden kann (Nr. 17, 22);
– das Zusammentreffen des spanischen Katholizismus und der amerikanischen Kulturen führte zu einem einzigartigen Prozess der Vermischung (Mestizentum), der heute die Identität des Kontinents ausmacht (Nr. 18);
– das Christentum Amerikas hat viele Heilige und Blutzeugen hervorgebracht;
– die Protagonisten der Evangelisierung waren die religiösen Orden und die Bischöfe, die Arme und Indios verteidigten (Nr. 19, 20);
– die Sklaverei, die ein Skandal war, führte zu einem "unbekannten Holocaust", an dem auch Christen, die ihren Glauben nicht lebten, beteiligt waren (Nr. 20).

Dass Ordensleute die Sklaverei der Afrikaner in Amerika nicht nur als Chance zur Seelenrettung gerechtfertigt haben, sondern dass nahezu alle Orden noch im Jahrhundert, als die Sklaverei abgeschafft wurde, selbst Sklaven hatten, das kommt in den vielen apologetischen Passagen des Dokuments nicht zum Ausdruck.[157] Das in der missionarischen Praxis

---

sio internacional. Actas. Ciudad del Vaticano, 11-14 de mayo de 1992, Vatikanstadt 1992.

157 Die apologetische Geschichtsschreibung zeigt sich vor allem in der Behandlung der Sklaverei. Die "gerechte Lösung" im Innern einer Sklavenhaltergesellschaft, wie sie Manoel Ribeiro Rocha vorschlägt, wird auf dem Symposium zu einer "Opposition gegen die Sklaverei" und "zu einer genialen Lösung". Vgl. Pontificia Commissio Pro America Latina (Hg.),

anderen Völkern zugemutete Vergessen ihrer Kultur und Geschichte korrumpiert immer auch das eigene Gedächtnis der Kirche. Solidaritätsversprechen der Gegenwart aber sind nur dann glaubwürdig, wenn sie auch verantwortlich für die Vergangenheit einstehen.

3. Alte Methoden

Die Konferenz von Santo Domingo begann in einer institutionellen Spannung zwischen Sektoren, die endlich mit dem Geist von *Medellín* brechen wollten, und solchen, für welche die fundamentalen Optionen der Befreiungstheologie zur selbstverständlichen Grundausstattung lateinamerikanischer Pastoral gehörten. Die Päpstliche Kommission für Lateinamerika (CAL) hat alles darangesetzt, um der noch irgendwie *beschließenden* Konferenz von Santo Domingo den Stempel einer *konsultativen* Synode aufzudrücken.[158] Als die Bischöfe in Santo Domingo ankamen, erhielten sie ein von CAL (ohne Beteiligung des CELAM) schon ganz im Stil eines *Vademecum Synodi* verfasstes *Regulamento*, das für die Bischöfe eine Überraschung darstellte.[159] Selbst konservative Bischöfe, wie Kardinal Raúl Primatesta aus Argentinien, eilten zum Rednerpult, um ihr Erstaunen über diesen Vorgang auszudrücken. Das *Re-*

História da evangelização (wie Anm. 156), 406. – Vgl. zum Ganzen Vorlesung 2, *Geschichte und Ideologie. Sklaverei und Sklavenbefreiung.*

158 Präsident des Päpstlichen Kommission für Lateinamerika (CAL) war seinerzeit der Afrikaner Kardinal Bernardin Gantın. Er war gleichzeitig Präfekt der Bischofskongregation. Aus sprachlichen Gründen überließ er Cipriano Calderón die vorbereitenden und ausführenden Arbeiten der CAL, soweit sie mit *Santo Domingo* zusammenhingen.

159 Das *Boletin de Prensa*, Nr. 3 (13.10.1992), hat folgende statistische Zahlen im Hinblick auf die Teilnehmer der Konferenz mitgeteilt: 307 Mitglieder mit Stimmrecht, 49 Teilnehmer ohne Stimmrecht, von denen 24 eingeladene Gäste waren, 20 Experten und 5 Beobachter. Gesamtteilnehmerzahl: 356.

gulamento sah drei Präsidenten für die Konferenz vor: Angelo Sodano, seit 1990 Kardinalstaatssekretär des Papstes, Nicolás de Jesús López Rodriguez, Erzbischof von Santo Domingo und Präsident des CELAM, und Serafim Fernandes de Araújo, Erzbischof von Belo Horizonte (Brasilien). Gegenüber *Medellín* und *Puebla* war neu, dass das *Regulamento* zwei Generalsekretäre vorsah: Arturo Medina Estévez, Bischof von Rancágua, Chile, und Raymundo Damasceno Assis, Generalsekretär des CELAM und Weihbischof von Brasilia. Der faktische Präsident der Konferenz war Angelo Sodano, der wirkliche Sekretär Arturo Medina. Beide kannten sich aus dem Chile Pinochets, wo Sodano Nuntius (1978-1988) und Medina Rektor der Katholischen Universität war.[160] Beide haben aus ihrem Wohlwollen gegenüber Pinochet, der, wie sie meinten, Chile vor dem Kommunismus gerettet habe, nie ein Geheimnis gemacht. Der äußere Konferenzkalender war wie folgt programmiert:

12. Okt.	13./14.	15.16.17.18.19.20.21	22.23.24.25.26.	27./28.
Ansprache des Papstes	Vorträge	30 thematische Arbeitsgruppen	Endredaktion	Plenardiskussion

Nach zwei verlorenen Tagen mit kontextlosen theologischen Vorträgen begann am 15. Oktober praktisch die Arbeit der Konferenz. Es wurden 30 thematische Arbeitskommissionen gebildet, die am 21. Oktober ihre

160 Die "chilenische Gruppe" war besonders einflussreich mit Kardinal Sodano, Jorge Arturo Medina Estevez, Antônio Moreno, Erzbischof von Concepción (Internationale Theologenkommission), Maximino Arias Reyero, geistlicher Leiter des Priesterseminars von Santiago de Chile, Joaquin Alliende und Pierre Bigo (Instituto Latino-americano de Ciencias Sociais) als Experten.

Papiere an die Kommission der Endredaktion übergaben. Am 26.10. erhielten die Delegierten eine erste Gesamtredaktion des Textes. Es blieb kaum noch Zeit zur Diskussion oder zur Einarbeitung von Verbesserungsvorschlägen der Bischöfe. Viele Eingriffe – von "unsichtbarer Hand" – in die Texte waren in diesen Tagen der Endredaktion geschehen.

Wie konnte dies vor sich gehen?

Am Morgen des 16. Oktober konsultierte Dom Luciano Mendes de Almeida als Moderator der Redaktionskommission mittels eines Fragebogens die Konferenzteilnehmer über Stil, Umfang und Kriterien des Schlussdokumentes. Aus den Antworten ging hervor, dass die Mehrheit ein Dokument wollte, das wesentlich kürzer sein sollte als das von *Puebla*; es sollte mit dem Bekenntnis des Glaubens an Jesus Christus beginnen. Am Nachmittag desselben Tages legte D. Luciano der Konferenz das "Projekt eines Schemas für das Schlussdokument" vor, das ohne wesentliche Veränderungen akzeptiert wurde und dann schon die Struktur des *Schlussdokuments* vorwegnimmt. Damit war es seit dem 16. Oktober klar, dass das *Schlussdokument von Santo Domingo* nicht mit einer "pastoralen Sicht der lateinamerikanischen Realität" beginnen würde, wie die Beschlüsse von *Puebla* oder das *Arbeitsdokument für Santo Domingo*.[161] Am Nachmittag des 22. Oktober, nachdem D. Luciano die

161 Eine Reihe von zum Teil "geheimen" Dokumenten wurde in Rom erarbeitet und gehörte zum Prozess der Vorbereitung auf *Santo Domingo*. Ein erstes rein konsultatives Dokument dieser Art, vom April 1989, hieß *Primera aproximación a la realidad del continente latinoamericano*. Ein zweites und ebenso vertrauliches Dokument nannte sich *Primera redacción del Documento de Consulta*. Dann wurde ein *Instrumento preparatório* mit dem Titel *Elementos para uma reflexão pastoral em preparação à 4. Conferência Geral do Espiscopado Latino-americano* verbreitet (São Paulo 1990). Nachdem der Papst über das Thema der Konferenz entschieden hatte, wurde ein neuer Text versandt: *Documento de Consulta. Nova evangelização, promoção humana e cultura cristã* (São Paulo 1991). Eine

Delegierten mit dem großen Volumen der ersten Texte der Arbeitsgruppen konfrontiert hatte, ließ er nochmals die Plenarversammlung fragen, ob das Schlussdokument kürzer und auf die wesentlichen pastoralen Herausforderungen konzentriert sein solle. 171 von 198 Stimmen waren für einen aufs Wesentliche konzentrierten Text.
Verschiedene Bischöfe brachten ihre Unzufriedenheit über den neuen Stellenwert der Realitätsanalyse zum Ausdruck. Mons. Jorge Urosa, Erzbischof von Valencia (Venezuela), bat um eine nähere Aufklärung über den Ort der sozialen Wirklichkeit im Schlussdokument. D. Celso José Pinto, Bischof von Vitória da Konquista (Brasilien), antwortete auf die Frage des Präsidiums nach der Richtung der Konferenz: "Ich glaube, dass die Versammlung die Richtung seit ihrem Beginn verloren hat. Diese Situation hatte zwei Ursachen: die Marginalisierung des *Arbeitsdokuments* und der Bruch mit der Methode SEHEN-URTEILEN-HANDELN. (...) Die ganze Vorbereitungsarbeit, die im Arbeitsdokument zusammengefasst war, wurde weggeworfen und damit ging die Kontinuität verloren. Der Vorschlag, mit einem Glaubensbekenntnis anzufangen, ließ uns ohne vitalen Nexus zur konkreten Realität Lateinamerikas und seinen Herausforderungen (...) ."
Aber wie kam es zu diesem methodologischen Umbau? Wer war die stimmberechtigte Mehrheit von *Santo Domingo*? Von den 307 stimmberechtigten Mitgliedern der Konferenz waren nur 161 gewählte Delegierte ihrer Bischofskonferenzen. 146, also nahezu die Hälfte, waren von Rom

---

Prima Relatio des CELAM fasst den Vorbereitungsprozess zusammen und wurde an die Generalsekretäre der 22 Bischofskonferenzen verschickt (Bogotá 1991). Eine *Secunda Relatio* ist eine Synthese jener Kommentare, die von 18 Bischofskonferenzen und anderen kirchlichen Institutionen zum *Documento de Consulta* gemacht worden waren (Bogotá, Februar 1992). Schließlich erscheint das Arbeitspapier, das als Grundlage für die Konferenz in Santo Domingo dienen sollte, aber dann völlig beiseite geschoben worden war: CELAM, *Nova evangelização, promoção humana, cultura cristã. Documento de Trabalho*, São Paulo 1992.

mit dazu eingeladen worden. Dazu kam das neue Bischofsprofil der letzten 13 Jahre und die einschüchternde Präsenz der Römischen Kurie, die ja schon im Vorfeld durch das *Regulamento* die Weichen gestellt hatte. Die ungenaue Definierung des *Regulamento* im Hinblick auf die jeweiligen Kompetenzen zwischen Redaktionskommission und Koordinierungskommission führten zu willkürlichen Eingriffen in die Texte.[162] Auch die Wirklichkeit Lateinamerikas und der Karibik sollte, laut Fragebogen, aus der Christologie herauswachsen. Die Antworten des Fragebogens garantierten einerseits ein Schlussdokument, das manche Sektoren gar nicht wollten. Andererseits aber legitimierte die Abstimmung den methodologischen Umbau des Dokuments und ein rigoroses Zusammenstreichen der Kommissionsbeiträge. Die von den Bischofskonferenzen gewählten Mitglieder der Konferenz, die in der Fragebogenabstimmung unterlegen waren, kamen praktisch nur in den Arbeitsgruppen zu Wort. Diese hatten ihre Papiere nach dem erprobten Raster "SEHEN der Wirklichkeit – theologisch URTEILEN – pastoral HANDELN" geschrieben und wollten ein ausführliches Dokument, in das ihre Beiträge aufgenommen werden sollten. Die Gruppe der Endredaktion hat unter formaler Berufung auf die Antworten des nicht diskutierten Fragebogens rigorose Streichungen vorgenommen, die nicht immer nur mit dem Kriterium der Quantität, sondern häufiger mit dem des ideologischen Hintergrundes vorgenommen wurden. Die Einzeldokumente wurden bei die-

162 Die Redaktionskommission – Luciano Mendes (Brasilien, Moderator), Antonio Moreno (Chile, stellvertretender Moderator), Javier Lozano (Mexiko), Alberto Giraldo (Kolumbien), Juan Ignacio Larrea (Ecuador), Augusto Vargas (Peru) – konnte nur zusammen mit der Koordinierungskommission – Raúl Primatesta (Argentinien, Moderator), Antonio Cheuiche (Brasilien, stellvertretender Moderator), Ovidio Pérez (Venezuela), Juan Sandoval (Mexiko), Alvaro Ramazzini (Guatemala) – entscheiden über das Schicksal der einzelnen Texte. Zusammen mit den drei Assessoren jeder Kommission hatten die gemeinsamen Zusammenkünfte 17 Mitglieder und waren aus diesem Grunde sehr unbeweglich.

sem Vorgang in das vorkonziliare Schema PRINZIPIEN DER LEHRE, PASTORALE HERAUSFORDERUNGEN, PASTORALE GRUNDLINIEN eingepasst.
Vor den aprioristischen Prinzipien der Lehre ist ja alles klar. Die Herausforderungen der sozialen Wirklichkeit wirken dann wie Störfaktoren. Die "Herausforderungen" wurden dann "pastoral" gefiltert und poliert im Hinblick auf eine Bestätigung der vorher schon bekannten und nicht hinterfragbaren Lehrprinzipien. Auch die so genannten pastoralen Grundlinien bestätigen dann eigentlich nur die unhistorischen und kontextlosen Prinzipien. Vieles, was in den Texten gesagt wurde, gilt daher auch für Europa, weil auf eine Universalität Wert gelegt wurde, die zu Lasten der Kontexte ging. Andererseits wurde manches tatsächlich nur umgestellt und nicht – meist aus Zeitmangel – umgeschrieben. "Die Römer wussten sehr gut, dass der Kampf um die Methode fundamental war. (...) Wenn mit den Prinzipien begonnen wird, besteht keine Gefahr, dass die Herausforderungen das solide Lehrgebäude oder die traditionellen Strukturen erschüttern werden."[163] Die oft beschworenen "neuen Methoden" (*Santo Domingo* 1, 29, 101) der Neu-Evangelisierung entpuppten sich als schon verrostete alte Werkzeuge.

4. Verweigerte Buße

In ihren "Richtlinien für Santo Domingo" baten die brasilianischen Bischöfe die indianischen Völker und Afroamerikaner für ihre "Unterlassung und Teilnahme" in der Conquista um Vergebung.[164] Die Kirche habe nicht die Gegenwart Gottes in ihren Kulturen erkannt und deren Zerstörung geduldet oder sogar daran teilgenommen; sie habe die Skla-

---

163 A. Antoniazzi, *A missão da Igreja no documento*, in: *Santo Domingo. Ensaios teológico-pastorais*, Petrópolis 1993, 191-226, hier 209f.

164 CNBB, *Das diretrizes a Santo Domingo* (Documentos da CNBB 48), São Paulo 1992, 18 (Nr. 32-38).

verei der Afroamerikaner mit dem Evangelium gerechtfertigt und aus dieser Sklaverei materiellen Nutzen gezogen. Die indianischen Völker und Afroamerikaner lebten immer noch am Rande der institutionellen Kirche und der Gesellschaft. Schließlich versprachen die brasilianischen Bischöfe, ihre bedingungslose Solidarität als integrierenden Bestandteil der Neu-Evangelisierung zu betrachten.[165]
Die Geschichtsdarstellung des *Schlussdokuments von Santo Domingo* dagegen ist apologetischer strukturiert (*Santo Domingo* 16-21). Das schon genannte Symposium von CAL enthielt keinerlei Elemente zur Selbstkritik. Das Debakel der Bußverweigerung war damit vorbereitet, obwohl der Papst ja bei den verschiedensten Gelegenheiten, gerade gegenüber den Nachfahren der afrikanischen Sklaven in Amerika, immer wieder eine Vergebungsbitte ausgesprochen hatte.
Am Samstag, den 17. Oktober 1992, machte der brasilianische Bischof Benedito Ulhoa im Namen von 33 Bischöfen der Vollversammlung den Vorschlag, aus Anlass der 500jährigen Evangelisierung eine Bußfeier in der Kathedrale von Santo Domingo vorzubereiten, um für all die den Indios und Afroamerikanern zugefügten Missbräuche während der 500jährigen Evangelisierung um Vergebung zu bitten. "In meiner Kathedrale nicht!", antwortete spontan Nicolas de Jesús López, Erzbischof von Santo Domingo und einer der Präsidenten der Konferenz.
Zwei Tage später, am 19. Oktober, in der morgendlichen Plenarsitzung sprach sich der argentinische Erzbischof von San Juan de Cuyo, Argentina, Italo Di Stéfano gegen eine solche Bußfeier aus. Di Stéfano sprach von drei die Indios betreffenden Geschichtsmythen. Erstens habe es keinen Völkermord an Indios gegeben. Es habe Missbräuche gegeben. Aber der Papst hatte in seiner Eröffnungsansprache hervorgehoben, dass "gerade die Evangelisierung eine Art Anklagebank für alle bildete, die für

[165] Vgl. P. Suess, *Unübersichtlichkeit im Missionsszenario. Kritische Analysen neuerer kirchlicher Dokumente und Tendenzen*, Concilium 251 (1994/1), 74-81, hier 79.

diese Missbräuche verantwortlich waren".[166] Zweitens sei die indianische Vergangenheit kein Paradies gewesen. Der Papst hatte von den "Menschenopfern" der Azteken gesprochen.[167] Drittens hätte es keinen 500jährigen Widerstand gegen das Christentum gegeben, weil sich die Indios im Christentum besser aufgehoben wussten als in ihren alten Religionen. Man müsse die gegen Spanien gerichtete "schwarze Legende" bedenken und solle doch nach Nordamerika schauen, wo die Indios fast ausgerottet worden seien. Amerika sei "ein klassisches Land der Gewalt", und zwar vor, während und nach der Conquista. Eine Vergebungsbitte, so Di Stéfano, würde von "ideologischen Sektoren", die sich selbst überhaupt nicht durch den Respekt vor den Menschenrechten auszeichneten, gegen die Kirche benützt werden und verrate einen Schuldkomplex, der den missionarischen Eifer schwäche.[168] Nicolás de Jesús López Rodriguez, der Präsident der Sitzung, fügte noch hinzu, dass ja der Papst schon diese Frage auf seinen Reisen nach Afrika und Amerika beantwortet habe. Man solle nicht falschen Indigenistas und Sekten zuarbeiten und schließlich sei ja eine Eucharistiefeier der Buße für Freitag, den 23. Oktober, vorgesehen.

Am Nachmittag sprachen noch andere Delegierte zur Vergebungsbitte. Jose Antonio Dammert Bellido, Bischof von Cajamarca und Präsident der Peruanischen Bischofskonferenz, bat die Versammlung, eine Vergebungsbitte an Indios und Afroamerikaner gemäß dem Wortlaut des Papstes zu richten. Bischof Jorge Urosa von der Kommission für die Präambel des Schlussdokuments meinte, eine Vergebungsbitte sei "ungerecht und unangebracht". "Ungerecht", weil sie die historischen Umstände und die heroische Arbeit der Kirche bei der Verteidigung von Indios und Afroamerikanern außer Acht lasse. "Unangebracht", weil eine

[166] Johannes Paul II., *Eröffnungsansprache* (wie Anm. 147), 14 (Nr. 4).

[167] ebd. 13 (Nr. 3).

[168] Vgl. Boletin de Prensa, Nr. 16 (20.10.1992), Anexo I.

solche Selbstanzeige gegen die Vorfahren auch gegen die Kirche heute ausgespielt werden würde.
Im Hin und Her um die Vergebungsbitte griff schließlich am 21. Oktober der Papst von Rom aus in die Diskussion ein. Während seiner Generalaudienz hielt er eine kurze Ansprache zur Vergebungsbitte des Vaterunsers (Mt 6, 12) und sagte: "Das Gebet des Erlösers richtet sich an den Vater und gleichzeitig an die Menschen, denen viele Ungerechtigkeiten angetan worden sind. Diese Menschen bitten wir unaufhörlich um Vergebung. Diese Vergebungsbitte richtet sich vor allem an die ersten Bewohner der neuen Erde, an die Indios und auch an jene, die als Sklaven aus Afrika deportiert wurden zu harter Arbeit. Vergib uns unsere Schuld ...: auch dieses Gebet gehört zur Evangelisierung (...)."[169]
Trotz der "goldenen Brücke" des Papstes dokumentierte *Santo Domingo* keine an die Opfer gerichtete Vergebungsbitte, wenn es erklärte: "Wir bitten um Vergebung, wenn wir seine (Gottes) Güte zurückgewiesen haben" (Nr. 1). An der einzigen Stelle des Dokuments, an der "Irrtümer" erwähnt sind, handelt es sich um die Irrtümer der vom Evangelium noch nicht berührten Kulturen (Nr. 230). Von Buße spricht das Dokument nur im Zusammenhang mit dem Bußsakrament (Nr. 46, 80, 151).
Am 23. Oktober fand schließlich eine "Eucharistische Feier nach dem Bußritus" statt unter dem Thema: "Die Kirche, ein Zeichen der Versöhnung". Kardinal Angel Suquía, Erzbischof von Madrid, war der Hauptzelebrant. Journalisten waren eingeladen worden, um den negativen Eindruck der verweigerten Vergebungsbitte zu zerstreuen. Der Bußritus reduzierte sich auf die Leerformel "einer Bitte an Gott um Vergebung für verschiedene persönliche und gemeinschaftliche, historische und konjunkturelle Sünden". Dabei hätte doch die zeichenhafte Bußbereitschaft gegenüber Indios und Afroamerikanern der Predigt vom Gottesreich radikale Glaubwürdigkeit gegeben.

---

169 Boletin de Prensa, Nr. 22 (23.10.1992), Anexo, 12.

Aber *Santo Domingo* hat noch andere Gelegenheiten, Zeichen zu setzen und "Zeichen der Zeit" zu lesen, verspielt. Als einige wenige Bischöfe erwogen, aus ihren Fünf-Sterne-Hotels auszuziehen, wurden sie zurechtgewiesen, dass dies eine Brüskierung der Regierung sei, die diese Hotels zur Verfügung gestellt habe. Die Bischofskonferenz von Santo Domingo begann nahezu exakt dreißig Jahre nach der Eröffnungssitzung des Zweiten Vatikanischen Konzils (11.10.1962!). Kein Wort dazu, keine Gedenkstunde in Santo Domingo. Während der Generalversammlung wurde die Vergabe des Nobelpreises des Friedens an die guatemaltekische Indianerin Rigoberta Menchú bekannt. Sie war Katechetin in ihrer Diözese El Quiché. Kardinal Paulo Ervaristo Arnst von São Paulo bat die Konferenz, eine offizielle Gratulationsbotschaft an sie zu schicken. Seine Bitte wurde vom Präsidium abgelehnt mit der Begründung eines möglichen ideologischen Missbrauchs einer solchen Botschaft.

5. Inkulturierte Evangelisierung

Einige der brasilianischen Bischöfe sagten am Ende der Konferenz: "Dom Luciano Mendes hat das Schlussdokument in Santo Domingo gerettet."[170] Das ist vielleicht übertrieben, entspricht aber lateinamerikanischer Gepflogenheit, Gut und Böse zu personalisieren. Es gab noch andere Konferenzteilnehmer, die Weizen gesät haben. Auch D. Luciano musste in *Santo Domingo* Positionen aufgeben, konnte jedoch andere halten und neue dazugewinnen. Er konnte vor allem, nachdem es nach einer ersten Einsicht ins Schlussdokument noch vor seiner ersten Bekanntgabe am 22. Oktober zu Nikodemusgesprächen kam, verhindern, dass der Zweite Teil, Kapitel II, in dem es um die "die Förderung des Menschen" als einer "privilegierten Dimension der neuen Evangelisierung" ging, zu analytischer Unleserlichkeit zusammengestrichen wurde. Wenngleich die Realitätsanalyse nicht am Beginn des Dokumentes steht,

[170] C. Isnard, Revista Eclesiástica Brasileira 209 (März 1993), 150.

so sollte sie doch in seinem Zentrum wenigstens *relevant* für die Welt und *kohärent* mit dem Evangelium sein. Dies ist weitgehend gelungen. Die Option für die Armen durchzieht das Schlussdokument in den verschiedensten Varianten (Nr. 50, 92, 178f, 200, 275, 296, 302f). Sie war ja schon durch die Eröffnungsansprache des Papstes, der von einer "festen und unwiderruflichen Option" gesprochen hatte (Nr. 16), freigegeben worden.

D. Luciano hat ferner die textliche Formulierung der "vorrangigen pastoralen Grundlinien" geprägt. Gerade hier erhält "die vorrangige Option für die Armen im Sinne des Evangeliums in Fortsetzung von Medellín und Puebla" besonderes Gewicht. Sie soll die "gesamte Evangelisierung nach dem Vorbild Jesu Christi erleuchten" (Nr. 296). In den pastoralen Grundlinien ist es D. Luciano auch gelungen, das schon seit 1990 festgelegte Thema von *Santo Domingo* ("Neue Evangelisierung, Förderung des Menschen, Christliche Kultur") zu verändern.[171] In den pastoralen Grundlinien ist nicht mehr von "Christlicher Kultur", sondern von "inkulturierter Evangelisierung" die Rede. Später wird man sagen: Die 4. Generalversammlung der lateinamerikanischen Bischöfe hat das von Rom vorgegebene Unterthema "christliche Kultur", das ja als Inkulturationsersatz gedacht war, lautlos unterlaufen. Aber es war, wie so vieles auf dieser Konferenz, der Eingriff eines Einzelnen.

Worum ging es bei der "christlichen Kultur"? Das Konzept einer "christlichen Kultur" ist eine analoge und subjektlose Weise, von Kultur zu sprechen. Es handelt sich dabei ja nicht um die Kultur eines Volkes oder einer sozialen Gruppe (vgl. *Gaudium et spes* 53, *Puebla* 386f), sondern um eine Summe von Werten und so genannten christlichen Referenzen, welche Gläubige in ihrer Lebenspraxis inspirieren können. Aber auch

171 Am 12. Dezember 1990 teilt Kardinal Bernardin Gantin, Präsident von CAL, dem Präsidenten des CELAM, Darío Castrillon Hoyos, offiziell das Konferenzthema mit. Dieser Brief ist nachzulesen in: CELAM, *Nova evangelização* (wie Anm. 161), 13f.

diese Werte müssen ja wiederum kulturell situiert gedacht werden. Auch eine christlich gedachte Metakultur müsste inkulturiert werden, sofern sie für soziale Gruppen relevant sein soll. Die Oligarchien Lateinamerikas haben sich immer wieder auch des Konzepts der "christlichen Kultur" zur Aufrechterhaltung der gegenwärtigen Unrechtsverhältnisse bedient. Darauf haben die brasilianischen Bischöfe schon in ihrem Vorbereitungsdokument für *Puebla* (1978) hingewiesen.[172]

Kultur als von sozialen Gruppen konstruierte und erträumte Umwelt und Lebensprojekt verweist immer auf die Identität begründende besondere Lebenswelt dieser Gruppen. Evangelisierung muss daher immer von der Lektüre dieser konkreten Lebensprojekte und ihren kulturellen Kodifizierungen und Kommunikationsspielräumen ausgehen. Um die Liebe Gottes aufzuzeigen und mitzuteilen (vgl. *Ad gentes* 10), muss die Kirche auf Universalcodes und ihre fundamentalistische Übertragung in andere Kontexte verzichten. Sie muss in einem langen Inkulturationsprozess ihre metalinguistische Irrelevanz und universale Sprachlosigkeit erfahren und neu kontextuell und kulturspezifisch sprachfähig werden.

Vielen Delegierten von *Santo Domingo* war klar, dass das Konzept einer "christlichen Kultur" weder der Vielzahl der Kulturen noch der pluralen Weise des Christseins in Lateinamerika gerecht wird. Das Schlussdokument definiert daher Prioritäten zur "neuen Evangelisierung" und zur "Förderung des Menschen", nicht aber zur "christlichen Kultur". Es ersetzte korrekterweise die Prioritäten zum Thema "christliche Kultur" durch Prioritäten zu einer "inkulturierten Evangelisierung". Damit kehrte der Text von der abstrakten Makrostruktur einer "christlichen Kultur", die ja ihr koloniales und christenheitliches Erbe nicht ablegen kann, wieder auf den Boden sozialer Gruppen und Völker zurück, auf den Boden der Armen und der Anderen.

---

172 Vgl. CNBB, *Subsídios para Puebla* (Documentos da CNBB 13), São Paulo 1978, Nr. 52.

Auch damit sind noch nicht alle Probleme gelöst. Der Text von *Santo Domingo* reflektiert noch "Ausrutscher" einer kolonialen und machistischen Sprechweise, etwa wenn davon die Rede ist, dass christliche Kultur und Glaube in die Kulturen und Herzen der Völker "eindringen" (Nr. 35, 161, 229, 302f) und "einfallen" (Nr. 229) müssten, um deren Irrtümer zu korrigieren. Und doch sind in *Santo Domingo* einige Vorzeichen richtig gesetzt worden, wenn beispielsweise das *Schlussdokument* Evangelisierung und Nachfolge "unabdingbar" mit Inkulturation verknüpft: "Inkulturation des Evangeliums ist für die Nachfolge Jesu unabdingbar" (Nr. 13). Auch hier ist bekannt, wie der Text – über das Absperrungsgitter weitergereicht – ins Dokument kam. Während sich die Texte zur "neuen Evangelisierung" und zur "Förderung des Menschen" praktisch im Rahmen der päpstlichen Eröffnungsansprache bewegen, tauchen mit der "inkulturierten Evangelisierung" neue Elemente auf. Sie gehen über die Vorgaben von *Catechesi tradendae* (1979, Nr. 53), *Redemptoris missio* (1990, Nr. 52) und über das Konzept einer "christlichen Kultur" kreativ hinaus, die ja dann doch immer in der Sackgasse der Akkomodation, der "Evangelisierung der Kulturen" oder im Mestizentum als "Prinzip der Inkulturation" enden.[173]

Neue Impulse für die theologische Reflexion kommen immer von den Herausforderungen der missionarischen Praxis an den Grenzen der Erde und im Herzen der Welt. Die "pastoralen Grundlinien" von *Santo Domingo* listen drei Herausforderungen einer "inkulturierten Evangelisierung" auf: die Großstädte, die indigene und afroamerikanische Bevölkerung und den Komplex der modernen Kommunikation. Im Folgenden soll die Arbeit der "Kommission 26, Einheit und Vielfalt der indigenen, afroamerikanischen und Mestizen-Kulturen" hervorgehoben werden, die das Spezifische Lateinamerikas ausmachen, während Inkulturation in

173 Johannes Paul II., *Eröffnungsansprache* (wie Anm. 147), 25-29 (Nr. 20, 22, 24).

Prozessen der Urbanisation und Kommunikation ja heute weltweite Herausforderungen darstellen.

6. Ein plurikultureller Kontinent

Die Sache der indigenen Völker wurde in *Santo Domingo* in der *Arbeitskommission 26* verhandelt.[174] Zwei Drittel des Textes wurden von der Redaktionskommission (22.-26.10.) gestrichen. Zu den gestrichenen Texten der Arbeitskommission gehörten vor allem selbstkritische Passagen wie die folgende: "Die Sklaverei, der Rassismus und die Diskriminierung, die in der Geschichte der Zivilgesellschaft gegenwärtig sind, sind es auch in der Geschichte der Kirche. Konquistadoren und Kleriker haben sich an der Sklavenarbeit begünstigt." Das restliche Drittel der *Arbeitskommission 26* ist mehr oder weniger wortgetreu in "Zweiter Teil, Kapitel III, Die christliche Kultur" unter dem Titel "Einheit und Vielfalt der indigenen, afroamerikanischen und Mestizen-Kulturen" eingegangen (Nr. 243-251). Auch andere Arbeitsgruppen – "Dialog mit den nichtchristlichen Religionen" (137), "Menschenrechte" (167), "Ökologie" (169), "Die Erde: eine Gabe Gottes" (172) – kamen mit der indigenen Sache in Berührung und haben strukturelle Gewalt gegen Indios denunziert. Von den 303 Paragraphen des Schlussdokumentes erwähnen 26 die indigenen Völker.

Die Aufgabe der *Arbeitskommission 26* war es, eine über das koloniale Erbe hinausgehende Pastoral einer neuen Präsenz unter indigenen und

---

174 Mitglieder der Kommission 26 waren: D. Carlos Maria Ariz Bolea (Koordinator) u. P. Uriah Ashley (Panama); D. Luis Sainz Hinojosa (Bolivien); D. Erwin Kräutler u. D. José Maria Pires (Brasilien); D. Pedro Meurice Estiu (Kuba); P. Adolfo Damian Josepa (Curaçao); D. Victor Hugo Martinez Contreras, D. Gerardo Flores Reyes u. P. Gabriel Rodriguez Hernandez (Guatemala); D. José Dammert Bellido (Peru); D. Zacarias Ortiz Rolon (Paraguay). Endberichterstatter, *ad hoc* ernannt, E. Kräutler.

afroamerikanischen Völkern vorzuschlagen. Lateinamerika und die Karibik, so der Ausgangspunkt des in "pastorale Herausforderungen" umgewandelten Teils der "Realitätsanalyse", sind ein "plurikultureller Vielvölkerkontinent" (Nr. 244). Bei allen Widersprüchlichkeiten der Konferenz von *Santo Domingo* können doch fünf relevante Schwerpunkte oder Schlüsselwörter einer inkulturierten Evangelisierung für die pastorale Praxis an der Seite der indigenen Völker benannt werden: *Plurikulturalität*, *Anerkennung*, *Solidarität*, *Protagonismus* und *Inkulturation*.

6.1. Plurikulturalität

Die erste pastorale Herausforderung dieses Kontinents ist die evangelische Präsenz in diesem "multikulturellen Vielvölkerkontinent" (Nr. 244), im Plural der Geschichten, Kulturen, Ethnien, Lebenskonzepte, Sprachen, Religionen und in sozialen Kontexten der Armut, Gewalt und Ausbeutung. Der Plural der Menschengruppen und Kontexte erfordert eine plurale Präsenz der Kirche. Auch die Option für die Armen ist nur dann sinnvoll, wenn sie die kulturell sehr differenzierten Kontexte in diese Option bewusst mit einbezieht. Es ist wichtig, die Frage des Plurals der Kulturen mit dem Dialog-Prinzip zu verknüpfen (vgl. *Gaudium et spes* 92). Der "plurikulturelle Vielvölkerkontinent" erfordert eine in ihren Strukturen dezentralisierte und in ihrem "Angebot" (Kerygma, Diakonie, Liturgie) kulturell differenzierte und kontextnahe pastorale Präsenz, für die Einheit "nicht Einförmigkeit"[175] bedeutet, sondern Artikulation von Verschiedenheit.

---

[175] Johannes Paul II., *Botschaft an die Eingeborenenbevölkerung*, in: Sekretariat der Deutschen Bischofskonferenz (Hg.), *Santo Domingo* (wie Anm. 147), 190 (Nr. 3).

6.2. Anerkennung

Die zweite Herausforderung ist die Anerkennung dieser für Lateinamerika und die Karibik konstitutiv pluralen Situation der Anderen als etwas Positives und als pastorale Chance. Bevor man jemanden verteidigen oder retten, evangelisieren oder befreien will, muss man ihn anerkennen. Alterität ist, ähnlich wie Armut, nicht beweispflichtig. Um anerkannt zu werden, soll niemand die Pflicht haben, eine gewisse "Nützlichkeit" oder "Heiligkeit" nachweisen zu müssen. Indigene Kulturen müssen nicht für die Umwelt "nützlich" sein – etwa weil sie über besondere medizinische Kenntnisse verfügen oder wegen ihrer "höheren" Lebenswerte angesichts der "Strukturen der Sünde, die die moderne Gesellschaft prägen" (Nr. 243) –, um anerkannt zu werden. Christen lieben den Nächsten nicht, weil dieser "evangelische Werte" lebt, sondern weil er Geschöpf Gottes ist. Anerkennung heißt konkrete Anerkennung der Gegenwart Gottes in den indigenen Kulturen "durch seinen Heiligen Geist" (Nr. 243), Garant pfingstlicher Mehrsprachigkeit und "Vater der Armen". Diese Anerkennung des Wirkens Gottes in den Kulturen wird seit der Patristik umschrieben als "Samen des Wortes" (Nr. 245, auch 138; *Botschaft*, Nr. 2), als Präsenz Gottes von Anfang an, also noch bevor christliche Missionare den Kontinent betreten haben. Obwohl in den Texten viel von der Anerkennung von "Werten" die Rede ist, so geht es doch um die Anerkennung der Kulturen als Ganzes, als Lebensprojekte. Damit geht es auch um die Anerkennung der Religionen der Anderen. Erstmals wird in *Santo Domingo* die Sache der Indios nicht nur unter der Rubrik "Mission", sondern auch unter der des "Dialogs mit nicht-christlichen Religionen" verhandelt. "Die Bedeutung der Vertiefung des Dialogs mit den nicht-christlichen Religionen auf unserem Subkontinent, besonders mit den indigenen und afroamerikanischen Religionen, die lange Zeit ignoriert oder an den Rand gedrängt wurden" (Nr. 137f) wird als pastorale Aufgabe zur Kenntnis genommen. Die Bischöfe verpflichten sich ihren "indianischen Brüdern und Schwestern" gegenüber, "das Evangelium

Jesu durch das Zeugnis einer demütigen, verständnisvollen und prophetischen Haltung zu vermitteln und sein Wort in einem respektvollen, offenen und brüderlichen Dialog auszulegen" (Nr. 248).

6.3. Solidarität

Diese Lebensprojekte sind ein in sich verteidigungswürdiges Gut. Der Kampf um diese Lebensprojekte konfiguriert sich als Kampf um Menschenrechte, um Grund und Boden, um Verteidigung von eigenen Organisationen und Erziehungssystemen, um Sprache und Sprechen (Nr. 245 u. 251). Solidarität hat viele Gesichter (Nr. 176f). Präsenz, Mitleiden, prophetische Rede, Kampf um Gerechtigkeit (Nr. 167, 107). Auch Inkulturation als qualifizierte Präsenz kann als Solidarität betrachtet werden (*Gaudium et spes*, 32). Sie ist integraler Bestandteil einer befreienden Evangelisierung. Johannes Paul II. hatte schon in seiner *Eröffnungsansprache* von einer "institutionalisierten Ungerechtigkeit" (Nr. 15) gesprochen und eingeschärft, dass "die Sorge um den sozialen Bereich (...) wesentlich zum Sendungsauftrag der Glaubensverkündigung der Kirche" gehöre (Nr. 13). Das "Banner der Gerechtigkeit", so der Papst, dürfe sich die Kirche von niemand entreißen lassen (Nr. 17).

6.4. Protagonismus

In seiner *Botschaft an die Eingeborenenbevölkerung* ermuntert sie der Papst gleich zweimal, dass sie doch selbst die Protagonisten ihrer sozialen und spirituellen Entwicklung und auch ihrer Evangelisierung sein sollten (Nr. 5 u. 6). Im Papier der *Arbeitskommission 26* war der abschließende Passus, in dem von Protagonismus die Rede war, weggestrichen worden. Er stand im Kontext des Versprechens, "das Ideal einer autochthonen Kirche zu verwirklichen. Sie sollte geprägt sein von einem eigenen Gesicht und Herzen, von eigenen Gedanken und Pastoralträgern. Es sollten Gemeinden sein, die ihren Gottesdienst mit dem, was die eigenen Kulturen anbieten, feiern, in den einheimischen Sprachen, in afroamerikanischen Formen oder in den Traditionen der Mestizen. Wenn also diese Völker zu Protagonisten ihrer eigenen Heilsgeschichte geworden sind, werden sie dafür sorgen, dass das Evangelium in ihren Kulturen aufgeht und in Kirchen blüht, die genuin indigen, afroamerikanisch oder von Mestizen geprägt sind". Im *Schlussdokument von Santo Domingo* ist bezeichnenderweise vom Protagonismus – wenn auch nicht explizit – der Indios die Rede, wenn es sich im "Sozialbereich" um die Unterstützung ihrer Organisationen handelt. Hier lautet dann eine der "pastoralen Grundlinien", man wolle "die Organisationen der Bauern und der indigenen Bevölkerung solidarisch unterstützen, die auf berechtigtem und rechtmäßigem Wege dafür kämpfen, ihr Land zu behalten oder zurückzugewinnen" (Nr. 177). An anderer Stelle verspricht *Santo Domingo*, "die Anstrengungen dieser Völker zu unterstützen (...) mit vollem Recht auf Land und ihre eigenen Organisationen und kulturellen Lebensgewohnheiten" (Nr. 251).

Am Protagonismus der Indigenas in der Kirche jedoch schieden sich die Geister. Der ganze Konferenzverlauf war ja auf die eine und andere Weise gegen den Protagonismus der Ortskirchen programmiert worden. Die Streichung des "Protagonismus" aus der innerkirchlichen Agenda war irgendwie "kohärent" mit dem "Ereignis *Santo Domingo*". Als eine Delegation der Indigenas am 13. Oktober die *Botschaft* des Papstes in der Nuntiatur hören bzw. empfangen sollte, hatten auch sie ihrerseits eine *Botschaft an den Papst* vorbereitet. Es wurde ihnen verwehrt, diese Botschaft vorzutragen, und einem von ihnen wurde von "der Organisation" des Treffens ein nichtssagender Text übergeben, den er dann als "Repräsentant" der indianischen Völker Amerikas vorzulesen hatte. Solange der Protagonismus der Armen und Anderen eine innerkirchliche *quaestio disputata* bleibt, steht auch die Option für die Armen und Anderen auf wackligen Füßen. Die Mehrheit der mit der indianischen oder afroamerikanischen Sache direkt befassten Bischöfe jedoch hat den Protagonismus der indigenen Völker im Horizont ihrer "pastoralen Grundlinien". Die Förderung des Protagonismus der Indios – Selbstbestimmungsrecht, ökonomische Autonomie, Organisation, indigenes Christentum – ist ein wichtiger Schritt auf dem Weg zu einer Entkolonialisierung der Kirchen und zur Inkulturation des Evangeliums.

6.5. Inkulturation

Die inkulturierte Evangelisierung ist ein Prozess, der analog zur Menschwerdung Gottes in Jesus Christus gesehen werden muss. "In der Fülle der Zeit sandte Gott seinen Sohn", der um ihres Heiles willen "die sozialen und kulturellen Wirklichkeiten der Völker annahm" (Nr. 243). Dieser Vorgang ist analog mit dem Paradigma der Inkulturation umschrieben (vgl. *Lumen gentium*, 8). Inkulturation eröffnet einen postkolonialen Weg zu allen Völkern und Gemeinschaften (Nr. 243). Inkulturierte Evangelisierung versteht sich als "integrale Erlösung und Befreiung eines bestimmten Volkes oder einer bestimmten Menschengruppe" (Nr. 243). Inkulturation ist darauf bedacht, die Identität und den Glauben von sozialen Gruppen an ihre konkrete und immer auch spezifische Zukunft zu stärken, damit sie den Mächten des Todes und den "Strukturen der Sünde" Widerstand leisten können. In seinen "vorrangigen pastoralen Grundlinien" hat *Santo Domingo* eine "inkulturierte Evangelisierung, die sich in den indigenen und afroamerikanischen Kulturen inkarniert" (Nr. 302) programmatisch akzeptiert, "damit das in ihren Kulturen inkarnierte Evangelium seine ganze Lebendigkeit offenbart und sich gegenseitig bereichert in einem Dialog der Gemeinschaft" (Nr. 299).
Weil es sich bei Kulturen und auch beim Evangelium um integrale Lebensprojekte handelt, weil also ein integraler Kulturbegriff vorausgesetzt ist, ähnlich wie in *Gaudium et spes* (53b) und in *Puebla* (386), bezieht sich eine "inkulturierte Evangelisierung" nicht nur auf Teilbereiche des Lebens. Sie steht für einen umfassenden Lernprozess der Pastoralträger gegenüber den ihnen fremden kulturellen Codes der Anderen. "Die Inkulturation des Evangeliums ist ein Prozess, der das Erkennen der Werte des Evangeliums voraussetzt" (Nr. 230). *Santo Domingo* spricht einige

Teilbereiche der Inkulturation an: das Erlernen der Sprachen, Inkulturation der Liturgie mit ihren Symbolen, Riten und religiösen Ausdrucksweisen. Die Pastoren von *Santo Domingo* verpflichten sich, die theologische Reflexion der Indigenas zu begleiten und ihre kulturellen Ausdrucksformen zu respektieren, die ihnen behilflich sind, "Rechenschaft über die Gründe ihres Glaubens und ihrer Hoffnung zu geben" (Nr. 248). Diese Möglichkeit, durch das Erlernen fremder Codes "in das Innere aller Völker und Gemeinschaften" (Nr. 243) hineinzugehen, um einen Kommunikationsprozess in der Sprache der Liebe zu ermöglichen, nennen wir Nachfolge. Und damit sind alle Überlegungen zu Inkulturation wiederum in der Präambel des Schlussdokumentes verankert, wo es heißt: "Die Inkulturation des Evangeliums ist für die Nachfolge Jesu unabdingbar; sie ist erforderlich, um das verunstaltete Antlitz der Welt wiederherzustellen" (Nr. 13). Das Paradigma der Inkulturation artikuliert das Christentum mit seinen drei zentralen Festen: mit Weihnachten als dem Fest der Inkarnation, mit Ostern als dem Fest der Erlösung und Befreiung und mit Pfingsten als dem Fest plurikultureller Kommunikation Gottes unter den Menschen (Nr. 230). In *Santo Domingo* wurde aus der sektorialen Option einer "inkulturierten Evangelisierung" ein holistischer Imperativ für die gesamte Kirche: "Jedwede Evangelisierung muss Inkulturation des Evangeliums sein" (Nr. 13).

7. Rückblick und Ausblick

Die *4. Generalversammlung der lateinamerikanischen Bischöfe* in Santo Domingo hat die historischen Kontradiktionen und Ambivalenzen, hat Licht und Schatten einer 500jährigen kirchlichen Präsenz in Lateinamerika und in der Karibik im flüchtigen Augenblick einer Konferenz fokussiert. Das Gleichgewicht zwischen kontextresistenter Blindheit und prophetischer Weitsicht, zwischen erwachsener Mündigkeit und kindlicher Unterwerfung war bisweilen gestört. Die pastorale Unterbrechung, so schien es, hieß *Medellín*, so wie sie heute im Weltkontext *Asien* heißt.

Aber die Geschichte gleicht nicht dem Rad der Fortuna. Es muss sich nicht alles wiederholen. Historische Prozesse sind nie linear.
Santo Domingo signalisierte die Seelenstimmung einer gebrochenen Kontinuität und eines Rückrufs zur "Normalität" – ein *recalling,* wie das bei Autofirmen üblich ist –, weil an den Sicherheitsgurten angebliche Defekte festgestellt worden waren. Hinter den Sicherheitsmaßnahmen lauern Ängste. Ängste sind an der Kette gehaltene Hoffnungen. Ketten können gesprengt, Ängste überwunden werden. Die Angst vor der Umarmung der Armen und Anderen, der Laien und Frauen, und die Angst vor dem Verlust von Wahrheit und Macht, von Prestige und Privilegien, von Kohärenz und der Relevanz – all diese Ängste waren wohl mit im Spiel in *Santo Domingo* und liegen als zu bewältigende Aufgaben vor uns. Aber all diese Ängste waren auch mitgemeint, als der Auferstandene seinen Jüngern zurief: "Fürchtet euch nicht!"

VI. Römische Bischofssynode für Amerika (1997)
Und führen, wohin du nicht willst

Wer von *Medellín* (Kolumbien) über *Puebla* (Mexiko) und *Santo Domingo* (Dominikanische Republik) zur *Römischen Bischofsynode für Amerika* pilgerte, war Zeuge eines Prozesses fortschreitender kirchlicher Zentralisation, nach außen stets gut gekleidet mit einer sozialprogressistischen Tunika. Die Außenwahrnehmungen, oft plakativ und ohne analytische Schärfe dokumentiert, finden keine ernst zu nehmende propositionale Umsetzung im Innern der Kirche. Die "Helden der Befreiungspastoral" von *Medellín* waren nicht müde, aber im Laufe der vergangenen 30 Jahre von wachsamen Nuntiaturen aussortiert worden. Wer Partizipation wollte, wurde darauf aufmerksam gemacht, dass die jeweils höheren Instanzen bereits alle Argumente kennen und dass jetzt die Stunde "einheitlicher Exekution" sei. Die neue Bischofsgeneration war angewiesen worden, ihr kirchliches *Subjektsein* wörtlich als *Unterworfensein* zu interpretieren. Die Demut gegenüber dem transzendenten Gott, artikuliert mit kindlichem Gehorsam gegenüber einem strengen Papst, kann oft die Grenzen zwischen Gehorsam und Hörigkeit nicht genau ausmachen.

Solches "Subjektsein" konnte mit Belobigungen und kompensatorischen Maßnahmen seitens der Römischen Kurie rechnen. Der alternde Papst hat heute mehr Autorität als vor 20 Jahren, und dies nicht nur wegen seines moralischen und menschlichen Prestiges oder wegen des unangefochtenen patriarchalen Prinzips in der Kirche, sondern auch aufgrund der von ihm ausgewählten Mitarbeiter, mit denen er seine Leitungsfunktion teilt. Viele haben geglaubt, dass nach dem *II. Vatikanum* und mit dem Ende des zweiten Jahrtausends vormoderne hierarchische Strukturen endgültig zusammenbrechen würden. Sie glaubten, Emanzipation linear hochrechnen zu können, und haben nicht mit ihrer Ambivalenz gerechnet. Der "Fortschritt" von Unmündigkeit zu Emanzipation muss nicht nur von jedem Individuum, sondern auch von jeder Generation immer wieder neu ausgehandelt werden. Seit *Santo Domingo* – daran besteht kein Zweifel – können die Symptome ortskirchlicher Regression in Lateinamerika deutlich wahrgenommen werden, und dies nicht, weil das Einspruchsrecht der Kontexte sich nicht zu Wort melden würde, sondern weil Kraft und Rechtstitel fehlen, dem exogenen Einspruch ortsunkundiger Kreise Widerstand zu leisten.

Das Wort "Synode" verweist auf einen "gemeinsamen Weg" verschiedener Ortskirchen mit dem Papst.[176] Dieser Weg, so jedenfalls das Thema der "Speziellen Bischofssynode für Amerika", die vom 16. November bis 12. Dezember 1997 in Rom stattfand, sollte unter dem Zeichen der "Begegnung mit dem lebendigen Christus – Weg zur Umkehr, Gemeinschaft und Solidarität in Amerika" stehen. Das *Motu proprio Apostolica sollicitudo* (15.9.1965), durch das Papst Paul VI. die Institution der Bischofssynode in der Gesamtkirche eingeführt hat, gesteht den Synoden informativen und konsultativen Charakter zu. Doch eine Synode könne auch beschließenden Charakter haben, wenn der jeweilige Papst dies wünsche. In einem Interview mit der Zeitschrift "Família Cristã" (Nr. 42/1990, S. 50) sagte der brasilianische Kardinal Aloisio Lorscheider: "Ich schrieb an die Bischöfe Kanadas, der Vereinigten Staaten, Zentralamerikas und ganz Lateinamerikas. Die meisten wollten eine beschließende Synode." Die lateinamerikanischen Bischofskonferenzen von *Medellin*, *Puebla* und *Santo Domingo* hatten beschließenden Charakter. In Rom wurde aus den beschließenden Konferenzen Lateinamerikas eine beratende Versammlung. Der so verstandene synodale Weg bedeutet daher für das lateinamerikanische Lehramt einen Rückschritt, auch im Hinblick auf Inkulturation. Die nächsten *Speziellen Synoden* waren für

---

176 P. Suess, *Dich führen, wohin du nicht willst. Zur Römischen Bischofssynode für Amerika*, Berichte, Dokumente, Kommentare (hg. von der Missionszentrale der Franziskaner) 71 (1998/1), 7-20. In diesem Spezialheft zur Amerikanischen Synode sind auch ergänzende Beiträge von Bischof Erwin Kräutler und José Oscar Beozzo nachzulesen.

Asien (Frühjahr 1998), Ozeanien (Herbst 1998) und für Europa (Frühjahr 1999) vorgesehen. Nach der Durchsynodierung aller Erdteile sollte schließlich im Juli oder September 1999 die 10. Ordentliche Gesamtsynode der Katholischen Kirche stattfinden.

1. Die programmierte Synode

Der technische Ablauf der Synode, Themen, die berührt werden durften, und jene, die tabu waren, Leseschlüssel für die Vergangenheit des Kontinents und die Zukunft des Christentums, das alles lief von unsichtbarer Hand gesteuert und vorhersehbar. Ein schon in anderen Synoden erfolgreich experimentierter *Vademecum Synodi* funktionierte als Filter gegen babylonische Verwirrung und pfingstliche Erneuerung. Es ist bekannt, dass das Zweite Vatikanum nur deshalb das Vorhaben von Johannes XXIII. verwirklichen konnte, weil die Konzilsväter den Mut hatten, voreilige Programmierungen wirksam zu unterlaufen. Ein solcher Aufstand hat im spätherbstlichen Rom 1997 nicht stattgefunden.
Für diejenigen, die aus einem Kontinent des Unvorhersehbaren und der Improvisation kamen, wo die grundlegenden Güter von Brot, Arbeit, Gesundheit und Bildung mehr von der Vorsehung Gottes als von der Vorsorge seitens der Regierenden oder eigener Planung abzuhängen scheinen, bedeutet das totale Funktionieren zunächst eine Erleichterung. Pünktliche Treffen, Omnibusse und Mahlzeiten, das ist gar nicht so selbstverständlich, wenn man vom Andenhochland oder vom tropischen Amazonasgebiet kommt. Also, auf der Bischofssynode war alles vorhersehbar programmiert, und mit geringer Irrtumstoleranz könnte man sogar schon den Titel für das *Nachsynodale Apostolische Schreiben* von Johannes Paul II. ankündigen. Es wird wohl ungefähr so lauten: "*Ecclesia in América*" (oder "Christus in Amerika", wie der Vize-Präsident von

CAL, Cipriano Calderón Polo, vorgeschlagen hat).[177] Untertitel: "Über die Kirche in Amerika und ihre Begegnung mit dem lebendigen Jesus Christus als Weg zu Umkehr, Gemeinschaft und Solidarität".
Die volle Mitgliedschaft der 233 Synodenteilnehmer mit Stimm- und Vorschlagsrecht kam auf Grund dreier verschiedener Einberufungsmodalitäten zustande: durch Wahl, durch Amt und durch päpstliche Ernennung. So nahmen an der Synode 136 gewählte Mitglieder der jeweiligen Bischofskonferenzen teil und 6 von der Vereinigung der Generaloberen der männlichen Orden gewählte Delegierte (Zisterzienser, Kapuziner, Karmeliten, Jesuiten, Stigmatiner, Salesianer). 70 Synodalen waren Mitglieder von Amtes wegen, darunter die amerikanischen Kardinäle, die Präsidenten der nationalen Bischofskonferenzen, der Präsident des CELAM und 24 Leiter der römischen Kurienbehörden. 21 Delegierte waren vom Papst ernannt worden. Zugang zur Synodenaula hatten außerdem 41 Auditores (unter ihnen 10 Schwestern und 7 Laien), 18 Sachverständige und 5 Delegierte anderer Kirchen. Die Auditores hatten vor allem Stimme in den Gruppen. Die Sachverständigen sollten dem Berichterstatter, Kardinal Juan Sandoval Íñiguez, Erzbischof von Guadalajara, und den Spezialsekretären (Francis Eugene George, Erzbischof von Chicago, und Estanislao Esteban Karlic, Erzbischof von Paraná, Argentinien) bei ihren Aufgaben zur Seite stehen. Insgesamt kann also von 297 Teilnehmern und von 233 Mitgliedern der Synode gesprochen werden, unter ihnen zwei Indiobischöfe, Donald Edmond Pelotte, Bischof von Gallup, Arizona, Nachfahre der *Algonkin*, und Toribio Ticona, *Aymara* aus Bolivien. Die brasilianische Bischofskonferenz war mit 20 stimmberechtigten Mitgliedern auf der Synode vertreten, kein indianisches, kein afro-brasilianisches Gesicht darunter.

[177] Das Apostolische Schreiben zur Synode, am 22. Januar 1999 in Mexiko unterzeichnet, hat dann tatsächlich den Titel "Kirche in Amerika" (*Ecclesia in America*) erhalten.

Zwischen dem 16. November und dem 12. Dezember versammelte sich die Synode in 26 Plenarversammlungen, den so genannten Generalkongregationen. Bei all diesen Plenarversammlungen war der Papst diskret präsent. Der erste Teil der Synode war geprägt von diesen oft ermüdenden Generalkongregationen, in denen jeder Bischof acht Minuten über ein Thema seiner Wahl sprechen konnte. Bischof Erwin Kräutler aus dem brasilianischen Amazonasgebiet schreibt dazu: "Wie lässt sich die Realität Amazoniens so knapp beschreiben? Wie können die vielschichtigen Probleme zusammengefasst werden, Anliegen und künftige Aufgaben in wenigen Minuten alle beim Namen genannt werden?"[178] Nach fünf Minuten blinkte ein rotes Signal und nach weiteren drei Minuten wurde das Mikrophon, oft mitten in einem Wort, abgeschaltet. Im zweiten Teil der Synode versammelten sich die Synodalen vor allem in sprachlich differenzierten 12 Arbeitsgruppen, den *circuli minori*. Bischof Demétrio Valentini aus Brasilien war der Berichterstatter der spanisch-portugiesischen Gruppe. Insgesamt waren 14 Sitzungen dieser Sprachgruppen vorgesehen, in denen Vorschläge ausgearbeitet werden sollten, die dann in den letzten Plenarsitzungen zur Abstimmung kamen.
Im seinem Apostolischen Schreiben *Tertio Millenio Adveniente* (TMA 38) vom 10. November 1994 gab Johannes Paul II. die wesentlichen Themen der panamerikanischen Synode vor: Neu-Evangelisierung, Solidarität zwischen den verschiedenen Lokalkirchen, Gerechtigkeit und internationale ökonomische Beziehungen unter Berücksichtigung der großen Unterschiede zwischen dem Norden und dem Süden. In diesem umfassenden Themenkatalog sind alle Probleme der Welt unterzubringen: Familie und Ämterstrukturen, die Armen und die indigenen Völker, die Afroamerikaner und die Sache der Migranten in den Vereinigten Staaten und in Kanada, die Auslandsschulden und die ungleichen Beziehungen zwischen dem Norden und dem Süden, die Agrarreform und die Ar-

178 Erwin Kräutler, *Christus weist auf Amazonien hin*, Berichte, Dokumente, Kommentare 71 (1998/1), 21-31, hier 23f.

beitslosigkeit, die Sonntagsmesse und die Erneuerung der Gemeinden, Strukturen der Sünde und Bekehrung, Ökumene und Ökologie. In einem ermüdenden Redemarathon wurden fast alle diese Themen in der Synodenaula angesprochen. Aber das Zuhören ist nicht immer die stärkste Seite der Bischöfe. So bekam oft der Redner, dem es gelang, sich am kürzesten zu fassen, den meisten Applaus. Obwohl das Wort "neu" eine gewisse Magie in den Reden der Synodalen ausübte – die Neu-Evangelisierung als Antwort auf alles, was neu in der Welt ist: Neoliberalismus, New Age, neue Religionen, neue Kultur, neue Moral, neue Anthropologie –, so konnte man doch fast alles, was in der Aula vorgetragen wurde, schon in den Beschlüssen von *Santo Domingo* (1992) oder in den Dokumenten von Johannes Paul II. nachlesen.
Die Vorausplanung von Generalkongregationen, Sprachzirkeln, Zwischenberichten, Vorschlägen für das Nachsynodale Apostolische Schreiben und Schlussbotschaft verläuft in einer schon erprobten synodalen Routine. Am 28. November wurde, wie vorgesehen, in der 18. Plenarversammlung von Kardinal Juan Sandoval Íñiguez, Erzbischof von Guadalajara und Berichterstatter der Synode, die *Relatio post disceptationem* vorgelegt, eine Synthese der Beiträge aus den Plenarversammlungen. Diese Synthese bestimmte die Diskussion in den 12 sprachlich differenzierten Arbeitsgruppen. Ihre Berichterstatter legten dann am 2. Dezember, in der 19. und 20. Plenarversammlung, ihre Ergebnisse vor. Anschließend, das heißt zwischen dem 3. und dem 5. Dezember, wurde die Arbeit in den Gruppen fortgesetzt, wo es zur Abstimmung über konkrete Vorschläge kam. Die der Geheimhaltungspflicht unterworfenen und mit Stimmenmehrheit angenommenen 76 Vorschläge wurden dann satzungsgemäß einer nachsynodalen Arbeitsgruppe zur Systematisierung übergeben, zur späteren Weiterleitung an den Papst und seine Mitarbei-

ter.[179] Mit einer "Botschaft an das Volk Gottes" verabschiedete sich die Synode von Rom. Doch zurück in die Synodenaula!

2. Die Synode spricht und schweigt

Der synodale Redemarathon darf nicht über Sprechtabus und Worthülsen hinwegtäuschen. Die Synodalen Obando Bravo aus Manágua und López Trujillo – jetzt an der Kurie – fühlten sich offensichtlich recht wohl, als sie von der "Option für die Armen" sprachen. Von "Theologie der Befreiung" allerdings war in der Synodenaula nichts mehr zu hören. Auch an die Sache der *viri probati* wagte niemand öffentlich zu erinnern. Wenn in den Sprachzirkeln dazu eine Diskussion aufzukommen schien – zum Beispiel im Zusammenhang mit der eucharistischen "Fastenkur" aufgrund des Priestermangels im Landesinnern –, wurde diese sofort im Hinblick auf den Willen und die Präsenz des Papstes niedergehalten. Vergessen schienen auch die Äußerungen von *Santo Domingo*: "Die Inkulturation des Evangeliums ist für die Nachfolge Jesu unabdingbar; sie ist erforderlich, um das verunstaltete Antlitz der Welt wiederherzustellen" (Nr. 13).

Für bestimmte Kreise der Kurie bedeutet "Inkulturation" kein ganzheitliches Programm postkolonialer Präsenz unter den Armen und Anderen, sondern eine nur sektoriale Forderung von Basisgruppen. Kardinal Jozef Tomko, (damals) Präfekt der Kongregation für die Evangelisierung der Völker, sprach vor der 11. Plenarversammlung, am 24. November, von Mission, als ginge es dabei um einen Kreuzzug in der globalisierten Welt, für den "Inkulturation" einen vergessenswerten Störfaktor darstellt. Falls es möglich ist, einen gemeinsamen Nenner des amerikanischen Kontinents auszumachen, so ist es sicher seine indigene Vergangenheit, seine Kolonisierung und soziale Ungleichheit. "Inkulturation" in Analo-

---

[179] Trotz der Geheimhaltungsvorschriften wurden die 76 Synodenvorschläge publiziert von Il Regno – Doc. 1 (1998), 10-26.

gie zu "Inkarnation" bedeutet Entkolonialisierung, Solidarität und kirchliche Präsenz in der Marginalität (*Ad gentes* 10; *Gaudium et spes* 32) und gleichzeitig "widerständig und anders zu sein gegen übliche Plausibilitäten".[180] Der semantische Kern der "missionarischen Natur" (*Ad gentes* 2), welche die Kirche für sich behauptet, muss wohl neu diskutiert werden.

Jeder Bischof benannte einen Katalog hinreichend bekannter Herausforderungen. Die Lösungsvorschläge, die dann der Problembeschreibung folgten, wurden meist ohne soziohistorische Vermittlung eingebracht, entsprechend der Losung: "Beten hilft immer!" Wo es sich um interne pastorale Engpässe handelte, so wurden diese mit gezügeltem Reformeifer vorgetragen, um nur ja keinen Anstoß zu erregen. Was die "Temporalia" betrifft, gingen die Lösungsvorschläge meist über die Kompetenz der Hirten hinaus. Was meinte wohl Kardinal José Falcão, Erzbischof von Brasília, wenn er in der 2. Plenarsitzung (17.11.) von der "Notwendigkeit einer mutigen Stadtpastoral" und "der Wiederbelebung der Pfarreien und von neuen und kühnen Strukturen der Evangelisierung" sprach und dann folgerte, dass "es notwendig sei, von einem vorausgesetzten Katholizismus überzugehen zu einem programmatischen, von einem apologetischen Katholizismus zu einem avantgardistischen, der Salz der Erde und Licht der Welt ist." Hier meldet sich noch mit Zurückhaltung ein neues Bewusstsein an, dass auch Lateinamerika, weil es kein katholischer oder christlicher Kontinent mehr ist oder vielleicht nie war, vor der Aufgabe seiner "inneren" Mission steht.

Laut Mario del Valle Moronta Rodríguez, Bischof von Los Teques, "sollte der Protagonismus der Armen als Autoren ihrer eigenen Entwicklung gefördert werden". Übrigens, das Wort "Protagonismus" wurde zu einer neuen Worthülse in der Synodenaula. Da wurde vom Protagonismus der Laien, der Jugend, der Indios, der Afroamerikaner gespro-

[180] K. Lehmann, *Zum Geleit*, in: Die deutschen Bischöfe, *Zeit zur Aussaat. Missionarisch Kirche sein*, Dokument 68 (26. November 2000), 5f.

chen. Natürlich dachten dabei alle an die Gesellschaft und nicht an die eigene Kirche. Die Synode für Amerika war eine Synode praktisch ohne Afroamerindia, ohne Jugend und ohne Frauen. Die notwendigen strukturellen Veränderungen, welche die Voraussetzung für den Protagonismus der Anderen und der Armen in der Gesellschaft und vor allem in der Kirche bringen könnten, wagten nur wenige diskret zu benennen. In der Schlussbotschaft der Synode fiel das Wort vom Protagonismus dann völlig unter den Tisch.

3. Prophetische Stimmen

Bischof Erwin Kräutler, mit dem Mut, der denen zu eigen ist, die im Urwald Amazoniens leben, lud seine Kollegen ein, die "kirchlichen Strukturen, liturgische Formen, Riten, Theologien, Sprechweisen und Ämter zu überprüfen, wo sie nicht genügend dynamisch und auf die Sendung der Kirche hin orientiert sind" (16. Generalkongregation – 27.11.). Einer der wenigen indigenen Bischöfe, Mons. Toribio Ticona, Prälat von Corocoro, geht noch weiter. Er schlägt vor, dass die Synode "die beginnenden Anstrengungen der Inkulturation inmitten der indigenen und afroamerikanischen Völker vertiefen möge und dass dies sogar eine Antwort auf die zunehmende Globalisierung sein könne, durch die ihre soziokulturelle Identität bedroht ist". Er bat seine Kollegen im Bischofsamt darum, dass sie mit ihm zusammen Anklage erheben sollen dagegen, dass in der Vergangenheit und in der Gegenwart das Land den legitimen Besitzern geraubt wurde und dass ihre Kulturen zerstört wurden und dass sie die Rückgewinnung als Aufgabe einer integralen Pastoral sehen mögen (16. Generalkongregation – 27.11.). D. Manuel Eguiguren Galarraga, Weihbischof aus Bolivien (Beni), sprach vom Heldentum und Protagonismus der lateinamerikanischen Frauen und stellte die von der Synode unbeantwortete Frage: "Können wir mit den historischen Sünden, die gegen die Frauen begangen worden sind, versöhnt in das 21. Jahrhundert eintreten?"

Die Kirche Amerikas braucht "ein Projekt der Evangelisierung und der Verwirklichung des II. Vatikanischen Konzils", sagte der Erzbischof von Huancayo, José Paulino Ríos Reynoso (13. Generalkongregation – 25.11.). Und er fügte hinzu: "Es handelt sich um die Evangelisierung der Mehrheit der Getauften Amerikas, die sich mit dieser sichtbaren Kirche nicht identifizieren, weil sie ihren Erwartungen nicht entspricht." Wir brauchen eine umfassendere Sicht der Welt, eine Spiritualität "des Sehens, Seins und Handelns", forderte Bischof Reynoso. Die Nichtbeachtung der Methode "Sehen – Urteilen – Handeln" ist die *crux* dieser Synode und vieler kirchlicher Dokumente, die seit *Santo Domingo* von der Voraussetzung ausgehen, dass es Wahrheiten gibt, die ohne soziokulturelle und historische Vermittlung verstanden und tradiert werden könnten.
Der prophetische Hauch dieser Synode kam von Bischöfen, die in Regionen indigener Völker lebten. Erwin Kräutler sprach in der 16. Generalkongregation (27.11.) von dem für die indigenen Völker und die Menschheit verlorenen Amazonien. "In jedem Jahr werden Tausende von Quadratkilometern des Urwaldes durch Feuer zerstört." Die Interessen der Latifundienbesitzer, Holzfäller und Goldsucher lassen "Mondkrater und verschmutzte Flüsse zurück, die außerdem die ungeschützten Indios mit allen möglichen Krankheiten infizieren", klagte der Bischof vom Xingu-Fluss. Er forderte – wie auch Mons. Toribio Ticona – eine "inkulturierte Evangelisierung als solidarische Nähe inmitten der Armen, der indigenen und afro-amerikanischen Völker" und die Begleitung der indigenen Völker in ihren Kämpfen um Land und die kulturelle Identität. Bei derselben Gelegenheit sprach Mons. Alvaro Leonel Remazzini Imeri, Bischof von San Marcos, in aller Schlichtheit von den indigenen Völkern und von ihrem "spirituellen Reichtum als von einem Schutzschild gegen eine technisierte und säkularisierte, individualistische und materialistische Gesellschaft. (...) Die Hirten der Kirche müssten sich des Rechtes der indigenen Völker auf eigene Identität bewusst sein" und

"sich einer inkulturierten Evangelisierung in den indigenen Kulturen verpflichtet fühlen".

Von den indigenen Völkern könnte eine neue Art Kirche-Sein ausgehen, "eine lokale, missionarische, inkulturierte und österliche Kirche. (...) Eine Aymara-Person lebt nicht isoliert ohne die Zugehörigkeit zu einer Gemeinschaft", sagte Toribio Ticona. "Die Gemeinschaft ist das schützende Zentrum für das individuelle und soziale Leben und das Fest ist der höchste Ausdruck der gemeinschaftlichen Einheit in der Freude und im Teilen." Mons. Toribio, Bischof und Indio aus der andinen Welt, beendete seinen Beitrag im Synodensaal mit einem Zeugnis, das an die Theologie des Märtyrers Justinus (+ 165) erinnert: "Die Erfahrung hat mich gelehrt, dass Gott der Katechet der Welt ist und dass er zu allen Söhnen und Töchtern kommt, die er erschaffen hat, die er nicht vergessen kann und denen er seinen Katechismus lehrt, auch wenn sie in einem weit entfernten Land wohnen, wo niemals ein Missionar hingekommen ist. Gott katechisiert auf geheimnisvolle Weise mit dem Alphabet der Sterne, mit der Schönheit der Schöpfung und durch die Entdeckungen, welche die Menschheit macht" (16. Generalkongregation – 27.11.).

Unterschiedliche Welten haben unterschiedliche prophetische Botschaften. Wie kann man die prophetische Essenz einer Welt für die andere Welt herausdestillieren? Welches ist das prophetische Zeichen dieser nicht-indigenen Synode für die indigenen Völker? Welches ist die kultur- und klassenüberschreitende Resonanz der prophetischen Botschaft und der jahrhundertelangen Leiden der indigenen Welt, der afro-amerikanischen Welt, der Welt der Armen in der "Welt des Nordens", in jedem einzelnen unserer Länder, in den Kontinenten und Subkontinenten?

Bei nichtoffiziellen Gesprächen fragten viele der Synodenväter: "Wo bleibt die prophetische Stimme der brasilianischen Bischöfe?" Die Synodalen wussten genau, welche Themen "gefällig" und welche "missfällig" waren. D. Celso Queiróz, damals Weihbischof in São Paulo, ruft noch wacker nach einer "Theologie der Dienstämter" und erinnert an die "Theologie des Laikats" aus der Zeit der Arbeiterjugend und der studentischen Jugend vor 1968. Ein brasilianisches Sprichwort sagt, man solle den Jaguar nicht mit einer zu kurzen Stange reizen. Eine bestimmte Furcht davor, durch undiplomatische Offenheit aufzufallen, erzeugte vorauseilenden Gehorsam. Eine verinnerlichte Unmündigkeit interpretierte Meinungsverschiedenheiten als kirchlichen Hausfriedensbruch und als Bedrohung eines korporativen Einheitsdenkens. Der Bischof eines kleinen lateinamerikanischen Landes sagte mir unter vorgehaltener Hand, dass die Kollegen ihn gebeten hätten, nicht von Märtyrern zu sprechen. Der Papst war da mutiger, als er vorschlug, dass "die Martyrologien für die Weltkirche auf den letzten Stand zu bringen seien und dabei große Aufmerksamkeit auf die Heiligkeit derer zu richten sei, die auch in unserer Zeit die volle Wahrheit Christi gelebt haben" (*Tertio Millenio Adveniente* 37).

4. Die Schlussbotschaft

Die Synoden haben jeweils zwei Textprojekte: eine *Schlussbotschaft*, die in eigener Kompetenz verfasst und veröffentlicht wird, und mehr oder wenig geheim zu haltende *Propositionen*, die dem Papst zur Abfassung eines nachsynodalen Schreibens dienen. Die *Spezielle Bischofssynode für Amerika* verabschiedete sich von Rom mit einer Botschaft, die von der Synode in ihrer 23. Generalkongregation (9.12.1997) einstimmig angenommen worden war. Entsprechend dem *Vademecum Synodi*, Art. 68, musste die Botschaft in einem ermahnenden Stil gehalten sein mit dem Ziel, das Volk Gottes in der Treue zur eigenen Berufung zu bestärken und es "darüber hinaus zu loben für die Anstrengungen, die es unternimmt". Die Redakteure – der Präsident und zwei Vizepräsidenten, die vor Beginn der Synode vom Papst ernannt worden waren (*Vademecum* Art. 31b), fünf weitere Mitglieder, ein Gutachter und drei Assistenten, die im Nachhinein ernannt wurden – legten im Verlauf der dritten Arbeitswoche der Synode einen ersten Entwurf vor. Zu diesem Entwurf konnten die Synodalen Stellung nehmen. Substantielle Verbesserungsvorschläge hatten jedoch zu diesem Zeitpunkt keine Chance mehr, in den Text aufgenommen zu werden. Nach vier anstrengenden Wochen hatten die Synodenväter keine Kraft mehr, um sich für die eine oder gegen die andere Formulierung im Text stark zu machen. Die Synode war zweifelsohne komplexer als ihre Schlussbotschaft, aber die Botschaft ist ein atmosphärischer Ausdruck des dominierenden – nicht zwangsläufig mehrheitlichen – Sektors der Synode.

Die Einstimmigkeit der Botschaft einer universalen Kirche hat ihren Preis. Nicht einmal die kleinen urchristlichen Gemeinden erreichten diese Einstimmigkeit. Wir kennen die unterschiedlichen Auffassungen zwischen Petrus und Paulus, zwischen Paulus und Barnabas, zwischen Stephanus und der judenchristlichen Gemeinde von Jerusalem. Heute, bei der zunehmenden Komplexität der Welt, besteht die Katholische Kirche aus verschiedenen Sektoren, die zwar der Text des Credos, der Glaube an Jesus Christus und das Kirchenrecht eint, die sich jedoch unterscheiden im Hinblick auf die historische Vermittlung des Evangeliums, seine politische Artikulation und soziale Reichweite.

In diesem Kontext kann Einstimmigkeit auf gemeinsamen und abstrakten Nennern beruhen, die vor allem nach außen zur Demonstration von Einmütigkeit dienen. Dabei braucht die eigentliche Konfliktmasse, die interne Veränderungsbedürftigkeit der Kirche, nicht auf den Verhandlungstisch gelegt zu werden. Einstimmigkeit in der Kirche kann jedoch auch der Sieg des dominierenden Sektors sein, dem es gelungen ist, *seinen* Standpunkt als *den* Standpunkt der Kirche durchzusetzen. Aus der Komplexität der Welt, den sozialen Spaltungen und den unterschiedlichen kulturellen Weltsichten, die ihre Auswirkungen auf kirchliche Lehre und Praxis haben, ergibt sich die nachhaltige Aufgabe zu lernen, wie man bei aller Verschiedenheit in Liebe zusammenleben und -gehen (*syn-odos*) kann, so wie *Gaudium et spes* vorschlägt: Es gelte, "im Notwendigen Einheit, im Zweifel Freiheit, in allem die Liebe" zu bewahren (*Gaudium et spes* 92; vgl. *Unitatis redintegratio* 4; *Lumen gentium* 36). Der Lernprozess einer Synode könnte sich also im Umgang mit unterschiedlichen Glaubenserfahrungen und im Umgang mit verschiedenen Grundeinstellungen ereignen.

4.1. Inhalt

Die Botschaft der Synode hat fünf Schwerpunkte: Bekenntnis zu Jesus Christus (Einleitung), Freuden, Sorgen, Herausforderungen, Hoffnungen. Die Botschaft der Synode ist, auf den ersten Blick, unpolemisch in ihrem Inhalt und in ihrem Stil geschliffen und appellativ. Sie reflektiert eine optimistische Kirche, die in ihrem Glauben eifrig, in ihrer Hoffnung unerschütterlich, jedoch in ihrer Wahrnehmung der Welt nicht ganz realistisch ist. Die in der Botschaft der Synode angesprochenen Probleme sind nur indirekt kirchliche Probleme. Es sind, so meinen die Bischöfe, die Probleme einer Welt ohne Jesus Christus. Gegen die Viren dieser Welt ist die "Neue Evangelisierung" der Impfstoff, der die notwendigen Antikörper aktiviert. Durch die "Neue Evangelisierung" werden die Probleme der Welt lösbar.

In der Einleitung der Botschaft bekennen die Synodenväter ihren Glauben an Jesus Christus, den Herrn und Erlöser der gesamten Menschheit. Die Begegnung mit IHM, vor allem in der Eucharistie, führt hin zur Bekehrung, Gemeinschaft und Solidarität. Ähnlich wie die Einleitung zum *Instrumentum Laboris* (Nr. 4) bestätigt auch die Botschaft der Synode (Nr. 4) die Einheit Amerikas, "obwohl" es sich "aus vielen Nationen, Kulturen und Sprachen zusammensetzt". Im folgenden Teil der Botschaft (Nr. 5-15) werden – sehr undifferenziert und daher nicht ganz glaubwürdig – die Gründe zur Freude aufgelistet: die Brüder und Schwestern im Glauben, die Familien, die Laiinnen und Laien, die Frauen, Kinder, Jugendlichen, Bischöfe, Priester, Diakone, Ordensmänner und Ordensfrauen, Seminaristen, Pfarreien und Märtyrer.

Die dritte Schwerpunkt der Botschaft (Nr. 16-29) handelt von den Sorgen. Konkret sagen die Synodenväter – und hier werden viele der zuvor genannten "Freuden" zu Sorgen –, dass sie besorgt seien wegen der Familien, Jugendlichen, Minderjährigen, Immigranten, Minderheiten, wegen der indigenen Völker, der Nachfahren der Afrikaner, der Alleinstehenden, der Kranken und Armen. Es werden spezielle Sorgen der Synoden mit dem Norden und mit dem Süden und auch die Last der Auslandsverschuldung (vgl. *Tertio Millenio Adveniente* 51) genannt. Die führenden Personen der Regierungen, der Industrie und des Finanzbereiches, Reiche, Ökonomen, Sozialarbeiter und Theologen werden in der Botschaft sehr plakativ eingeladen, "mit uns und mit den Armen einen gemeinsamen Weg gehen und gemeinsam mit ebendiesen Armen Lösungen suchen, die ihre Menschenwürde respektieren" (Nr. 29).

Im vierten Teil (Nr. 30-34) werden sehr kircheninterne Herausforderungen genannt, die gewissermaßen eine Zusammenfassung der Prioritäten der Synode darstellen: Heiligkeit, Priesterberufungen, missionarische Anstrengungen und die Kommunikationsmedien. Die Neu-Evangelisierung solle sich um diese Herausforderungen kümmern und zufriedenstellende Lösungen auf den Weg bringen. In einem Kontinent, wo "wir eine wohltuende religiöse Freiheit" genießen, stößt die Kirche immer wieder auf große Widerstände, wenn sie "Gerechtigkeit für die Armen" fordert (Nr. 34).

Der letzte Teil der Botschaft nimmt noch einmal das Schlüsselwort der Einleitung auf: Jesus Christus, den wir bekennen, ist unsere Hoffnung. Er geht mit uns und gibt uns Mut. Wir begegnen Jesus im Nächsten, speziell im Armen, Hungernden und in den Bedürftigen. Er ist dort, wo zwei oder drei versammelt sind, er ist im Wunder der Schöpfung, im Sakrament der Versöhnung und in der Eucharistie (Nr. 36). In diesem Abschnitt sind nicht weiter genannte Querverbindungen zur Konstitution *Sacrosanctum Concilium* über die Heilige Liturgie (SC 7) und zum Dokument der *3. Generalversammlung des Lateinamerikanischen Episkopates* in Puebla (*Puebla* 31-39) vorhanden. Die Begegnung mit Jesus Christus erzeugt – so meint es jedenfalls die Botschaft der Synode – jene Bekehrung, die das Leben der Reichen und der Armen verwandelt, der Mächtigen und der Schwachen verändert, die Haltungen der Politiker und die Gedanken der Ökonomen beeinflusst. Der Synode Wort in Gottes Ohr!

4.2. Lücken

Das explizite Fehlen des lateinamerikanischen Lehramtes von *Medellín*, *Puebla* und *Santo Domingo* könnte man noch irgendwie rechtfertigen, da die Synode ja eine gesamtamerikanische Versammlung war, bei der man nicht den pastoralen Konsens und die spirituellen Standards nur einer Teilkirche bevorzugen darf. Andererseits braucht bei einer Synode niemand seinen "Regionalismus" zu verstecken, da der Geist ja zu jedem in seiner eigenen Sprache redet. Es kam auf der Synode auch zu keinem Austausch mit dem Lehramt des Nordens (USA und Kanada). Es ist anzunehmen, dass auch dort wichtige pastorale Dokumente erarbeitet wurden, die dem Süden unbekannt blieben. Das eine oder andere informelle interamerikanische Abendessen, das während der Synode zustande kam, füllte dieses Vakuum nicht aus.

Auch das *II. Vatikanum*, das doch das gemeinsame Lehramt der Universalkirche darstellt, fehlt praktisch. Die Schlussbotschaft benannte zwar "Freuden" und "Hoffnungen", eine formale Anspielung auf die Pastoralkonstitution *Gaudium et spes* über die Kirche in der Welt von heute, blieb dem Kirchenvolk dennoch wichtige Orientierungen des Konzils schuldig. Die Botschaft der Synode schwankt hin und her zwischen einer pastoralen und einer affirmativ-doktrinären Perspektive. Das *II. Vatikanum* tat gut daran, sich als ein pastorales Konzil zu definieren. Es ist verständlich, dass die verschiedenen Kirchenleitungen das so undurchschaubare dritte Jahrtausend auf der Hintergrundfolie einer christologischen Struktur lesen möchten. Aber vielleicht leidet die pastorale Arbeit gerade daran, weil ihr eine vertiefte pneumatologische und trinitarische Dimension fehlt.

Konkret werden in der Botschaft der Synode folgende Schlüsselwörter der lateinamerikanischen und zum Großteil gesamtamerikanischen Pastoral nicht genannt: Freiheit, Inkulturierung, Protagonismus, Selbstbestimmung, Autonomie, Demokratie, Partizipation, Arbeiter, Neoliberalismus und sozialer Ausschluss. Neben der synodeninternen Selbstzensur kam es zu besonderen Aussortierungen von tatsächlich verhandelten Themenbereichen. So wurde in der brasilianischen Arbeitsgruppe ein Passus über Basisgemeinden einstimmig verabschiedet, der in der Schlussbotschaft keine Erwähnung fand. Die Ortskirchen fragten sich natürlich: Sind "Befreiung" und "Inkulturation" schon zu den Akten gelegte Paradigmen der Neu-Evangelisierung? Ohne soziohistorische Kontextualität ist es völlig unmöglich, eine Botschaft der Hoffnung an die Völker Amerikas zu richten. Wie kann von Jesus Christus gesprochen werden, ohne seine Inkarnation als zeitgenössische Solidarität zu interpretieren, wie es das Konzil tat (vgl. *Gaudium et spes* 32)?

Wenn man aus der Botschaft einige historische Verfallsdaten herausnimmt, so könnte der größte Teil ihres Inhalts auch zur Zeit des Übergangs vom 19. zum 20. Jahrhundert geschrieben worden sein. Vielleicht erklärt dies das geringe Interesse, das die Synode in der Presse und beim Kirchenvolk fand. Auf dem Boden Amerikas war kaum zu spüren, dass in Rom "unsere Sache" verhandelt wurde. Doch diese Rezeption der Synode und die *Schlussbotschaft* selbst werden dem Einsatz und den Sorgen der meisten Bischöfe nicht gerecht. Es fehlte nicht an lehramtlich autorisierten Stimmen, die für die Armen und für die Jugend, für die Afro-Amerikaner und die indigenen Völker sprachen. Aber mit der Repräsentation der Armen und Anderen in der Kirche ist das so eine Sache. Kann man Arme, kann man Indios überhaupt repräsentieren? So fehlten auf der Synode vor allem die Protagonisten von Inkulturation und Befreiung. Es fehlte kircheninterne Selbstkritik und Mut zu neuen Wegen. *Ad extra* aber mangelte es an realistischer Kompetenz in der Analyse und konkreter Benennung der Probleme und infolgedessen in der Beurteilung von Gegenwart und Zukunft.

Seit dem *II. Vatikanum* ist die makro-ökumenische Dimension – der Dialog mit der irdischen Realität in Gemeinschaft mit allen, die der Glaube an Gott verbindet – keine strategische Sprachregelung, sondern ein theologisch anerkannter Ort der Offenbarung Gottes. Amerika ist ein multikultureller und plurireligiöser Kontinent. Die Bedingung für den Frieden in Amerika ist die Anerkennung seiner kulturellen und religiösen Verschiedenheiten und die Überwindung seiner sozialen Unterschiedlichkeit. Wir müssen von neuem nachlesen, was das *II. Vatikanum* über die "Autonomie der irdischen Realitäten" lehrte (*Gaudium et spes* 36). Die analytische Sicht der Realität darf nicht mit einer dem Glauben gemäßen Interpretation verwechselt werden. Man wird den offenen Fragen der Menschheit nicht gerecht, wenn man kurzschlüssig von einer Erklärung der göttlichen Allmacht ausgeht, die in Jesus Christus präsent ist. Viele autosuggestive Äußerungen, die Jesus zum Heiler aller Probleme machen, sind eher einer neurolinguistischen Programmierung zuzuordnen als mystischer Theologie.

5. Perspektiven für eine *Ecclesia in America*[181]

In seiner Abschlussansprache vom 11. Dezember 1997 vor den Synodalen hat Papst Johannes Paul II. versprochen, "die von der Plenarversammlung angenommenen Vorschläge und die Vielfalt der Redebeiträge und der Berichte zu berücksichtigen mit dem Ziel, die pastoralen Anregungen, die im Verlauf der synodalen Arbeit gegeben worden sind, wirksam werden zu lassen". Auf Bitten der Plenarversammlung versprach der Papst, das "Apostolische Schreiben" an die Völker Amerikas am Fest Unserer Lieben Frau von Guadalupe, am 12. Dezember 1998, in Mexiko zu übergeben. Tatsächlich kam der Papst erst etwas später nach Mexiko, wo er dann am 22. Januar 1999 mit der Unterschrift unter das Nachsynodale Apostolische Schreiben *Ecclesia in America* die panamerikanische Synode beendete.

---

[181] Johannes Paul II., *Ecclesia in America*. Nachsynodales Apostolisches Schreiben vom 22. Januar 1999. Siehe: www.vatican.va.

Ein Vergleich von *Ecclesia in America* mit den Vorschlägen der Synode zeigt, dass von den 76 *propositiones* der Synodalen 70 im *Nachsynodalen Schreiben* zitiert werden.[182] Als Lücke zwischen synodalen Vorschlägen und *Apostolischem Schreiben* muss die Nichterwähnung des Vorschlags 47 genannt werden, in dem die Synode die Bedeutung der Basisgemeinden für Pastoral und Evangelisierung unterstrichen hat. Ohne die synodale Vorgabe zu erwähnen, sind die Basisgemeinden wenigstens einmal in einer recht utilitaristischen Perspektive genannt (*Ecclesia in America* 73). Zusammen mit *Movimientos* und Familiengruppen hätten sie eine gewisse "Nützlichkeit" im Widerstand gegen religiöse Sekten.

---

[182] Viele Hinweise verdanke ich A. Antoniazzi, *Ecclesia in America*, Convergência (1999), 160-169.

Die kirchlichen Basisgemeinschaften

[aus diesem Vorschlag des *Circulus Minor* wurde dann *Propositio 47*. Nahezu unkenntliche Spuren der dort genannten Anliegen in: *Ecclesia in America* 41 und 73]

Im Laufe der letzten Jahrzehnte wurden die kirchlichen Basisgemeinschaften zu 'einem neuen Modell des Kirche-Seins'. Überall in Lateinamerika sind sie entstanden und haben sich verbreitet. Das *Dokument von Puebla* sagt, dass die kirchlichen Basisgemeinschaften 'zu Brennpunkten der Evangelisierung und Motoren der Befreiung' (*Puebla* 96) geworden sind. Sie sind eine besondere Gabe Gottes an seine Kirche. Sie sind Werk des Heiligen Geistes, die Frucht eines neuen Pfingsten.

1. Die kirchlichen Basisgemeinschaften in Amerika sollen positiv bewertet und gefördert werden als eine Art und Weise

– die Evangelisierung und die Pastoral persönlich zu gestalten und zu vertiefen;

– des gemeinschaftlichen Zusammenlebens der lokalen und universalen Kirche und der Pastoren (vgl. Evangelii nuntiandi 58);

– die Laien wertzuschätzen und sie anzuregen, ihre Mission in der Kirche und in der Welt auszuüben;

– die verschiedenen Dienste und Ämter dynamischer zu gestalten;

– das Wort Gottes zu hören u. zu meditieren in Verbindung mit dem konkreten Leben;

– die Laien auf die Sakramente vorzubereiten und eine inkulturierte Liturgie, besonders eine inkulturierte Eucharistie, zu feiern;

– die vorzügliche Option für die Armen zu leben.

2. Die kirchlichen Basisgemeinschaften sollen die Menschen und die Familien zusammenführen. Wo die Pfarrei aus verschiedenen Gemeinschaften besteht, soll sie versuchen, diese zu integrieren, damit daraus eine Gemeinschaft von Gemeinschaften wird.

3. Die kirchlichen Basisgemeinschaften sollen ihren Mitgliedern helfen, sich für das Gemeinwohl und für die Umwandlung der Gesellschaft verantwortlich zu fühlen, so wie es die Soziallehre der Kirche, die bei den Gläubigen immer bekannter und akzeptierter werden soll, vorsieht.

Circulus Minor Linguarum Hispanae et Lusitanae
Dom Geraldo Lyrio Rocha und Dom Erwin Kräutler

Ecclesia in America hat im Wesentlichen das Gesicht der Synode, mit einer klaren Struktur von sechs Kapiteln: 1. Die Begegnung mit dem lebendigen Jesus Christus, 2. Die Begegnung mit Jesus Christus im heutigen Amerika, 3. Der Weg der Bekehrung, 4. Der Weg zur Gemeinschaft, 5. Der Weg zur Solidarität, 6. Die Sendung der Kirche im heutigen Amerika: die Neu-Evangelisierung. Das Dokument nimmt das vom Papst der Synode vorgegebene Thema der "Begegnung mit Jesus Christus" auf und ordnet die einzelnen Vorschläge um diese zentrale Achse (1. Kapitel). Als drei Orte der Begegnung mit Jesus Christus werden die Heilige Schrift, die Liturgie (Eucharistie und Gemeinschaft) und die Armen genannt (Nr. 12). Im 2. Kapitel folgt eine Situationsbeschreibung (christliche Identität Amerikas, Volksfrömmigkeit, Erziehungswesen, Sozialpastoral, Menschenrechte, Globalisierung, Verstädterung, Auslandsschulden, Korruption, Drogen, Ökologie). Die folgenden Kapitel umschreiben die Sendung der Kirche und das Leben der Christen als *Bekehrung* (Kapitel 3: persönliche und soziale Dimension der *metanoia*, neuer Lebensstil unter der Führung des hl. Geistes, Buße und Versöhnung) zu *Gemeinschaft* (Kapitel 4: Hierarchie und Ämter, Berufungspastoral, missionarische Pfarrei) und *Solidarität* (Kapitel 5 antwortet auf die in der Situationsbeschreibung aufgeworfenen Fragen und hebt in Nr. 58 die Option für die Armen hervor). Das mit Neu-Evangelisierung betitelte 6. Kapitel benennt die Themen Katechese, Kultur, Sekten und Mission *ad gentes*.

Das postsynodale Schreiben *Ecclesia in America* ist mehr ein Sammelbecken als ein Markstein für Lateinamerika. Inhaltlich bedeutet die Synode weder Rückschritt noch Fortschritt und man könnte sich dann fragen, warum man eigentlich zusammengekommen ist. Das retardierende Moment der Synode ist in erster Linie in der Methodologie auszumachen, welche den Teilnehmern dann Vorgaben aufnötigt, sie in eine ängstliche Grundstimmung versetzt und innerkirchliche "heiße" Eisen liegen lässt. Es gab Ausnahmen.

Bischof Kräutler zum Beispiel hat sich nicht nur in der ökologischen Frage risikolos vorgewagt. *Ad extra* konnte ja alles gesagt werden. Er hat auch innerkirchliche Reformfragen angesprochen, als er in der Synodenaula erklärte: "Die ernstgemeinte Inkulturation des Evangeliums erfordert eine kritische Überprüfung unserer kirchlichen Strukturen, Liturgien, Riten, Theologien, Ausdrucksformen und Ämter, denen die Dynamik fehlt und die nicht immer dem Auftrag der Kirche entsprechen, die Liebe des Dreieinigen Gottes erfahrbar zu machen und Leben zu fördern (...)."[183] Solche weitgehenden und weiterführenden Fragen, die den meisten Bischöfen vor Ort auf den Nägeln brennen, sind dann allerdings in den "Papieren" nicht mehr aufgetaucht.
Die "eucharistische Fastenkur", die vielen Gläubigen im Landesinnern auferlegt wird, weil – wegen des so genannten Priestermangels – eben nur einmal im Jahr Eucharistie gefeiert werden kann, entspricht sicher nicht dem Willen Gottes. Werden wir denen Steine geben, die nach Gott hungern? Die Kirche Amerikas muss sich stets fragen, ob ihre Mystik und ihre Strukturen den pastoralen Bedürfnissen des Volkes Gottes entsprechen. Die Mystik des Volkes Gottes werden wir nicht in geistlichen Enklaven konsolidieren, innerhalb und außerhalb der Welt. Das Reich Gottes ist kein ökologisches Reservat, der Baum des Lebens ist kein niedergehaltener Bonsai. Es wird noch harter Kämpfe bedürfen, um das Brot für jeden Mund und den Frieden für jedes Heim zu sichern.
Die nordamerikanischen Bischöfe haben vieles ähnlich gesehen. Der Erzbischof von Milwaukee, Mgr. Weakland, erklärte in einem Interview mit *Il Regno*: "Einige wirkliche heiße Eisen für uns in den Vereinigten Staaten wurden auf der Synode nicht einmal erwähnt, wie zum Beispiel das Problem des Priestermangels und die Rolle der Frauen."[184] Aber das sind ja nicht nur amerikanische Probleme.

---

[183] Kräutler, *Christus* (wie Anm. 178), 29.
[184] Il Regno – attualità 4 (1998), 73.

Wie kann man sich die Kirche in Amerika für das 21. Jahrhundert vorstellen? Große Teile des Volkes Gottes werden immer ärmer. Das deutet darauf hin, dass auch die Kirche des 21. Jahrhunderts eine ärmere Kirche sein wird als die Kirche der zweiten Hälfte des 20. Jahrhunderts. Diese Perspektive erfordert einen *new deal*, eine neue Teilung der Güter und die Anerkennung jener Fülle, die wir in unserer kulturellen Verschiedenheit gemeinsam besitzen. Das "neue Teilen" weist auch hin auf eine Umverteilung der Verantwortlichkeiten zwischen Laien und Klerus, zwischen Männern und Frauen und zwischen dem Hirtenamt des Ortsbischofs und dem des Papstes. Mündige Kollegialität und universelle Verantwortung der Ortskirchen könnten prophetische Zeichen einer Synode sein. In einer Welt, die von neuen Erscheinungsformen des Autoritarismus und Zentralismus bedroht ist, könnten sie auf den Protagonismus der Armen und Anderen hindeuten, auf ihre Partizipation bei der Verwaltung und Verteilung der Güter dieses Planeten und darauf, dass in der Kirche Christi gerade die schwächste und ohnmächtigste Stimme am deutlichsten vernommen wird.

Für die Zukunft wird es wichtig sein, die sozioanalytische Analyse der Realität wieder zurückzugewinnen. Sie ist eine Voraussetzung für die Annahme der Welt aus den Händen Gottes und aus den Händen der Armen. Amerika muss sich mit den Errungenschaften und Ambivalenzen der Moderne auseinandersetzen. Die Schlüsselworte sozialer Emanzipation, wie "Protagonismus", "Befreiung", "Inkulturation" und "Partizipation", sind auch hermeneutische Schlüsselworte christlicher Hoffnung.

VII. Paradigma "Inkulturation"
Unterscheidungen, Modelle, Herausforderungen

Die lateinamerikanische Wirklichkeit hat zwei ganz verschiedene Gesichter. Lateinamerika ist ein plurikultureller und multiethnischer Kontinent. Diese kulturelle Vielfalt ist jedoch geprägt von der Monotonie sozialen Elends. Hinter dem Makrosubjekt der Armen verbirgt sich immer auch sehr bunter kultureller Reichtum. Kulturelle und soziale Wirklichkeit sind nicht identisch, dürfen aber auch nicht voneinander getrennt werden. Das Inkulturationsparadigma scheint sich nur einem der beiden Gesichter zuzuwenden, das historisch oft sehr vernachlässigt wurde. Hier würde Inkulturation reduziert auf eine kompensierende Maßnahme, zu einer partiellen Wiedergutmachung für die Sünden einer "kolonialen Evangelisierung". Richtig ist daran, dass es bei Inkulturation um Entkolonialisierung geht. Gebrannte Kinder, man weiß es, scheuen das Feuer. Es könnte sich ja bei Inkulturation lediglich um eine "modernisierende Umbenennung" von Anpassungspraktiken oder um ein rein "kulturalistisches Manöver" handeln. Ehemals kolonisierte Völker, vor allem in Asien, weisen mit Recht darauf hin, dass das Inkulturationsparadigma nicht von ihnen selbst in die Debatte eingeführt wurde und somit von vornherein unter dem Verdacht von Marketing steht, das alte Waren in neuer Verpackung anpreist. Soll dann getrost weiter unter kolonialen Bedingungen evangelisiert werden?

Nicht nur von den Anderen sind skeptische Stimmen zu hören. Auch im eigenen kirchlichen Heim sind nicht alle erbaut von einer neuen Evangelisierung, von jener Umsetzung also, die "neu" nicht mit Anpassung oder Modernisierung, sondern mit Inkulturation übersetzt. Das Paradigma Inkulturation führt das Christentum mitten hinein in das Spannungsfeld, das zwischen seiner Identität, Geschichtlichkeit und kontextuellen Relevanz besteht.[185] Wie kann man *in* dieser Welt leben, ohne *von* dieser Welt zu sein? Wie kann man die historischen Projekte und gesellschaftlichen Konflikte mit dem Projekt Jesu Christi vom Reich Gottes artikulieren? Wie ist es möglich, dass die für die Welt "Überflüssigen", die gleichzeitig die Bevorzugten des Reiches Gottes sind, zu Protagonisten einer neuen Welt werden?

In den verschiedenen christlichen Kirchen wird heute über die Reichweite des Paradigmas Inkulturation disputiert. Bestimmte Sektoren weisen mit Nachdruck auf die Gefahr eines Bruches mit der Tradition und der Einheit der Kirche hin. Bedroht der kulturelle Relativismus, der jegliche normative Überlegenheit einer Kultur über die andere ablehnt, nicht die organische Einheit der Kirche? Andere Sektoren, die sich als progressiv verstehen, vermuten dagegen, dass die Diskussion des Paradigmas "Inkulturation" dazu beitragen könnte, von den gesellschaftlichen Gegensätzen abzulenken und mit der nachkonziliaren Tradition der lateinamerikanischen Kirche und ihrer befreienden Pastoral zu brechen.

Die einen wie die anderen befürchten jedoch, dass durch die Willkür der postmodernen "Gleich-Gültigkeit" pastorale Optionen und Schwerpunkte nicht mehr durch eine vom Evangelium inspirierte Rationalität gerechtfertigt werden können. Traditionelle und fortschrittliche Kreise schauen mit Skepsis auf das Inkulturationsparadigma. Aber selbst in so plurikulturellen und armen Ländern wie Indien steht Inkulturation unter dem Verdacht, Kolonisation mit neuen Instrumenten zu betreiben. Das Inkulturationsparadigma, das natürlich keinen Bruch mit der Tradition an-

---

185 Vgl. P. Suess, *Das Paradigma der Inkulturation auf dem Prüfstand. Kirchliche Normen und ihre gesellschaftspolitische Verbindlichkeit*, Berichte, Dokumente, Kommentare (hg. von der Missionszentrale der Franziskaner) 62 (1995), 62-77. Vgl. auch: Ders., *Kontextualität, Identität, Universalität. Der Streit um das Inkulturationsparadigma*, in: A. Lienkamp; Ch. Lienkamp (Hg.), *Die "Identität" des Glaubens in den Kulturen. Das Inkulturationsparadigma auf dem Prüfstand*, Würzburg 1997, 309-328.

strebt und daher ja auch nicht allen Schutt abtragen kann, der in den vergangenen Jahrhunderten des Christentums vor der Tür der Anderen angehäuft wurde, steht nach ganz verschiedenen Seiten hin unter Legitimationsdruck. Es steht unter dem Verdacht, die grundlegenden gesellschaftlichen Herausforderungen auf "nur" kulturellen Dissens zu verlagern, zu gesellschaftlicher Ausgrenzung zu schweigen, den interreligiösen Dialog als "inkulturierte Evangelisierung" abzuwiegeln und das Programm einer radikalen semantischen und methodologischen Entkolonisierung des Evangelisierungsprozesses nur halbherzig durchzuführen.

1. Voraussetzungen

Alle Völker und sozialen Gruppen haben ein "historisches Projekt". Es ist Ausdruck ihrer Lebensbejahung. Solange eine auch noch so kleine menschliche Gruppe gemeinsam um ihr Leben ringt, kann ein solches Lebensprojekt vorausgesetzt werden, auch wenn es nicht in jedem Moment ausdrücklich im kollektiven Gedächtnis und Bewusstsein der jeweiligen gesellschaftlichen Gruppe präsent ist.

Die unterschiedlichen historischen Projekte der einzelnen Völker oder sozialen Gruppen finden ihren kodifizierten Ausdruck in den verschiedenen Kulturen. Es sind heute gleichzeitig sehr verschiedene Kulturkonzepte im Umlauf. Konzepte sind Vereinbarungen, hinter denen sich Interessen, Funktionalitäten und Lebensentwürfe verbergen. Das Interesse, bei dem es im befreiungstheologischen Kontext geht, ist das Leben der Armen in Würde, Gerechtigkeit und Pluralität. Inmitten vieler Kulturkonzepte lassen sich, etwas vereinfacht, zwei ausmachen:

– Kultur als Sektor oder Sphäre menschlicher Verwirklichung; neben dieser kulturellen oder im weitesten Sinne ideologischen Sphäre, zu der Erziehung, Kunst, Religion, Recht und Wissenschaft gerechnet werden, gibt es dann noch eine sozio-ökonomische und eine politische Sphäre;

– Kultur als Gesamtheit menschlicher Aktivitäten, einschließlich Ökonomie und Politik. Kultur umfasst hier also alle Dimensionen menschli-

cher Verwirklichung, seien sie materieller, intellektueller, spiritueller oder symbolischer Natur.
Das Kulturkonzept, das ich hier im Hinblick auf Inkulturation vorschlage, ist dieses letztere, das es ermöglicht – weil es sich auf das anthropologische Gesamtprojekt einer spezifischen sozialen Gruppe bezieht –, von einer integralen Evangelisierung zu sprechen. Nur die holistische Kenntnis kultureller Logik und Praxis der Anderen ermöglicht Dialog, Verständnis und Austausch propositionaler Inhalte. Kulturen, so wie sie hier verstanden werden, umfassen stets die gesamte gesellschaftlich-historische Realität einer menschlichen Gemeinschaft. Da die Kultur also weder ein Teilbereich noch ein Untersystem der gesellschaftlichen Realität ist, gehören folglich auch die politischen, ökonomischen und ideologischen Praktiken zum kulturellen Bereich. Selbst die Tatsache, wie ein biologischer Schmerz empfunden wird, wie ein Baum, der Sternenhimmel oder ein Stein, der auf dem Wege liegt, erlebt wird, ist kulturell, das heißt unterschiedlich und jeweils schöpferisch geprägt durch das menschliche Bewusstsein. Die Kultur prägt das Sehen, die Wahrnehmung, die schöpferische Gestaltung und die gesellschaftliche Organisation der Welt. Die Kultur prägt die Welt, die ich sehe und fühle, in der ich handle, organisiere und träume.
Durch die Kultur bringt eine gesellschaftliche Gruppe ihre Identität gegenüber der Natur und gegenüber anderen menschlichen Gemeinschaften zum Ausdruck. Durch die Kultur haben die Menschen so etwas wie eine zweite Umwelt geschaffen, die sie von der natürlichen oder biologischen Umwelt unterscheidet, aber keineswegs gänzlich von dieser Umwelt trennt. Vom Standpunkt der Kultur betrachtet ist die Menschheit autonom und schöpferisch, vom Standpunkt einer christlichen Schöpfungstheologie aus ist sie jedoch ein Geschöpf, wie die Natur, und mit dieser in einem geschwisterlichen Verhältnis verbunden. Weil die Kultur es ermöglicht, den Bereich des "Wir" vom Bereich des "Ihr" und der "Anderen" zu unterscheiden, ist sie ausschlaggebend für die Bestimmung der Identität einer jeden sozialen Gruppe.

Unterschiedliche Interpretationen und Kreativitätspotentiale im Hinblick auf die Realität ermöglichen es, dass gesellschaftliche Gruppen, die den gleichen geographischen, historischen und gesellschaftlichen Kontexten angehören, ganz unterschiedliche Kulturen hervorbringen. Jeder Kontext ist eine unerschöpfliche Quelle für kulturelle Kreativität. Von den tausend Möglichkeiten, die jedes Umfeld bietet, kann jede soziale Gruppe nur eine der Möglichkeiten leben. Als Beispiel sei der Kontext "Amazonas-Urwald" genannt, in dem die Indios noch heute sehr viele unterschiedliche Sprachen sprechen, in denen sich ihre unterschiedlichen Weltbilder widerspiegeln. Gleiche Umwelten produzieren keine spiegelbildlichen Kulturen, obwohl Kulturen immer auch von den materiellen und ökologischen Bedingungen ihrer Umwelten geprägt sind.
Die Menschen nehmen also *die* Realität jeweils durch *einen* kulturellen "Filter" wahr. Daher kann auch die kulturelle Kreativität und Sichtweise einer bestimmten Gruppe von einer anderen immer nur kulturell, das heißt "gefiltert" bzw. selektiv verstanden und angeeignet werden. Die jeweilige Sichtweise einer sozialen Gruppe bewirkt, dass ihr Bild, das sie von einer anderen Gruppe hat, kaum mit dem Bild übereinstimmt, das diese Gruppe von sich selbst hat. Kultur ist eine Option für das eigene Leben und eine Interpretation des Lebens der Anderen.
Die kulturelle Subjektivität und Identität machen jeden Anspruch auf objektive, eindeutige und allgemeingültige Vermittlung der Realität fragwürdig. Die objektive Sicht der menschlichen Erfahrungen und der Dinge der Welt, die Stunde der Wahrheit, die Gesamtschau, die völlig frei und nicht entfremdet ist durch den Widerstand gegen die Wahrheit und durch die Kurzsichtigkeit des eigenen Blickwinkels, ist ein utopischer Horizont. Dieser Horizont treibt die Geschichte voran. Ihn zu erreichen würde das Ende der Geschichte bedeuten. Die Bibel behält das Sehen "von Angesicht zu Angesicht" dem Moment der endgültigen Begegnung mit Gott vor.
Da die Kultur einer jeden gesellschaftlichen Gruppe nur einen annähernden und jeweils historisch bedingten Bezug zur Realität haben kann, darf

sie auch nicht zur Lebens- oder Interpretationsnorm für eine andere Gruppe erhoben werden. Auch eine Kultur, in der gerade das Evangelium vermittelt wird, kann keine allgemein normgebende Kultur sein. Im Prozess der Evangelisierung ist die "Kultur der Missionare" weder normativ noch Ausgangspunkt der Evangelisierung. Das Subjekt der inkulturierten Evangelisierung ist das jeweilige Volk, welches das Evangelium "empfängt". Die Armen, die Anderen, die Adressaten des Evangeliums sind immer auch Subjekte ihrer je eigenen Heilsgeschichte. Sie spielen die Hauptrolle im Prozess ihrer Evangelisierung.
Um Zugang zur Welt der Anderen und zu den Dingen der Welt zu gewinnen, braucht der Mensch eine der vielen kulturellen Vermittlungen. Sowohl die schriftliche wie auch die mündliche Verkündigung des Evangeliums ist immer an eine bestimmte kulturelle Ausdrucksform gebunden.[186] Außerhalb der Kultur gibt es weder Offenbarung noch Erlösung, weder Unterdrückung noch Befreiung. Die Interpretation oder Offenbarung Jesu Christi als *Logos* ist beispielsweise eine absolut kontextuelle "Entdeckung". Sie kann daher auch nur kulturell verstanden und muss immer wieder historisch rekonstruiert werden.
Durch das Paradigma Inkulturation bestehen kirchliche Sektoren auf der Möglichkeit, den Glauben an Jesus Christus nicht als eine Heilsgeschichte zu verkünden, die parallel zum historischen Projekt der Adressaten des Evangeliums verläuft, sondern als ganzheitliche Realisierung dieses Projekts. Die inkulturierte Evangelisierung vernetzt das Projekt Jesu Christi, das wir als Reich Gottes verstehen, mit dem historisch-kulturellen Projekt eines jeden Volkes oder einer jeden gesellschaftlichen

186 Das Sprechen als solches ist immer historisch und kulturell. Die Behauptung, dass Völker ohne Schrift keine Geschichte haben, ist ein Vorurteil. Der Erzähler eines Mythos verändert ihn beim Erzählen; er aktualisiert ihn und stellt ihn in einen Kontext. In diesem Sinne ist eine mündliche Kultur zeitbezogener als eine Kultur, die die Möglichkeit hat, einen Text schriftlich "einzufrieren".

Gruppe. Die inkulturierte Evangelisierung, die Begegnung mit einer gesellschaftlichen Gruppe und ihre Annahme, so wie sie historisch und sozial existiert, sind immer auch ein gesellschaftspolitischer Akt.
Bei der Vermittlung der beiden Projekte - des historischen Projektes sozialer Gruppen und des Reiches Gottes - spielt die Kirche als das messianische Volk, "das auf der Suche nach der kommenden und bleibenden Stadt in der gegenwärtigen Welt einherzieht" (LG 9), eine wichtige Rolle. Sie ist "Zeichen und Werkzeug für die innigste Vereinigung mit Gott wie für die Einheit der gesamten Menschheit" (LG 1). Ihre Bedingung ist die Würde und Freiheit nicht nur der Christen, sondern aller Kinder Gottes. Ihr Gesetz ist das neue Gebot, ihre Sendung die Verkündigung des Reiches Gottes, ihr Ziel die Mitarbeit am Projekt Gottes (vgl. LG 5 und 9).
Die Kirche verwirklicht ihre Mitarbeit an den zwei Projekten - Geschichte und Reich Gottes - in "Analogie (...) zum Geheimnis des fleischgewordenen Gottes" (LG 8). Ohne Pomp folgt sie den Spuren Christi: "Wie aber Christus das Werk der Erlösung in Armut und Verfolgung vollbrachte, so ist auch die Kirche auf den gleichen Weg gerufen, um den Menschen die Früchte der Erlösung mitzuteilen" (LG 8). Die Menschwerdung Jesu geht seiner Erlösungstat nicht voraus, sondern ist eines seiner ausdrucksvollen Zeichen. So ist auch die Inkulturation des Evangeliums nicht eine Vorstufe zur eigentlichen Evangelisierung, sondern ihr inhaltlich geprägter Begleitumstand. Die Inkulturation des Evangeliums ist integrierender Bestandteil der Evangelisierung selbst.
Das Paradigma Inkulturation ist also durchaus emanzipatorisch zu verstehen. Es zielt auf gesellschaftliche Praktiken und Verhältnisse ab, die soziale Gleichheit, politische Partizipation, kulturelle Vielfalt und innerkirchliche Umgangsformen, die erwachsenen Menschen entsprechen, fördern. Dieses Bemühen um Gleichheit, Partizipation und Vielfalt gilt auch für Theologie, Liturgie, Pastoral und andere institutionelle Bereiche der Kirchen. Der von der Kultur angestiftete Kampf um das gute Leben in "unserer jeweiligen kleinen Welt" und der vom Evangelium inspirierte

Kampf für eine global umstrukturierte neue Welt, in der alle Menschen sich zu Hause fühlen können, sind politisch komplementäre Kämpfe. Die tragfähige Einheit des Menschengeschlechts setzt die Identität der Kleingruppen voraus.

2. Fragestellungen

Das Schlussdokument von Santo Domingo hat das Paradigma "inkulturierte Evangelisierung" sowohl für die traditionellen Kulturen (*Santo Domingo* 299) wie auch für die Moderne (*Santo Domingo* 298 und 300) gefordert. Santo Domingo betont emphatisch: "Jedwede Evangelisierung muss daher Inkulturation des Evangeliums sein" (*Santo Domingo* 13). Das Paradigma Inkulturation wurde zur richtungsweisenden Norm für die gesamte Kirche und ihren Evangelisierungsauftrag, weil es Inkulturation mit der Menschwerdung Gottes (vgl. *Gaudium et spes* 22), der Nachfolge Jesu und seiner Botschaft vom Reich Gottes (vgl. *Gaudium et spes* 45) verknüpft. Mit der Normativität des Paradigmas Inkulturation beginnt die Auseinandersetzung um seine theoretische Interpretation und praktische Durchführung.

Durch seine universelle Gültigkeit läuft das Paradigma Inkulturation Gefahr, zu einer formalen und unvermeidlichen Etikette oder Modeerscheinung zu werden. Alte und neue pastorale Praktiken stehen heute unter dem Begriff Inkulturation nebeneinander. Es ist heute schwer, in den Kirchen zu einem Einvernehmen über die Bedeutung und die pastorale Reichweite der Forderung nach einer "inkulturierten Evangelisierung" zu gelangen.

Mit der Sache der Inkulturation stehen die Vision und der Wert von Geschichte und Tradition der Kirche auf dem Prüfstand. Was bedeutet denn: Die Kirche hat eine historische Identität? Ist sie historisch, weil sie sich im Verlauf der Geschichte verändert, oder ist sie historisch, weil sie sich an eine bestimmte Epoche der Geschichte oder an ein historisches Modell angepasst hat? Was bedeutet denn "Treue zur Praxis Jesu und zum Ursprung des Christentums"? Geht es da um detailgetreue Nachahmung oder historische Kontinuität, "Imitation" oder "Nachfolge", Kopie oder Neuinterpretation? Wie können normative Aussagen Jesu von ihrer kulturellen Einkleidung und von disziplinären Kirchenmaßnahmen unterschieden werden?

Bereits zur Zeit der Apostel hat sich mit der missionarischen Ausbreitung des Christentums die detailgetreue Nachahmung - *imitatio* - als unmöglich erwiesen, und selbst die Abfassung der Evangelien zeigt, wie sich die Lebensrealität auf das jeweils geschilderte Ereignis auswirkt. Die Fragestellungen aus den missionierten Grenzgebieten verpflichteten das Zentrum des Christentums zu zeitbezogenen kulturellen Anpassungen. Das so genannte Konzil von Jerusalem vom Jahre 48 stellt ein erstes offizielles Bemühen der Kirche um Inkulturation dar, indem die Anderen ohne "kulturelle Beschneidung" angenommen wurden und zwischen "erlässlichen und notwendigen Lasten" (vgl. Apg 15, 22ff) unterschieden wurde. In Zeiten einer engen Verbindung der politischen Macht mit einer zentralistischen Kirchenordnung - wie in den Anfängen der Evangelisierung Amerikas - setzte sich "weltweit" die Tendenz durch, den Bereich der "notwendigen Lasten" immer weiter auszudehnen und lehramtlich zu legitimierten. So kam es, dass die jenseits des Zentrums des Christentums liegenden Gebiete auf kolonisatorische Art und Weise evangelisiert wurden.

In Fragen, die nicht direkt mit Worten oder Taten Jesu legitimiert werden konnten, begründete die frühe Kirche innerhalb ihres bestimmten kulturellen Bereiches Traditionen für Lehre und Moral, für Liturgie, Strukturen und Fragen der Disziplin. Die kulturelle und historische Verlagerung des Zentrums des Christentums von Jerusalem nach Rom, also von der Peripherie in das Zentrum des Imperiums, um mit dem Evangelium des Jesus von Nazareth auf den Göttlichkeitsanspruch der Herrscher und auf die Götzenverehrung in ihren Kulten zu antworten, war in sich ein Versuch der Inkulturation.

Nach dem konstantinischen Machtwechsel kam es dann zu mimetischen

Anpassungen struktureller Art, deren Folgen sich bis heute in der Kirche nachzeichnen lassen. Im Laufe der Zeit haben sich vorherrschende Traditionen und Erfahrungen des westlichen Christentums als Bestandteile der historischen Identität des Christentums eingespielt. Die fortschreitende Zentralisierung und politische Dominanz der römischen Kirche und die enge Anbindung an ihren Bischof als dem Nachfolger Petri unter der griechisch-römischen Kultur führten zum Verdrängen und zum Ausschluss anderer kultureller Erfahrungen. Parallel zum Zerfall des Imperiums nahm die Kirche selbst imperiale Strukturen an.
Als fundamentales Erbe aus dieser Zeit hat sich für das westliche Christentum Folgendes ergeben: Seine religiöse Erfahrung ist nicht nur *eine* historisch und kulturell spezifische, sondern sie ist zugleich auch von grundsätzlicher Bedeutung für *das* Christentum insgesamt. Heute - so wird argumentiert - ist es unmöglich, die offenbarte Wahrheit zu vermitteln, ohne auch den Kontext ihrer Offenbarung und die historische Erstauslegung wie eine Bundeslade auf dem Wüstenmarsch durch die Welt mitzutragen. Aber, so muss doch gefragt werden, soll die Geschichte der Weitergabe des Christentums nicht eine Geschichte im Plural sein, die - an irgendeinem Ort der Welt - immer wieder von neuem beginnt? Die Identität des Christentums liegt nicht in seinem Ursprung, sondern in seiner *Diakonie auf dem Weg*. Aber auch Diakonie und Weg repräsentieren keine außerkulturelle Metaidentität. Die Identität des Christentums ist undenkbar ohne die Identität seiner Subjekte, also ohne die Identität eines ganz bestimmten Volkes in seiner Geschichte und Kultur.
Auf der anderen Seite gilt ebenso, dass in die Kultur Israels paradigmatische Erfahrungen der Geschichte der Erlösung, der Offenbarung und des Glaubens eingelagert waren. Paradigmen jedoch sind Beispiele und keine Normen. Wie kann der christliche Glaube gelebt und vermittelt werden, ohne dass er seine historische Identität verliert, ohne dass die Geschichte der Erlösung und der Menschwerdung Jesu Christi enthistorisiert werden? Auch die spiegelbildliche Kopie wäre eine Form der Ent-

geschichtlichung. Daraus ergibt sich die Frage: War die Menschwerdung Jesu Christi das Privileg der Geschichte und Geographie einer bestimmten Menschengemeinschaft? Die schwierigen Fragen nach der kulturellen Einkleidung der Glaubenswahrheiten machen uns oft ratlos, besonders wenn wir die Historizität des Christentums im Raster der griechischen Ursprungsphilosophie lesen. Die Frage der Kontinuität und des Bruchs ist eine entscheidende Frage für die Identität des Christentums und die Identität der Völker und gesellschaftlichen Gruppen.

Durch die normative Überbetonung des historisch-kulturellen Kontextes der Ursprünge des Christentums wird die Evangelisierung in der Tendenz kolonisatorisch. Nicht nur die Völker des westlichen Christentums, sondern auch die Völker, die außerhalb des kulturellen Bereiches des Abendlandes leben, haben eine Identität und ein verteidigungswürdiges historisch-kulturelles und religiöses Denk-, Erfahrungs- und Lebensmodell. Wie kann das Christentum, das tief in die religiöse Geschichte Jerusalems und Roms eingebettet ist, seine Identität bewahren in kultureller Abstandsgleichheit zu anderen Völkern? Wie kann Heilsgeschichte im historisch-kulturellen Lebensprojekt eines jeden Volkes gelesen werden? Die aktuellen Versuche einer inkulturierten Evangelisierung werden geprägt von den unterschiedlichen Antworten auf diese Frage.

3. Praktiken der Evangelisierung

Bei der Evangelisierung in Vergangenheit und Gegenwart können grundsätzlich fünf verschiedene Formen der Auseinandersetzung des Christentums mit der Welt, den Kulturen und der Tradition unterschieden werden.

1. Das Christentum kann durch Kolonialisierung die Identität der Anderen zerstören, indem es die eigene Denk- und Lebensweise zur Norm erklärt. Diese destruktive Art der Evangelisierung setzt im Allgemeinen ein Bündnis zwischen der politischen Macht und den eigenen autoritären Strukturen in der Kirche voraus.

2. Das Christentum kann durch Modernisierung die eigene Identität verlieren, indem es die Botschaft vom Reich Gottes den Normen der Welt unterordnet bzw. sie auf den letzten Stand der Welt zu bringen versucht.
3. Das Christentum kann seine Identität durch eine fundamentalistische Abgrenzung zu schützen versuchen.
4. Das Christentum kann durch Akkulturation, Anpassung, wörtliche Übersetzung oder Assimilation eine inkulturierte Evangelisierung "simulieren". Solche Anpassung, wie sie in manchen liturgischen "Einlagen" zum Ausdruck kommen, bleiben auf halbem Wege stehen.
5. Das Christentum kann durch den Versuch, das Mysterium der Menschwerdung und Erlösung in der Realität der Völker zu leben, eine inkulturierte Evangelisierung praktizieren.
Im Allgemeinen gibt es keine eindeutigen Grenzen zwischen diesen verschiedenen Formen und sie existieren in Wirklichkeit als Mischformen. Im Folgenden werden drei dieser möglichen Verhältnisse von Evangelisierung und Weltbegegnung erläutert: die unvollständige Inkulturation, die fundamentalistische Abgrenzung und die inkulturierte Evangelisierung.

3.1. Opportunistische Anpassung

Die Anerkennung der Vielfalt der Kulturen und religiösen Bekenntnisse sowie die Tatsache eines allgemeinen Urbanisierungs- und Säkularisierungsprozesses stellen heute für das Christentum in Südamerika eine grundsätzlich neue Herausforderung dar. Das Christentum hat seine Vormachtstellung, die das Bild des katholischen Kontinents geprägt hat, endgültig verloren. Eine Vielzahl religiöser Gruppierungen konkurriert heute mit der katholischen Kirche und anderen traditionellen Kirchen auf dem "Markt" der Religionen. Worin besteht das Geheimnis des Erfolges jener Gruppierungen? Ihr Wachstum einerseits und die zunehmende Zahl der Ungetauften andererseits machen kirchliche Instanzen ratlos.
In den Kulturen der Gegenwart begegnen sich an der Schnittstelle zwi-

schen der Tradition und der Moderne innerhalb ein und derselben Pastoral zwei verschiedene Modelle der Akkulturation. Angesichts der traditionellen, ländlich geprägten Kulturen schlagen bestimmte Kreise deren Folklorisierung vor, und angesichts der urban geprägten Welt reden sie Maßnahmen der Modernisierung das Wort. Bestimmte Pfarreien und Kongregationen betrachten es als unerlässlich, sich der elektronischen Übertragungsmedien zu bedienen, um sich an Wohltäter zu richten und "geistliche Berufe" zu stimulieren.

Die Befürworter dieses Modells sagen, dass die Kirche die modernen Medien nutzen soll, wobei sie ihre Sprache an die der Menschen anpassen, ihre Methoden aktualisieren und etwas aufwendigeren Eifer an den Tag legen müsste. In dieser Perspektive der Anpassung wird Inkulturation zum neuen Marketing alter Waren. Formale Kundenfreundlichkeit und ein ethnopopulistischer Diskurs könnten die kulturellen Widerstände gegen Religion überhaupt und gegen die römisch-katholische Kirche im Besondern, die ja traditionell einen sehr engen Anpassungsspielraum hat, reduzieren. Hier wird Inkulturation zur "Kunst" der sanften Anpassung, ohne unnötigen Kulturschock für die Anderen und ohne substantielle Veränderung des Christentums in seiner strukturellen Verfasstheit.

Bestimmte Formen liturgischer Anpassung und katechetischer Erneuerung gehen über diese Art des Marketing nicht hinaus. Es ist manchmal schwierig, Praktiken der Vergangenheit, die der Inkulturation relativ nahe stehen, neu zu bewerten. Als Beispiel sei das Werk des Jesuiten Matteo Ricci (1552-1610) in China genannt. War es Anpassung des Evangeliums, Akkomodation oder inkulturierte Evangelisierung? Der Dialogcharakter seiner Evangelisierung und sein politisch nicht geschütztes Wirken am chinesischen Hof stellen zweifellos wesentliche Elemente einer inkulturierten Evangelisierung dar. Doch sein elitistischer Ansatz ließ sein Werk nicht über die Form der Anpassung hinausgehen. Auch im einfachen Volk hat seine Präsenz kaum Spuren hinterlassen. Im Vergleich mit seinen Gegnern und deren kolonialen Praktiken freilich stellt die Methode Riccis – allein wegen der Polemik, die sie

verursachte – ein beachtenswertes Experiment dar.
Wenn im 16. Jahrhundert die missionarische Anpassung gegenüber der davor praktizierten kolonisatorischen Evangelisierung einen beachtlichen Fortschritt darstellte, so muss Letztere im 20. Jahrhundert jedoch skeptisch und mit Vorbehalten betrachtet werden. Der neue "Katechismus der katholischen Kirche" zum Beispiel liegt ausdrücklich auf der Linie der Anpassung. Im "Thematischen Verzeichnis" der französischen, italienischen und kolumbianischen Ausgabe erscheint der Begriff "Inkulturation" überhaupt nicht, obwohl recht oft Hinweise auf Mission, Kultur und Menschwerdung zu finden sind. Im "Thematischen Verzeichnis" der deutschen Ausgabe erscheint der Terminus Inkulturation viermal (Nr. 854, 1205, 1206, 1232). Doch dreimal (Nr. 1205, 1206, 1232) ist der Hinweis irreführend, da im Text des Katechismus nur das Wort "Anpassung" steht. Nur einmal wird der Terminus "Inkulturation" benutzt (Nr. 854), hat an dieser Stelle aber die Bedeutung von "Einpflanzung".
Auch das Dokument der Kongregation für den Gottesdienst und die Sakramentendisziplin "Römische Liturgie und Inkulturation" vom 25.1.1994 bewegt sich in der Perspektive der Anpassung, wenn festgestellt wird: "Das Bemühen um Inkulturation strebt nicht die Schaffung neuer Ritus-Familien an; wenn dem Bedürfnis einer bestimmten Kultur entsprochen werden soll, geht es um Anpassungen im Rahmen des Römischen Ritus" (Nr. 36). Doch nicht nur die offiziellen Dokumente der Kirche, sondern auch die pastorale Praxis der "normalen" Pfarreien des lateinamerikanischen Kontinents vollzieht noch nicht den Übergang von der Anpassung zur Inkulturation.
Dieses Modell der Anpassung versucht hinter einer formalen Fassade der Annäherung die materielle und strukturelle "Substanz" des Christentums als geoffenbart oder als etwas zu sichern, das Teil seiner unantastbaren traditionellen Identität ist. Die modernistische und auch die folkloristische Anpassung produzieren jenen "Oberflächenlack", den Paul VI. in *Evangelii nuntiandi* (Nr. 20) anprangert. So wie es keine "halbe Option"

für die Armen gibt, können auch Inkulturation oder Entkolonisierung nicht auf halbem Wege stehen bleiben. Die modernistische Einpassung und die folkloristische Anpassung fördert den Paternalismus der Verkünder des Evangeliums. Es handelt sich dabei also um Modelle der Unmündigkeit, die den "Empfängern" des Evangeliums eine passive Nebenrolle zuweisen.

3.2. Fundamentalistische Abgrenzung

Der religiöse Fundamentalismus ist ein Phänomen, das weit in die Geschichte zurückgeht. Ahistorische und unbarmherzige Gesetzestreue gab es schon zur Zeit Jesu. Heute stellt der Fundamentalismus unter anderem eine traumatische Reaktion auf die Moderne dar, die ideologische, wissenschaftliche, soziale, kulturelle und geographische Mauern niedergerissen und damit traditionelle Sicherheiten zerstört hat. Die meisten Phänomene der Moderne - technische Entwicklung, Kommunikationswesen, Kapitaltransfer, Individualismus, das Elend großer Teile der Gesellschaft – sind grenzübergreifend. Eine Welt ohne Grenzen verursacht Identitätskrisen und Unsicherheiten. Die Kehrseite der totalen Kommunikation ist Einsamkeit.
Der religiöse und politische Fundamentalismus zieht neue Grenzlinien zwischen dem Religiösen und dem Profanen, zwischen der Kirche und der Welt, zwischen der wahren und der falschen Religion, schließlich zwischen Wahrheit und Lüge. Um diese Abgrenzungen zu festigen, versucht er, angegriffene Identitäten und verloren gegangene Sicherheiten zu rekonstruieren. Die Rückkehr zur "großen Disziplin", der Wunsch nach "Handbüchern der Lehre" und die Bitte um einen "normativen Katechismus" - all dies sind Hiebe in dieselbe Kerbe. Es geht um die alte Sicherheit und Identität der religiösen Heimstatt. Die simulierte Abgrenzung gegen die Welt wird zu einer neuen Weltbesetzung. Die Gewalttätigkeiten fundamentalistischer Gruppen wachsen mit ihren Ängsten und Unsicherheiten. In den fundamentalistischen Bewegungen ersetzt die

Sicherheit der Heimstatt die Unsicherheit des Weges, ist die in Schwarz und Weiß ausgedrückte Wahrheit ein Ersatz für die verschiedenen Farben der Realität; ist die paternalistische Bevormundung ein Ersatz für mündige Rationalität; ist die Niedergelassenheit in der Horde der Ersatz für den konfliktbeladenen Weg der Gemeinschaften.

Die Ambivalenzen der Moderne gehen über den sozialen Bereich, wo sie im Gegenüber von technischem Fortschritt, Wohlstand für wenige und sozialem Elend und Ausschluss der Mehrheit erfahrbar sind, weit hinaus. Die radikalen Forderungen und Veränderungen der Moderne – die Bewertung der Vernunft, des "objektiv Feststellbaren" gegenüber dem "nur Subjektiven", Reflexivität und Verwissenschaftlichung, Verfahrensrationalität in Verwaltung, Politik und Recht, die Rolle des Individuums, der Geschichte, funktionale und plurale Ausdifferenzierungen, Technisierung und Pragmatismus – lassen bei Arm und Reich emotionale Leerräume, ideologische Unsicherheiten, Identitätskonflikte und damit Krisen der ethischen Orientierung aufkommen. Nach dem Zusammenbruch der real-sozialistischen Gesellschaften in Osteuropa steht der Moderne das neoliberale Projekt alternativlos zur Erklärung und, wie manche glauben, zur Heilung der sozialen Spaltung zwischen dem Wohlstand der wenigen und dem Elend der Mehrheit zur Verfügung.

Der Fundamentalismus antwortet in einer ganz unmittelbaren und vereinfachenden Weise auf die emotionalen Leerräume, auf die Krise der ethischen Orientierung, auf den Identitätsverlust und auf die ideologischen Unsicherheiten sowohl der Reichen wie der Armen, ohne aber die soziale Spaltung zu thematisieren. Da er eine organische Beziehung zwischen dem sozialen und dem religiösen Bereich nicht anerkennt, weigert er sich ausdrücklich, den Aufbau einer neuen sozialen und demokratischen Ordnung zu thematisieren. Freilich gibt es auch den Fundamentalismus als Staatsidolatrie und Ideologie des Gottesstaates.

Der Fundamentalismus ist heute ein "ökumenisches" Phänomen. In fast allen christlichen Kirchen und religiösen Gemeinschaften übt er auf bestimmte Sektoren eine starke Anziehungskraft aus. Das gottesstaatliche

Modell des Fundamentalismus ist nur durch Intoleranz und Unterdrückung haltbar. Aus der Blickrichtung der verschiedenen christlichen Gruppen sind die Fundamentalisten immer die Anderen (vgl. *Santo Domingo* 38, 133, 140). Eigentlich können alle abgegrenzten pastoralen Versuche, die ähnlich wie Rettungsinseln im Meer der verlorenen Welt, wie "Reduktionen" oder Laboratorien der Evangelisierung funktionieren und vom jeweiligen zerfallenen makro- bzw. mikrostrukturellen Kontext abgekoppelt sind, als fundamentalistische Projekte betrachtet werden. Diese verstehen unter Inkulturation die Übertragung und labormäßige Reproduktion eines besonderen kulturellen Kontextes. Die Befürworter dieser Projekte sagen: Es genügt nicht, eine Pflanze auf ein anderes Stück Land zu pflanzen und durch Mauern abzuschirmen. Man muss auch geeignete Erde an den Ort bringen, damit die Pflanze wachsen kann. Dieser Vorschlag kommt den kolonialen Praktiken früherer Jahrhunderte sehr nahe, die als Vorbereitung für die Evangelisierung forderten, dass die Völker "zivilisiert" würden.

3.3. Inkulturierte Evangelisierung

Die wichtigste Frage im Zusammenhang jeglicher pastoraler Arbeit ist die Frage nach dem Subjekt der Evangelisierung. Wer also ist das Subjekt der inkulturierten Evangelisierung? Die in Lateinamerika getroffene Option für die Armen verweist auf die Subjekte der inkulturierten Evangelisierung. Bei der Inkulturation des Evangeliums geht es daher "vorzugsweise" um interkulturelle Praktiken, deren Träger die Ausgeschlossenen sind (oder sein sollten!), die Armen der Straße, die Landlosen, die von ihrem Grund und Boden vertrieben wurden, die indianischen Völker, die durch eine erzwungene Integration in den Nationalstaat in ihrer Identität bedroht sind. Die inkulturierte Evangelisierung, die auf die Anerkennung der Anderen in ihrer Andersartigkeit gerichtet ist, repräsentiert das lebendige Gedächtnis der Kirchen gegenüber jenen Menschen, die durch Gleichmacherei und Ausschluss zu Opfern der Destruktiv-

kräfte der Moderne wurden.
Die "Zwei-Drittel-Welt" der Ausgeschlossenen und die Welt der indigenen Völker stehen nicht außerhalb der Moderne. Sie kämpfen gegen ihre Vereinnahmung durch die herrschenden Schichten. Eine weltweit privilegierte Minderheit hat diese zerstörende Moderne mit der Aura rationaler Notwendigkeit umgeben. Indianisches Anderssein wird dann als prämodern abgetan und gilt "natürlicherweise" als *out*. Als *out*, d.h. historisch verspätet oder sozial verloren, gelten dann sowohl die so genannten traditionellen Gesellschaften wie auch die Zwei-Drittel-Welt der Armen.
Die so genannten traditionellen Gesellschaften haben keinerlei Grund, ihre Anpassung an diese zerstörerische Moderne zu beschleunigen. Doch es wird für sie auch nicht möglich sein, ihr geschichtliches Lebensprojekt am Rande oder außerhalb der Moderne zu verwirklichen. Für die Umsetzung nutzen sie daher Errungenschaften der Moderne wie Selbst- und Mitbestimmungsrecht, demokratische Partizipation, Organisationsfreiheit und Vielfalt der Kulturen, um die Moderne zu verändern. Gemeinsam mit den Ausgeschlossenen fordern sie eine radikal andere Moderne, die ihre Errungenschaften und ihre Lasten unter allen Bewohnern der Erde gleichmäßig verteilt.
Ausgehend von der Denk- und Lebensweise der "traditionellen" Völker, der indigenen Völker also, und der "modernen" Ausgeschlossenen, d.h. derer, die ohne Arbeit, Land und Obdach sind, stellt sich die inkulturierte Evangelisierung den gegenwärtigen Herausforderungen. Von der modernen Gewaltenteilung und trotz einer bisweilen sich korrupt in Szene setzenden Politik hat sie gelernt, dass politische Herrschaft und kulturelles Zusammenleben nur möglich ist, wenn es dazu eine breite Zustimmung bei den Betroffenen gibt. Die Bedingung der Möglichkeit jedweder inkulturierter Evangelisierung ist eine wie auch immer ausgehandelte Zustimmung der Menschen. Begegnung kann verweigert werden. Es gibt kein Recht auf Evangelisierung anderer. Die Zustimmung der Menschen ist die Quelle jeglicher Legitimität.

Weil diese erst auszuhandelnde Zustimmung keinen "vorläufigen" Rechtsanspruch hat, steht sie unter dem Druck, ihre Relevanz für das historische Projekt sozialer Gruppen und Völker unter Beweis zu stellen. Wie kann aber das Paradigma Inkulturation in Verbindung gebracht werden mit den großen sozialpolitischen Herausforderungen der sozialen Wirklichkeit: mit Arbeitslosigkeit und Hunger, Elend und Ausschluss, Migrationsbewegungen und Gewalt, mit dem Kampf um Land, Arbeit, Demokratie, Gerechtigkeit und Frieden? Wie können neue interkulturelle Praktiken einer Kirche entstehen, solange ihre Option für die Armen und für eine inkulturierte Evangelisierung von Sektoren mit apologetischem und fundamentalistischem, mit modernistischem und spiritualistischem Zuschnitt immer wieder auch blockiert wird? In der Welt des "post" – von postmetaphysisch bis postnational – scheinen viele Berge schon bezwungen, und die Sieger kommen bereits zurück vom Berg der Gleichheit, der Geschichte, der Solidarität und der Inkulturation.
Eine inkulturierte Evangelisierung hält die Kirche weiterhin auf dem Weg, um sich den gegenwärtigen Herausforderungen zu stellen: Solidarität praktizieren und Güter teilen, begleiten und gemeinsam den Weg gehen, in radikaler Diakonie und prophetischer Verkündigung. Was bedeutet Eucharistie feiern, Dank sagen mit den Ausgeschlossenen? Was bedeutet Brot teilen, wo nur das Teilen der Arbeit Würde schaffen könnte? Die "kulturellen Ruinen" der indigenen Völker und der Ausgeschlossenen eignen sich nicht für eine nur sentimentale Rückkehr zu den Ursprüngen, wohl aber zur Rekonstruktion ihres historischen Gedächtnisses, zum Kampf um Identität und Lebensprojekt. Die Gute Nachricht gibt es nicht außerhalb des kulturellen Kontextes. Sie kann Licht sein in den historischen Verfinsterungen einer gesellschaftlichen Gruppe.
Das Paradigma Inkulturation muss aufzeigen, dass es, ohne die Kontinuität von Tradition und Geschichte der Kirchen in Frage zu stellen, auch in Harmonie, d.h. in kultureller und historischer Kontinuität mit den Traditionen der Völker und sozialen Gruppen zu leben weiß. Wie kann man zeigen, dass der einzige Bruch, den das Evangelium vorschlägt, sich

nur auf die Untreue zum je eigenen Lebensprojekt bezieht? Dieser Treuebruch dem eigenen Lebensprojekt gegenüber gilt auch kirchlich-pastoralen Praktiken. Inkulturation so verstanden, dass Völker in ihren Kulturen und ihrer Geschichte evangelisiert werden, bedeutet den Übergang vom "Ekklesiozentrismus" (Kirchenzentriertheit) zum "Alterozentrismus" (Zentriertheit um die Anderen). Wie kann man zeigen, dass dieser Bruch nicht einen Bruch mit der Tradition der Kirche darstellt, sondern nur einen Bruch mit kolonialen Verirrungen und sündhaften Strukturen? Die Identität des Christentums besteht in der Kontinuität christlicher Praxis, welche die Erfahrung Gottes und des auferstandenen Jesus in einer immer neu situierten historischen Praxis des Gottesreiches – auf dem Weg der Diakonie – lebendig machen.

4. Politisch-strategische Dimension

Kulturelles und historisches Handeln ist geprägt von Machtbeziehungen und von Konfliktstrukturen. Diese haben immer gleichzeitig eine "kulturelle Heimat", so wie sie auch in Klassenstrukturen verwurzelt sind. Die sich daraus ergebende politische Dimension der interkulturellen Beziehungen zeigt sich nicht nur im Kampf um Anerkennung von Identität, um nicht zu rechtfertigende Verschiedenheiten und kulturelle Selbstbestimmung, sondern auch im Kampf gegen die kulturelle Hegemonie. Diese Dimension kann interethnischen oder binationalen Charakter haben (Ruanda/Burundi), kann aber auch transnationaler und makrostruktureller Natur sein, wie es sich immer wieder im Kampf um die Aneignung der Moderne zeigt. Der Kampf um die inner- und interkulturelle Vorherrschaft sucht sich immer wieder – neben der materiellen Überlegenheit – aufgrund einer willkürlichen Zeitperspektive zu legitimieren. Die eine Gruppe fühlt sich überlegen, weil sie eine ältere Kultur hat, eine andere deshalb, weil sie moderner ist. Die eine Gruppe ist stolz auf ihre Vergangenheit, die andere auf ihre Gegenwart und die zu erwartende Zukunft.

Sowohl das Argument "traditioneller Rechte" als auch das Argument der funktionalen Überlegenheit der Moderne sind rein kontextuelle Argumente. Sie sind nur innerkulturell einleuchtend, ohne dass sie im Vorhinein eine interkulturelle oder universelle Gültigkeit beanspruchen können. Die traditionellen Rechte der einen jedoch sind begrenzt durch die traditionellen Rechte der anderen. Die Geschichte schafft neue Fakten. Die Gründung des Staates Israel zum Beispiel zeigte die Zerbrechlichkeit der Argumentation auf der Grundlage biblischer Vergangenheit. Auch die Behauptung kultureller Überlegenheit unter funktionalem oder evolutionistischem, messianischem oder theologischem Gesichtspunkt bewegt sich im sehr willkürlichen Konfliktfeld der Ideologien. Im Namen der uralten Rechte einerseits und einer vermutlichen modernen kulturellen Überlegenheit andererseits erleben wir in der gesamten Welt neue Ausbrüche der Gewalt, die alte Lebensprojekte und neue Ursachen, die durch Groß- und Kleinstrukturen miteinander verbunden sind, aufs Spiel setzen.
Auch in den Kirchen hat sich die Diskussion um die erlässlichen oder unerlässlichen "kulturellen Lasten", aus denen dann rasch normative kulturelle Pflichten für die Armen, die Anderen und die Ausgeschlossenen werden können, als politischer Streitpunkt erwiesen. Die Internationalisierung der kulturellen Beziehungen in ihren verschiedenen wirtschaftlichen, politischen und ideologischen Aspekten macht es erforderlich, dass es neben der Weiterentwicklung einer jeden Teilwelt auch Vereinbarungen gibt über eine gemeinsame Verständigung aller. Dies ist notwendig zur Bekämpfung der interkulturellen und internationalen Geißeln des Hungers und der Gewalt, der Arbeitslosigkeit und der Ausgrenzung. Nicht nur Kritik und Vernunft, auch Erziehung ist Faktor der Aufklärung. Um Lesen und Schreiben zu lernen, muss man in seiner Muttersprache alphabetisiert werden. Das gilt auch für die Evangelisierung in der Muttersprache, d.h. in der eigenen Kultur. Aber die Verteidigung der eigenen Lebensweise, des eigenen historischen Projekts, setzt heute Zweisprachigkeit voraus. Dies gilt auch für den Bereich einer integralen

Evangelisierung. Jeder soll "auf seinem Dorf" christlich sozialisiert werden, aber er muss sich dann auf den Weg machen, die "größere Gerechtigkeit" an den Grenzen der Welt einzuklagen. Regionale Inkulturation und weltweite Artikulation sind komplementäre Strategien und Sprechweisen. Keine Religion und keine "Leitkultur" verfügen *alleine* über Codes, die geeignet wären, die gesamte Menschheit zu einen. Auch Solidarität ist vielstimmig und kann nicht auf der Basis eines einzelnen Credo ein konsensfähiges Weltethos konzipieren.

Alle diese Fragen stellen sich im Innern einer integralen, spezifischen und globalen Praxis, für die es klar ist, "dass man den Schöpfungsplan nicht vom Erlösungsplan trennen kann, der hineinreicht bis in die ganz konkreten Situationen des Unrechts, das es zu bekämpfen, und der Gerechtigkeit, die es wiederherzustellen gilt. (...) Es ist unmöglich hinzunehmen, dass das Werk der Evangelisierung die äußerst schwierigen und heute so stark erörterten Fragen vernachlässigen kann und darf, die die Gerechtigkeit, die Befreiung, die Entwicklung und den Frieden in der Welt" betreffen (EN 31). Wir sehen die soziokulturelle und historische Realität der armen Anderen ausgehend von unserem Glauben und vom Projekt Jesu Christi, der Botschaft vom Reich Gottes. Dieses Projekt verläuft nicht parallel zu den Lebensprojekten der Armen, Anderen und Ausgeschlossenen. Das Projekt Gottes steht im Zentrum aller menschlichen Projekte.

Daher ist eine praktische Theologie der inkulturierten Befreiung nicht nur als eine Alternative zur kolonisatorischen Evangelisierung, zum Fundamentalismus oder zur folkloristischen Anpassung, sondern vor allem als Kern einer alternativen Politik angesichts der zerstörerischen und ausgrenzenden Vorgehensweise des neoliberalen Kapitalismus zu verstehen. Aber man darf die Moderne nicht verwechseln mit dem neoliberalen Projekt. Der Einsatz für die indigenen Völker kann nicht durch einen politischen prä-, post- oder extramodernen Ansatz geschehen oder durch nostalgisches, sektiererisches oder konservativ anarchistisches Denken. Die politisch-pastorale Aufgabe besteht folglich nicht darin, die

Moderne zu zerstören. Vielmehr ist es das Ziel, sie von ihren Zerstörern und blinden Modernisierern zu befreien. Angesichts der vergangenen und gegenwärtigen Verbrechen an den Armen und Ausgeschlossenen und den Anderen bedeutet dies:

1. Die Armen, Anderen und Ausgeschlossenen spielen die Hauptrolle nicht nur im Projekt Gottes, sondern auch bei den notwendigen gesellschaftlichen Veränderungen. Daher sind sie zu fördern und ihre Bürgerrechte und die neuen Formen ihrer demokratischen Partizipation an den Entscheidungen der Nation sind zu unterstützen.
2. Ihre verschiedenen Denk- und Lebensweisen sind in einer Weise zu vernetzen, dass man auch den zukünftigen Generationen gerecht wird.
3. Ihre in der Verfassung verankerten Rechte und die Ethik einer Politik der solidarischen Gesellschaft sind einzufordern.
4. Ihr Recht auf Land, auf eine Agrarreform und das Recht auf Arbeit sind zu verteidigen.
5. Die Selbstbestimmung der Völker, ihre Organisationen, ihre Subjektivität, Identität und Solidarität sind zu stärken.
6. Ausgehend von der Vielfalt ihrer historischen Projekte sind vernünftige strukturelle Veränderungen anzuregen, die den vorhandenen Intuitionen und Sensibilitäten soziokultureller Alternativen gerecht werden.
7. Friede durch Gerechtigkeit und eine Rationalität der Hoffnung sind zu begründen, die ihren Bezugspunkt in den Glaubenserfahrungen und in den Erfahrungen des Kampfes um das Leben der "Zwei-Drittel-Welt" haben. Inkulturation führt die Kirchen in das Zentrum der gegenwärtigen Konflikte der Völker, zu ihren Erfahrungen von Tod und Auferstehung.

5. Ein neues Paradigma traditionell verankern

In der Wissenschaft stellt ein neues Paradigma jeweils einen Bruch mit alten Vorstellungen und einen Ersatz vorheriger Paradigmen dar. Als Beispiele für einen Paradigmenwechsel seien der Übergang vom geozentrisch-ptolemäischen zum heliozentrisch-kopernikanischen Weltbild, von der deterministischen newtonschen Mechanik zur Quantenmechanik genannt. Obwohl es wahrscheinlich ist, dass auch die gegenwärtig verwendeten Paradigmen der Quantenphysik eines Tages durch andere ersetzt werden, kann heute kein Wissenschaftler mehr mit dem geozentrischen Modell des Ptolemäus arbeiten. Ebenso wie es zwischen Geozentrismus und Heliozentrismus keinen gleitenden Übergang gibt, gibt es auch keine Kompromisslösung zwischen "Adaptation" und "Inkulturation". Wer heute in der Kirche mit den Paradigmen Adaptation und Fundamentalismus oder mit den ideologischen Voraussetzungen einer vorherrschenden Monokultur arbeitet, verhält sich wie ein Physiker, der mit den Kenntnissen der newtonschen Mechanik Atomenergie erzeugen will.

Inkulturation ist an das zentrale Mysterium des Christentums gebunden, an das Mysterium der Menschwerdung des Wortes, das sich in der Geschichte eines jeden Volkes bewusstseinsmäßig ereignen kann. Das Paradigma Inkulturation entstammt dem missionarischen Auftrag des Christentums, seinem Selbstverständnis als Weg und Dienst an der Welt. Deshalb stellt es keinen konjunkturellen Paradigmenwechsel dar, sondern signalisiert die Rückkehr zur grundlegenden Praxis des Glaubens. Die Identität des Christentums ist Weg-Identität und daher auf Begegnung angelegt. Es geht bei dieser Identität nicht um Ursprungsidentität, um Abstammung oder Blutsverwandtschaft. Jesus ist schließlich nicht der Sohn Josephs. Aus Steinen kann er Söhne Abrahams machen.

Jesus verkündete zwar die gute Nachricht vom Reich Gottes innerhalb einer Kultur und damit durch deren Worte, Begriffe, Gleichnisse und Hoffnungen. Damit hat aber die Menschwerdung nicht die kulturelle Ausdrucksweise eines Volkes monopolisiert oder zur "Leitkultur" erklärt, sondern nur beispielhaft gezeigt, wie das Evangelium in allen Kulturen kontextuell werden muss, um Leben zu zeugen. Weder die blutsmäßige Abstammung noch Kontinuität als Kopie konkreter Tatsachen - die Weitergabe der Worte und Taten Jesu und der Traditionen der Kirche "so wie sie waren" - garantieren die Identität oder Treue des

Christentums. Im Gegenteil. Sie zerstören seine Identität durch historische Erstarrung.
Das Volk Gottes konstituierte sich im Weggang, im Exodus, auf der Wanderschaft. "Ziehe weg aus deinem Land, von deiner Verwandtschaft und deinem Vaterhaus und ziehe in das Land, das ich dir zeigen werde. Ich werde dich zu einem großen Volk machen" (Gen 12, 1ff). Der Exodus aus dem kulturellen Kontext ist die Bedingung für den Weg dieses Volkes und für seine Inkulturation in neuen Kontexten. Und der Weg ist immer Ausweg, Exodus, aus der kulturellen Unterdrückung, aber auch der Ausweg aus der kulturellen Anpassung, ist Exodus aus den Selbstverständlichkeiten der Vergangenheit und den Privilegien von heute. Daraus ergibt sich die Aufgabe:
– die Subjekte der Evangelisierung und der Theologie neu zu definieren;
– alte Formeln des Glaubens, die unverständlich geworden sind, neu zu überdenken;
– rituelle Praktiken und Glaubenssymbole kreativ in veränderte Kontexte hineinzunehmen;
– die Hierarchie von Werten, Diensten und Sinnaussagen neu zu bestimmen.
Durch das Paradigma Inkulturation stellen die Kirchen drei wesentliche Fragen des Evangeliums in einen je neuen Kontext: "Wer ist mein Nächster?" (Lk 10, 29); "Wann haben wir dich hungrig oder durstig gesehen?" (Mt 25, 44); "Wo wohnst du?" (Joh 1, 38). Gleichzeitig hören sie die Einladung des HERRN, der ihnen an allen Orten der Welt vorausgeht: "Kommt und seht" (Joh 1, 39).

VIII. Wege zur Inkulturation
Spuren, Orientierungen, Thesen

Die Diskussion um die Identität der Evangelisierungsprozesse ist ein postkoloniales und nach-christenheitliches Problem in einer zersplitterten Welt. Hier ist das Christentum zu einem religiösen Subsystem geworden. Es verfügt nicht mehr über das Sinnmonopol in der Welt und auch nicht mehr über eine allen verständliche "Universalsprache". Die säkulare und autonome, plurale und demokratische Welt hat die religiöse Frage in die Privatsphäre verwiesen. Wenn die Kirchen sich wieder in den Dialog mit der Welt einklinken wollen, können ihre Hauptgesprächspartner künftig nicht die Eliten des politisch-kulturellen Sektors sein, sondern jene sozialen Gruppen, die in der neuen chaotischen Weltordnung zu Opfern geworden sind. Dabei muss deutlich werden, dass die neue kontextuelle Sensibilität kein der Marktlogik gehorchender Opportunismus ist, sondern dass es sich um ein dem Wesen des Evangeliums entsprechendes, sehr sinnliches Hinhören und Hinsehen auf mikrostrukturelle Beschädigung handelt.
Gegenüber den pluriethnischen Gesellschaften und der multikulturellen Welt gibt es keinen "interkulturellen kleinsten gemeinsamen Nenner", der sich kulturübergreifend entrollen ließe wie ein Teppich, damit das Evangelium seinen Fuß auf den vorgewärmten Boden einer bestimmten sozialen Gruppe oder Kultur setzen könnte. Das Evangelium ist sich für keine Kultur zu schade. Es fordert keine eigene Leitkultur in einer *societas perfecta*; es kann alle kulturellen Sprachen und Sprechweisen annehmen, auch wenn sie historisch von "Mächten des Todes" und "Strukturen der Sünde" durchzogen sein mögen (*Santo Domingo* 13; 343). Die Identität des Evangeliums darf nicht in seinem kulturellen Ausdruck gesucht werden. Das Evangelium kann mit keiner Kultur identifiziert werden. Insofern relativiert es die Kulturen und konkurriert nicht mit der kulturellen Identität sozialer Gruppen. Es nimmt die Kulturen der Menschen jedoch sehr ernst aufgrund des inkarnatorischen, auf

das Heil der Menschen bezogenen Prinzips: *incarnatus est propter nostram salutem.*
Im Folgenden soll den historischen Spuren des Inkulturationsparadigmas nachgegangen werden, um daraus einige Orientierungen und Thesen für eine engagierte Begegnung mit den Armen-Anderen abzuleiten.

1. Historische Spuren

Das Paradigma "Inkulturation" hat seine Vorgeschichte in den Anfängen des Christentums. Es handelt sich also, historisch gesehen, nicht um eine *creatio ex nihilo* gegenüber der Tradition der Kirche, sondern um Kontinuität. Als das *II. Vatikanische Konzil* die neue Beziehung zwischen Kirche, Evangelium und Welt zu artikulieren versuchte, griff es auf Topoi aus den Anfängen des Christentums zurück. Nach dem konstantinischen Frontenwechsel der Kirche kam es zu einer Anpassung an die hegemonische Kultur des Reiches. In der Nähe der Macht lassen der inkulturative Elan und der missionarische Eifer nach. Die Autoren dieser Topoi gehören mit Ausnahme von Eusebius alle der vorkonstantinischen Zeit an: *Justinus von Rom* (gest. um 165), *Irenäus von Lyon* (gest. um 202), *Clemens von Alexandrien* (gest. vor 215) und *Eusebius von Cäsaräa* (gest. 339).

1.1. Die Vorbereitung auf das Evangelium

Die Geschichte und die Kulturen der Völker stellen nach *Eusebius von Cäsaräa* eine *Vorbereitung auf das Evangelium* dar. *Lumen gentium* (Nr. 16) greift das Paradigma des Eusebius auf: "Alles, was sich an Gutem und Wahrem bei ihnen findet, wird von der Kirche als Vorbereitung für die Frohbotschaft und als Gabe dessen geschätzt, der jeden Menschen erleuchtet, damit er schließlich das Leben" habe. Das Apostolische Schreiben *Evangelii nuntiandi* (Nr. 53) aus dem Jahre 1975 bezieht sich auf den Text von *Lumen gentium* (Nr. 16), wenn es von der "unüberschbar großen Zahl der Menschen" spricht, "die nichtchristlichen Religionen angehören", die eine authentische "Vorbereitung auf das Evangelium" sein können.

1.2. Saatkorn des Wortes

In der gleichen Perspektive wie die "Vorbereitung auf das Evangelium" liegt der Topos "Saatkorn des Wortes (Gottes)". Das universal handelnde Wort ist vor seiner Inkarnation in der Welt und bereits vor dem interreligiösen Dialog mit dem Christentum in den Kulturen und religiösen Traditionen gegenwärtig. "Mit Freude und Ehrfurcht", heißt es in *Ad gentes* (Nr. 11), ohne patristische Quellenangabe, sollen die Christen "die Saatkörner des Wortes aufspüren". *Evangelii nuntiandi* (Nr. 53) erkennt an, dass sich in den nichtchristlichen Religionen "unzählbar viele 'Samenkörner des Wortes Gottes'" finden und bezieht sich dabei auf die Schriften von *Justinus* und *Clemens von Alexandrien*. Mit einem *Irenäus*-Zitat spricht *Gaudium et spes* (Nr. 57) vom Wort Gottes, "das schon, bevor es Fleisch wurde, um alle zu retten und in sich als dem Haupt zusammenzufassen, 'in der Welt war' als 'das wahre Licht, das jeden Menschen erleuchtet' (Joh 1,9)".

1.3. Einpflanzung

In der Wirklichkeit der nichtchristlichen Welt, in der die "Saatkörner des Wortes" eine "Vorbereitung auf das Evangelium" bewirken, will die Kirche sich bedingungslos "einpflanzen". Schon vor der Ankunft des "fleischgewordenen Sohnes" hat Gott "der den verschiedenen Zeiten entsprechenden Kultur gesprochen" (*Gaudium et spes* 58). Das Dekret *Ad gentes* (Nr. 10, vgl. Nr. 22) formuliert sehr genau: "Um allen Menschen das Geheimnis des Heils und das von Gott kommende Leben anbieten zu können, muss sich die Kirche all diesen Gruppen einpflanzen, und zwar mit dem gleichen Antrieb, wie sich Christus selbst in der Menschwerdung von der konkreten sozialen und kulturellen Welt der Menschen einschließen ließ, unter denen er lebte." Das Schlüsselwort "Einpflanzung" hat in den Ordensgemeinschaften zu vielen Veränderungen angeregt, sowohl im Hinblick auf ihren Lebensstil als auch hinsichtlich ihrer Präsenz bei den sozial unterdrückten und kulturell marginalisierten sozialen Gruppen.

1.4. Annahme

Nach *Gaudium et spes* (Nr. 22) ist die Präsenz der Christen in der Welt nach dem Beispiel Jesu eine respektvolle, universale und heilbringende Gegenwart: "Denn er, der Sohn Gottes, hat sich in seiner Menschwerdung gewissermaßen mit jedem Menschen vereinigt. Mit Menschenhänden hat er gearbeitet, mit menschlichem Geist gedacht, mit einem menschlichen Willen hat er gehandelt, mit einem menschlichen Herzen geliebt." Jesus, der die menschliche Natur angenommen hat, ohne sie zu zerstören, ist "in Wahrheit einer aus uns geworden, in allem uns gleich außer der Sünde". Die "Annahme" ist eine Vorbedingung der Erlösung. "Die Kirchenväter verkünden beständig", erinnert *Ad gentes* (3), "dass nicht geheilt ist, was nicht von Christus angenommen ist". *Puebla* (Nr. 400) entfaltet diese Beziehung zwischen Inkarnation und Annahme für den lateinamerikanischen Kontext.[187]

2. Orientierungen

Das Paradigma "Inkulturation", auf dem Hintergrund der Worte, Zeichen und Handlungen des Jesus von Nazareth, setzt subjektbezogene Optionen (Arme, Andere, Guarani oder Sinti) und sachliche Prioritäten voraus. Bei dem Paradigma "Inkulturation", das von dem Paradigma "Befreiung" nicht getrennt werden darf, geht es darum, von Menschen Schaden ab-

[187] Vgl. Schlussdokument der 3. Generalversammlung der lateinamerikanischen Bischöfe in Puebla (1.-13.2.1979), Nr. 188, 201, 400, 457, 469.

zuwenden, kolonialen Ballast abzuwerfen, sie auf Bedrohungen ihrer Lebensprojekte vorzubereiten und ihre Identität zu stärken. Dies alles kann nicht "ferngesteuert" oder nur "grundsätzlich" geschehen. Es setzt Nähe und Präsenz voraus, die ihr Vorbild haben in der Nähe Gottes zu den Menschen. Christenleben hat ontologisch und existenziell die Signatur der menschenfreundlichen Nähe Gottes.
Das Evangelium ist die gute Nachricht von der seit jeher existierenden Nähe Gottes. Die Heilsgeschichte Israels ist eine Geschichte von Annäherung, Mitteilung, Einladung, Sendung und Solidarität. Die Autoren der Bibel beschreiben Jahwe als einen Gott der Bundesschlüsse und des Zuspruchs. Nie kam es zu einem völligen Bruch zwischen Gott und der Menschheit. In der Geschichte Israels war die Nähe Gottes zu seinem Volk immer wieder bedroht durch geographische Zerstreuung, durch opportunistische Anpassung an andere Völker und durch fundamentalistische Verschlossenheit. Die monokulturelle Anmaßung Babels (Gen 11) und die Un-Gnade der Zerstreuung verwandelten sich durch Abraham in Gnade, Segen und Verheißung für die Menschheit (Gen 12).
Im menschgewordenen Wort kontextualisiert sich der Schöpfergott als der in der Geschichte verheißene Emmanuel, als "Gott-mit-uns" (Jes 7, 14; Mt 1, 23; 28, 20). Die Kontextualisierung Gottes bedeutet Solidarität (*Gaudium et spes* 32). Das Leben des Jesus von Nazareth – von der Krippe bis zum Kreuz (Phil 2, 6ff) – offenbart die Nähe Gottes zur Menschheit. Inkulturation hat sakramentalen Zeichencharakter. An Pfingsten ereignet sich im Bewusstsein der Urkirche die endgültige Nähe Gottes durch die Ausgießung seines Geistes. Pfingsten antwortet auf die Zerstreuung und die Unfähigkeit zur Vernetzung mit dem Auftrag zu universaler Artikulation und zu kontextuellem Dialog. Bei diesem Dialog geht es darum, dass alle Menschen in ihren Kulturen Gottes Großtaten ohne Übersetzungsbürokratie erfahren können. Inkulturation bedeutet Nähe und Sendung. Aus der Sendung gehen österliche Gemeinden hervor, die versuchen, die Utopie des ersten Tages der neuen Schöpfung wiederum zu kontextualisieren.

Auf die Versuchung gesicherter Distanziertheit durch Privilegien – Brot, Macht, Magie und Besitz (Lk 4, 1ff) – antwortet Jesus mit drei programmatischen Diskursen:

- in der Synagoge von Nazareth (Lk 4, 14ff),
- auf dem Berg der Seligpreisungen (Lk 6, 20ff) und
- in der Gerichtsrede (Mt 25, 31ff).

In diesen Diskursen definiert Jesus sein Projekt als Nähe zu Armen, Anderen und Ausgeschlossenen, die er nicht nur als Adressaten seiner Botschaft, sondern als konstitutive Subjekte seines Projektes benennt. Dieses Projekt nennt er Reich Gottes. Das "ewiges Leben", so wie es dem Gesetzeslehrer (Lk 10, 25ff) und dem reichen jungen Mann (Lk 18, 18ff) vorschwebt – der eine wusste alles und war doch nicht weise, der andere hatte alles und ging doch "leer" aus –, kann nicht mehr auf dem Gesetzes- und Gebotswege vermittelt werden, sondern nur in *kostenloser* Nähe zu all jenen, die "unter die Räuber" gefallen sind.
Die inkulturierte Evangelisierung, die Begegnung mit einer gesellschaftlichen Gruppe und ihre Annahme, so wie sie historisch und sozial existiert, sind immer auch gesellschaftspolitische Ereignisse. Angesichts der Frage des "reichen Mannes" und des "Gesetzeslehrers", was denn zu tun sei, um "das ewige Leben zu gewinnen", fordert Jesus seine Gesprächspartner auf, ihre Güter mit den Armen zu teilen, und verweist sie auf das praktische Handeln des Samariters an der Seite dessen, der unter die Räuber gefallen ist (Mk 10, 17ff; Lk 10, 30ff). Die politische Verantwortung für das "ewige Leben" offenbart sich in der Nähe zum Anderen und im Teilen mit den Armen. Das Paradigma "Inkulturation" zielt auf gesellschaftliche Praktiken und Verhältnisse ab, die soziale Gleichheit, politische Partizipation und kulturelle Vielfalt fördern. Dieses Bemühen um Gleichheit, Partizipation und Vielfalt gilt auch für Theologie, Liturgie, Pastoral und andere institutionelle Bereiche der Kirchen.
Es geht also näherhin um die Partizipation aller – und nicht nur einer reduzierten Konsumelite – am Mahl des Lebens. Bei Inkulturation geht es weder um den vollen Bauch noch um die volle Kirche, sondern um

das *ganze* Leben. Inkulturation, wo sie ernst genommen wird, bedeutet die gefährliche Nähe des Evangeliums, das gerade da, wo es den "entthronten" Gott verkündet, am Kreuz, die Transformation dieser Welt in die Wege leitet. Die Nicht-Welt, welche die Menschen zerstört, kann verändert werden, sodass Gottes Schöpfung wieder neu in ihrem Geheimnischarakter "durchschaubar" wird.
Die partizipative Nähe ausgestreckter Hände – die Ostkirche stellt den Auferstandenen mit solchen dem Menschen (Adam) ausgestreckten Händen dar – ist das Symbol von Gratuität und Gerechtigkeit, Symbol einer Welt, in der niemand mehr einer falschen Gottheit – Götzen also – geopfert werden muss. Arme und Andere werden nicht mehr geopfert, denn sie sind *notwendig*; als Mittler des Heils sind sie heilsnotwendig. Die einzige Form des Opfers – des selbst verfügten Opfers und nicht des Anderen zugemuteten Opfers – ist die Liebe. Es kann in die Worte gefasst werden: Ich lasse mich vom Anderen und von den Armen unterbrechen. Der arme Andere unterbricht Normalität, unterbricht das Zeitgemäße, das Angepasste, das krank macht. Die "Todesursache" vieler Menschen – man könnte dies auch als anthropologische Irrelevanz übersetzen – ist ihre Anpassung. Der konkrete Arme und Andere ist wichtiger als eine noch so gut ausgearbeitete und immer auch bürokratisch distanzierte Agenda für die Armen und Anderen, die erfüllt werden muss.

3. Thesen

Das bereits Gesagte oder wenigstens Angedeutete soll hier noch einmal thesenartig zusammengefasst und erweitert werden.

3.1. Historisches Erbe und politischer Auftrag

Kultur bedeutet "sozio-historisches Erbe", "Lektüre der Welt" und "Entwurf und Projekt einer neuen Welt". Jede Generation muss neu entscheiden zwischen der Notwendigkeit des Bewahrens und der Erneuerung. Wir sind Erben und Erfinder von Kulturen.

3.2. Kultur und Natur

Durch die Kultur haben die Menschen so etwas wie eine zweite Umwelt geschaffen, die sich von der natürlichen oder biologischen Umwelt unterscheidet, aber von ihr nicht gänzlich getrennt werden kann. Vom Standpunkt der Kultur betrachtet ist die Menschheit autonom und schöpferisch, vom Standpunkt der Natur betrachtet ist sie Geschöpf, also geschwisterlich mit der Natur verbunden.
Die Kulturen sind die Krücken, die soziale Gruppen erfunden haben, um ihre biologische Unsicherheit und Mängel auszugleichen. Menschen haben die "instinktive Sicherheit" der Tiere nicht völlig verloren, werden aber doch hauptsächlich von kulturellen Instrumenten geleitet ("Wettervorhersage", technische Apparate, Bewusstsein und Erfahrung). Weil Kulturen nicht im Blut liegen, können sie, unter gewissen Voraussetzungen, erlernt werden.

3.3. Kulturelle Mittelbarkeit, natürliche Unmittelbarkeit

Während in einer ersten Instanz die Kulturen darauf bedacht sind, dass ein historisches Erbe angeeignet wird, befähigen sie in einer zweiten Instanz die Menschen dazu, ererbte Geleise zu verlassen und neue Wege zu gehen. In dieser zweiten Instanz wird die natürliche Unmittelbarkeit, mit der Tiere die Welt wahrnehmen, ersetzt durch eine "symbolische Vermittlung", die sich zwischen die sinnliche Wahrnehmung und das wahrzunehmende Objekt einschaltet. Diese "symbolische Vorschaltung" selbst ist kultureller Art und uns bekannt als Sprache, Mythen, Religion, Kunst, Werkzeuge, Wissenschaft, soziale Organisation, Erfindungen, Bauwerke. In dieser zweiten Instanz ereignet sich durch die symbolische

Distanzierung Weltverständnis, Sinnerfahrung und Weltdeutung. Hier wird aus dem tierischen Greifen menschliches Begreifen.[188]

3.4. Alle Menschen sind Subjekte von Kultur

Alle Völker und sozialen Gruppen haben ein historisches Lebensprojekt. Obdachlose, Papiersammler, Universitätsprofessoren. Alle wollen leben und sind daher Subjekte von Kultur. Um elementare Formen fremder Kulturen kennen zu lernen, braucht nur gefragt zu werden: Welches sind ihre materiellen Bedingungen, unter denen sie leben, ihre sozialen Beziehungen, ihre Weltbilder und ihre Hoffnungen? Ihr "Projekt" ist der Ausdruck ihrer Lebensbejahung. Solange eine auch noch so kleine menschliche Gruppe gemeinsam um ihr Leben ringt, kann ein solches Lebensprojekt vorausgesetzt werden, auch wenn es nicht in jedem Moment ausdrücklich im kollektiven Gedächtnis und Bewusstsein der jeweiligen gesellschaftlichen Gruppe präsent ist.

3.5. Kulturelle Aneignungen

Die erste kulturelle Aneignung oder kulturelle Sozialisation ereignet sich normalerweise in der Kleinfamilie. Wir nennen dies Enkulturation, Endokulturation oder einfach primäre kulturelle Sozialisation.

Weil Kultur nicht im Blut liegt, kann sie erlernt werden. "Inkulturation", wenn es sich dabei um Angehörige einer fremden Kultur handelt, ist der Versuch, eine andere Kultur zu erlernen und sich darin auszudrücken. Das Fremdsprachenstudium ist immer auch ein partieller Inkulturationsversuch.

Es wird in unserem Zusammenhang aber auch von der Inkulturation des Evangeliums oder des Glaubens gesprochen, wobei es sich dann nicht

---

188 Vgl. E. Cassirer, *Versuch über den Menschen. Einführung in eine Philosophie der Kultur*, Hamburg 1996.

um Personen, sondern um den Transfer von Inhalten, Bräuchen, Organisationsformen und Weltanschauungen in eine fremde Kultur handelt.

3.6. Verschiedene Kulturkonzepte

Es hat sich ein inflationistischer Gebrauch des Konzepts "Kultur" eingebürgert, sodass es oft schwierig ist, genau zu wissen, was der andere unter "Kultur" versteht. Eine gewisse Klarheit darüber ist notwendig, damit auch das Konzept "Inkulturation" nicht in beliebiger Vieldeutigkeit untergeht.

Einige dieser Kulturkonzepte seien hier kurz aufgelistet:

– "Kultur" kann ein universales Wertesystem meinen, wenn beispielsweise von Kultur des Friedens, der Solidarität oder der Arbeit die Rede ist. Hier handelt es sich um einen analogen Kulturbegriff. In diesem Sinne kann auch von Bakterienkultur gesprochen werden.

– Das Wort "Kultur" wird oft im Sinne von Bildung gebraucht. Die "Welt der Kultur" meint dann die Universität, die Kunstakademie, das Theater. Der eine hat dann Kultur – weil er "gebildet" ist – und der andere hat keine. Hier wird die ethnozentrische Implikation sehr deutlich.

– "Kultur" als Megakultur kann dann auch Zivilisation bedeuten. Sie verliert dabei ihren partikularen und pluralen Charakter, der Unterschiede und Identität konstituiert. Inkulturation würde hier mit Zivilisation gleichgesetzt werden können. In der modernen Zivilisation kann man sich nicht inkulturieren. Aber Kulturen können sich Teile einer jeden Zivilisation aneignen. Eine Radiostation braucht ein Dorf nicht zu zerstören, solange dieses Dorf ein Mitspracherecht bei den ausgestrahlten Programmen hat.

– Im klassischen Marxismus wurde Kultur lange Zeit als Überbau und Ideologie eingestuft. Hier hat Kultur nichts mit den konkreten materiellen und sozialen Bedingungen einer Gesellschaft zu tun, es sei denn als ideologische Entfremdungsinstanz.

– Unter Kultur wird manchmal auch nur das "Symbolsystem" einer bestimmten Kultur verstanden. Auch hier wird die materielle und soziale Kultur ausgeklammert. Ein Haus ist ein Kulturprodukt nicht nur, weil es symbolisch das Universum reproduziert, sondern auch ganz funktional als Wohnraum.

– "Kultur" kann auch nur ein Spektrum der sozialen Wirklichkeit meinen. Die kulturelle Sphäre besteht hier neben der ökonomischen, politisch-sozialen und ideologischen (Recht, Religion, Bildung, Literatur) Sphäre. Hier würde Inkulturation keinerlei Relevanz für Ökonomie und Politik haben.

3.7. Ganzheitlicher Kulturbegriff

Die unterschiedlichen historischen Projekte der einzelnen Völker oder sozialen Gruppen finden ihren verschlüsselten Ausdruck in den verschiedenen Kulturen. Die Kulturen umfassen stets die gesamte gesellschaftlich-historische Realität einer menschlichen Gemeinschaft. Da die Kultur weder ein Teilbereich noch ein Untersystem der gesellschaftlichen Realität ist, gehören folglich auch die politischen, ökonomischen und ideologischen Praktiken zur Kultur einer sozialen Gruppe. Selbst die Tatsache, wie der Sternenhimmel oder ein Stein, der auf dem Wege liegt, erfahren wird, ist kulturell, das heißt schöpferisch geprägt. Kultur ist eine historisch konstruierte zweite Umwelt, ein historisches Lebensprojekt, kodifiziert und ausdifferenziert in allen Systemen der sozialen Wirklichkeit, also in der ökonomischen, soziopolitischen und ideologischen Sphäre.

3.8. Lebensprojekte mit "Strukturen der Sünde"

Es gibt keine "höheren" Kulturen gegenüber "primitiven", d.h. zurückgebliebenen Kulturen. Keine Kultur ist vollkommen. Sonst wären sie ja nicht geschichtlich. Daher gibt es auch keine Normkultur oder "Leitkultur" für Andere oder für die gesamte Menschheit. Auch eine Kultur, in

der gerade das Evangelium vermittelt wird, kann keine allgemein normgebende Kultur sein.
Menschen nehmen Realität jeweils durch kulturelle "Filter" wahr. Daher kann auch die kulturelle Kreativität und Sichtweise einer bestimmten Gruppe von einer andern immer nur kulturell, das heißt "gefiltert" bzw. selektiv gesehen werden. Die jeweilige Sichtweise einer sozialen Gruppe bewirkt, dass ihr Bild, das sie von einer anderen Gruppe hat, kaum mit dem Bild übereinstimmt, das diese Gruppe von sich selbst hat. Kultur ist eine Option für das eigene Leben und eine Interpretation des Lebens der Anderen.
Die kulturelle Subjektivität und Identität machen jede objektive, eindeutige und allgemeingültige Vermittlung der Realität unmöglich. Die objektive Sicht der menschlichen Erfahrungen und der Dinge der Welt, die Stunde der Wahrheit, die Gesamtschau, die völlig frei und nicht entfremdet ist durch den Widerstand gegen die Wahrheit und durch die Kurzsichtigkeit eines Blickwinkels, ist ein utopischer Horizont.
Es gibt aber auch keine "Kultur des Todes". Alle Kulturen sind von Todes(Sünden)strukturen durchquert. Kulturen sind kodifizierte Kämpfe für das Leben und gegen die "Mächte des Todes". (*Santo Domingo* 13)
Im Innern einer jeden Kultur konstruieren und rekonstruieren alle sozialen Gruppen ihre Weltanschauung, ihre Zeichen und Bedeutungen, ihre Ursprünge und ihre Zielvorstellungen, ihre Religion. Religion ist wie ein Ruderboot, um den Fluss von Ort und Zeit, von Geschichte und Gegenwart zu überqueren. Das Wohin und Woher ist in jeder Kultur ganz spezifisch ausgemalt. Religion und Kultur sind untrennbar miteinander verbunden.

3.9. Geschichte und Religionen sind Heilswege

Inkulturation ist auch der Versuch, den Glauben an Jesus Christus nicht als eine Heilsgeschichte zu verkünden, die parallel zum historischen Projekt der Adressaten des Evangeliums verläuft, sondern auf eine ganzheitliche Realisierung dieses Projekts drängt. Niemand hat eine Heilsgeschichte für andere. Die inkulturierte Evangelisierung vernetzt das Projekt Jesu, das wir als Reich Gottes verstehen, mit dem historisch-kulturellen Projekt sozialer Gruppen. Vernetzung bedeutet jene andere Relation zwischen Weltgeschichte und Heilsgeschichte, jenseits von Identifikation und Trennung. Zum Volk Gottes zu gehören ist kein genealogisches und lineares Privileg Israels mehr. Es gibt keine Geschichte, die sich außerhalb von Schöpfung und Erlösung abspielen könnte.

3.10. Kulturelles Evangelium, präevangelische Kulturen

Um Zugang zur Welt der Anderen und zu den Dingen der Welt zu gewinnen, braucht der Mensch eine der vielen kulturellen Vermittlungen. Sowohl die schriftliche wie auch die mündliche Verkündigung des Evangeliums ist immer an eine bestimmte kulturelle Ausdrucksform gebunden, die jedoch nicht monopolisiert werden kann.

Außerhalb der Kultur gibt es weder Offenbarung noch Erlösung, weder Unterdrückung noch Befreiung. Auch "Sünden" sind kulturelle Phänomene. Die Interpretation oder Offenbarung Jesu Christi als *Logos* ist beispielsweise eine absolut kontextuelle "Entdeckung" und kulturelle Interpretation. Sie kann daher auch nur kulturell und historisch rekonstruiert verstanden werden.

3.11. Nicht Kulturen, sondern Menschen evangelisieren

Im eigentlichen Sinn kann gar nicht von "Evangelisierung der Kulturen" gesprochen werden, weil ja Menschen und nicht Systeme oder Projekte evangelisiert werden. Es wird ja keine Fabrik, sondern es werden die Arbeiter evangelisiert; man predigt auch nicht dem Kapitalismus, sondern, wenn möglich, den Kapitalisten. Strukturveränderungen, an denen sehr viele Menschen beteiligt sein können, dürfen nicht ohne weiteres als Evangelisierung bezeichnet werden.

Bei der Evangelisierung der Kulturen handelt es sich nicht um die Begegnung des Evangeliums mit Kulturen, sondern um die Begegnung eines in Kulturen verschlüsselten Evangeliums, das mit anderen Kulturen in Kontakt tritt. Es handelt sich daher in erster Linie um die Begegnung zweier verschiedener Kulturen. Bis heute ist Evangelisierung nahezu immer von einer der jeweils dominierenden Kulturen ausgegangen. Die Kultur der Armen, der Indios oder anderer subalterner sozialer Gruppen hat im Evangelisierungsprozess (der Reichen) nahezu keine Rolle gespielt.

3.12. Kulturen verfälschen Teilaspekte des Evangeliums

Da wir nur ein kulturell situiertes Evangelium kennen, kann es auch keinen Zugang zu einem "reinen", vor- oder akulturellen Evangelium geben. Aufgrund der Nicht-Identifikation des Evangeliums mit den jeweiligen Kulturen ist das Christentum in jeder historisch-kulturellen Ausprägung nur Gast und nicht Eigentümer. Zwischen göttlicher und menschlicher Natur, zwischen Evangelium und Kultur, zwischen der "Ordnung der Gnade" und der "Ordnung der Natur" besteht eine polare Spannung, kein Widerspruch, aber auch keine Identifikation.
Bei den historisch-kulturellen Vermittlungen der inkulturieren Evangelisierung geht ein Teil der "Energie des Evangeliums" verloren. Die irdenen Gefäße der Kulturen sind zu klein für den "Glanz Gottes" (2 Kor 4, 6ff). Was nach den Aussagen des Vierten Laterankonzils für die dogmatischen Begriffe gilt, das kann auch vom Paradigma "Inkulturation" gesagt werden. Beide zeichnen sich im Vergleich zu der göttlichen Wirklichkeit eher durch ihre Unähnlichkeit (*dissimilitudo*) als durch ihre Ähnlichkeit (*similitudo*) aus.[189] Auch auf der persönlichen Ebene der Pastoralträger bleibt Inkulturation immer ein prekäres Unternehmen, ein Praktikum ohne Ende. Wenn es – unter der Prämisse dieser *dissimilitudo*

[189] Denzinger-Schönmetzer, Nr. 806: "quia inter creatorem et creaturam non potest similitudo notari, quin inter eos maior sit dissimilitudo notanda."

– möglich war, das Evangelium in griechischer Chiffre zu kodieren, wobei wir keineswegs die "Verfälschungen" durch die Hellenisierung des Evangeliums übersehen wollen, dann sollte es auch möglich sein, dieses Evangelium in einer sehr viel plastischeren Nahua-, Maputche- oder Yanomami-Chiffre zu vermitteln.

3.13. Analogie zwischen Inkulturation und Inkarnation

Die Kirche verwirklicht ihre Präsenz in der Welt in "Analogie (...) zum Geheimnis des fleischgewordenen Gottes" (*Lumen gentium* 8). Ohne Pomp folgt sie den Spuren Christi: "Wie aber Christus das Werk der Erlösung in Armut und Verfolgung vollbrachte, so ist auch die Kirche auf den gleichen Weg gerufen, um den Menschen die Früchte der Erlösung mitzuteilen" (*Lumen gentium* 8). Zwischen der Präsenz der Kirche inmitten der "irdischen Wirklichkeit" und der Inkarnation des Logos besteht laut *Lumen gentium* (Nr. 8) eine "nicht unbedeutende Analogie". Diese Analogie zwischen Inkulturation und Inkarnation kann nur verstanden werden, wenn zwischen der göttlichen und der menschlichen Natur Jesu unterschieden wird. Aufgrund seiner menschlichen Natur hat sich Jesus von Nazareth in seine Kultur hineinsozialisiert (Enkulturation), wie alle übrigen Bewohner von Nazareth. Wenn jedoch von seiner göttlichen Natur ausgegangen wird, dann wird man sagen können, dass seine *Kenose*, sein mit der Menschwerdung verbundener Verzicht auf alle Privilegien seiner göttlichen Herkunft, analog als Inkulturation bezeichnet werden kann.
Die "Inkulturation Gottes" in der Welt kann aber auch weiter gefasst werden, wenn man wie *Irenäus von Lyon* davon ausgeht, dass "das Wort, durch das alles geschaffen wurde und das immer unter den Menschen gegenwärtig war, bei Gott" lebte von Anfang an (*Adv. Haer*. III, 18, 1; *PG* 7, 932). Schon vor der Inkarnation des *Logos* hat Gott "auf vielerlei Weise zu den Vätern gesprochen durch die Propheten" (Hebr 1, 1). Das

Gespräch Gottes mit den Menschen und seine Offenbarung in Israels Geschichte waren immer schon analoge Weisen der Inkulturation.

3.14. Evangelisieren mit dem kulturell Verfügbaren

Jesus von Nazareth bediente sich dessen, was ihm kulturell zur Verfügung stand, um das Reich Gottes zu verkündigen. Trotz der relativen Einfachheit seiner Kultur hat er keine kulturellen Anleihen in Ägypten oder Griechenland gemacht, um die Geheimnisse von Gottes frohmachender Botschaft zu verkünden. Wenn er von Gott als Vater sprach, ging es ihm offenbar nicht um konzeptuelle Genauigkeit, sondern um paradigmatische Verständlichkeit. Das "kulturell Verfügbare" ist das leitende Prinzip einer jeden inkulturierten Evangelisierung. Evangelisierung kann nicht von historischen Rekonstruktionen einer so genannten Erstinkulturation leben, sondern muss in jeder Kultur immer wieder neu auch Traditionen aufs Spiel setzen. Keine dogmatische Definition, keine liturgische Praxis lässt sich außerhalb ihres historischen und kulturellen Kontextes verstehen. Deshalb sind sie auch nicht gegen kulturelle Einseitigkeiten, Unschärfen oder Eintrübungen gefeit. Oft verstehen wir die Fragen gar nicht mehr, auf die eine bestimmte Glaubensformel antwortet. Wir stehen dann vor solchen Glaubensformeln wie vor einem Fernsehgerät, das wir zwar ein- und ausschalten können, dessen "funktionale Artikulation" aber nicht mehr durchschaubar ist. In der Welt der Armen stellen die "gelehrten Anleihen" der ersten christlichen Jahrhunderte ein gewisses Hindernis dar. Die Volksreligiosität kann demgegenüber als Inkulturation von unten betrachtet werden.

Jesus verkündete zwar die Gute Nachricht vom Reich Gottes innerhalb einer – seiner – Kultur und damit durch deren Worte, Begriffe, Gleichnisse und Hoffnungen. Die Menschwerdung Jesu hat aber nicht die kulturelle Partikularität eines Volkes monopolisiert, sondern nur beispielhaft gezeigt, wie das Evangelium in allen Kulturen durch das jeweils kulturell Verfügbare kontextualisiert werden kann.

3.15. Die normative Inkulturation

Das *Schlussdokument von Santo Domingo* hat das Paradigma "inkulturierte Evangelisierung" sowohl für die traditionellen Kulturen (*Santo Domingo* 299) wie auch für die Moderne (*Santo Domingo* 298 und 300) gefordert. Emphatisch betont es: "Jedwede Evangelisierung muss daher Inkulturation des Evangeliums sein" (*Santo Domingo* 13). Daher artikuliert *Santo Domingo* das Paradigma "Inkulturation" mit normativen Glaubensaussagen der Nachfolge (vgl. Nr. 13; *Lumen gentium* 8). Inkulturation ist also engagierte Nähe, ist Nachfolge Jesu und Gottesbegegnung in den Armen-Anderen. Die durch Inkulturation auf den Weg gebrachte "engagierte Nähe" bedeutet konkret, Lebensentwürfe, die wir Kulturen nennen, zu ermutigen und einzugreifen, wo Leben bedroht ist durch die Ellenbogen des Stärkeren oder durch Kosten-Nutzen-Rationalität.

Das Paradigma "Inkulturation" muss als normativ für die gesamte Kirche betrachtet werden, weil es nur im Zusammenhang mit der Menschwerdung Gottes (vgl. *Gaudium et spes* 22), der Nachfolge Jesu und seiner Botschaft vom Reich Gottes (vgl. *Gaudium et spes* 45) verstanden werden kann. Mit der Normativität des Paradigmas "Inkulturation" beginnt die Auseinandersetzung um seine theoretische Interpretation und praktische Durchführung. Durch seine normativ-universelle Gültigkeit läuft das Paradigma "Inkulturation" Gefahr, zur formalen und unvermeidlichen Worthülse zu werden. Alte und neue pastorale Praktiken werden unter dem Dach der Inkulturation verhandelt.

Trotz der Normativität des Paradigmas "Inkulturation" muss bedacht werden, dass es in der Kirche auch Ämter der Koordination gibt, bei denen die Artikulation sehr verschiedener Lebensweisen im Vordergrund steht und es dem jeweiligen Pastoralträger unmöglich ist, der Vielzahl der Kulturen (einer Großstadtpfarrei beispielsweise) inkulturiert zu begegnen.

Es muss heute auch an neue Straßenkulturen gedacht werden, die es den aus der Mittelklasse kommenden Pastoralträgern oft psychologisch und biographisch unmöglich machen, sich dort zu inkulturieren. Das stellt den Imperativ der Inkulturation nicht in Frage, sondern weist nur auf die Notwendigkeit hin, in den jeweiligen kulturellen Milieus, in denen der Auferstandene seinen "Missionaren" schon lange vorausgegangen ist, auch die dort wartenden Pastoralträger zu entdecken. "Prekäre" Kulturen sind kein theologisches Niemandsland. Sie erinnern die Großkirche daran, dass der Heilige Geist der Vater der Armen[190] und der Protagonist der Evangelisierung ist (vgl. *Redemptoris missio* 21; 24).

3.16. Normative Inhalte, paradigmatische Sprechweisen, konventionelle Vereinbarungen

Im Paradigma "Inkulturation" stehen die "Treue zur Praxis Jesu und zum Ursprung des Christentums" ebenso wie die "postkoloniale Präsenz und Relevanz" des Evangeliums in fremden Kulturen auf dem Prüfstand. Wie können normative Aussagen Jesu von ihrer kulturellen Einkleidung und von disziplinären Kirchenmaßnahmen unterschieden werden? Geht es bei der "Treue zum Evangelium" um *imitatio* oder um historische Nachfolge Jesu?

Bereits zur Zeit der Apostel hat sich mit der Ausbreitung des Christentums die detailgetreue Nachahmung - *imitatio* - als unmöglich erwiesen, und selbst die Abfassung der Evangelien zeigt, wie sich die Lebensrealität auf das jeweils geschilderte Ereignis auswirken kann. Das so genannte *Konzil von Jerusalem* im Jahre 48 stellte ein erstes offizielles Bemühen der Kirche um Inkulturation dar. Die Jerusalemer Konzilsbeschlüsse haben die Anderen ohne "kulturelle Beschneidung" angenommen und unterschieden ganz pragmatisch zwischen "erlässlichen" und zwischen "notwendigen" Lasten (vgl. Apg 15, 22ff).

---

190 Vgl. Pfingstsequenz: "*Veni, pater pauperum [...], flecte quod est rigidum.*" – "Komm, Vater der Armen, [...], beuge, was verhärtet ist."

Dass es sich beim Mysterium der Inkarnation um einen normativen Inhalt, beim Gleichnis vom Sämann um eine paradigmatische Aussage und beim Zölibat um eine kirchenrechtliche Norm handelt, ist relativ leicht zu erklären. In den beiden letzten Fällen ist die Notwendigkeit von Inkulturation einleuchtend. Aber auch normative Inhalte können nicht in einem akulturellen Leerraum vermittelt werden.

Schwieriger wird die Frage, wenn geschichtliche Ersterfahrungen des Christentums zu normativen Inhalten erklärt werden. Sicher waren in der Kultur Israels grundlegende Erfahrungen der Geschichte der Erlösung, der Offenbarung und des Glaubens eingelagert. Wie kann das Christentum, das tief in die religiöse Geschichte Jerusalems und Roms eingebettet ist, seine Identität bewahren in kultureller Abstandsgleichheit zu allen anderen Völkern? Identität, die autonome Subjekte konstituiert, darf nicht verwechselt werden mit Identifikation, die ein Abhängigkeitsverhältnis zum Ausdruck bringt. Wie kann der christliche Glaube gelebt und vermittelt werden, ohne seine auch historisch gewachsene Identität zu verlieren?

Im Prozess der Evangelisierung geht es vorrangig um neue Beziehungen und nicht um neue Wahrheiten. Die Identität des Christentums ist weder eine Identität der Ursprünge noch eine Identität der Stammbäume. "Abraham zeugte den Isaac. (...) Mattan zeugte den Jakob. Jakob zeugte den Joseph, den Mann Marias, von welcher Jesus geboren wurde, der Christus genannt wird" (Mt 1, 2-16). Wenn aber Joseph nicht der Vater von Jesus war und wenn Maria "durch die Gnade des Heiligen Geistes empfing" (Mt 1, 18), wie das Evangelium berichtet, dann beweist doch die Genealogie nur die Diskontinuität in der Abstammung Jesu und den rein bildhaften oder theologischen Wert der Konstruktion seiner Abstammung, die über Identität wenig aussagt.

Christliche Identität ist weder Ursprungs-, Bluts- noch Bodenidentität. Weder Abstammungsrechte und Erstgeburtsprivilegien noch Mimesis und fundamentalistische *imitatio* garantieren die Identität oder Treue des Christentums. Im Gegenteil. Sie zerstören seine Identität durch historische Erstarrung. Christliche Identität besteht wesentlich in neuen Beziehungen zu Gott, Mensch und Natur. Das Evangelium stellt vertikale, asymmetrische, gleichgültige, dominierende und ausschließende Beziehungen in Frage. Seine Wahrheit liegt nicht in einem philosophisch-theologischen System, sondern in der Person Jesu Christi, dem menschgewordenen Wort Gottes. Er ist das Abbild des Vaters (Joh 14,8ff); er ist die volle Wahrheit und das ganze Leben. In Beziehung zur Person Jesu Christi – und nicht in der Beschwörung von Sätzen – partizipieren Christen an der Wahrheit. Christliche Wahrheit ist "personal", "relational" und "mobil".

Durch die normative Überbetonung *eines* der historisch-kulturellen Kontexte der Ursprünge des Christentums wird die Evangelisierung tendenziell kolonisatorisch. Die Identität des Christentums liegt nicht in seinem Ursprung, sondern in seiner Diakonie und in seinem WEG. Aber auch Diakonie und Weg repräsentieren keine außerkulturelle Überidentität. Die Identität des Christentums ist undenkbar ohne die Identität seiner Subjekte, also ohne die Identität eines ganz bestimmten Volkes in seiner Geschichte und Kultur. Gerade Inkulturation des Evangeliums stärkt die Identität eines jeden Volkes, weil sie auf die "Mächte des Todes" aufmerksam macht (vgl. *Santo Domingo* 13). Nicht nur die Völker des westlichen Christentums, sondern auch die Völker, die außerhalb des kulturellen Bereiches des Abendlandes leben, haben eine Identität und ein verteidigungswürdiges historisch-kulturelles Denk- und Lebensmodell.

In Zeiten einer engen Verbindung der politischen Macht mit einer lehramtlich legitimierten zentralistischen Kirchenleitung - wie in den Anfängen der Evangelisierung Amerikas - setzt sich die Tendenz durch, den Bereich der "notwendigen Lasten" auszuweiten. Streng genommen gibt es Inkulturation nur in einem distanzierten Verhältnis zu politischen Machtzentren. Wer die Macht hat, fragt nicht nach Inkulturation.

3.17. "Inkulturation" intendiert "Befreiung"

Das Ziel der Inkulturation ist Befreiung, und der Weg zur Befreiung geht durch die Praxis der Inkulturation. Makrostrukturelle Befreiung erfordert mikrostrukturelle Nähe. Die Menschwerdung Jesu geht seiner Erlösungstat nicht voraus, sondern ist eines seiner ausdrucksvollen Zeichen. So ist auch die Inkulturation des Evangeliums nicht ein Vorgang, welcher der eigentlichen Evangelisierung vorausgeht, sondern sie stets begleitet. Die Inkulturation des Evangeliums ist integrierender Bestandteil der Evangelisierung selbst.

In der Artikulation beider Paradigmen kommt auch die innerkirchliche Spannung zwischen universal und lokal zum Ausdruck. Die Universalkirche ist die Summe der unter sich vernetzten Ortskirchen. Durch die Verbindung des Lebens einer Teilkirche - in ihrem jeweiligen kulturellen Kontext - mit dem missionarischen Auftrag, der alle geographischen, sozialen, ethnischen und geschlechtsspezifischen Grenzen überwinden möchte, stellt sich die Frage der inkulturierten Evangelisierung immer wieder aufs Neue.

Eine inkulturierte Evangelisierung vernachlässigt nicht die Option für die Armen. Auch Armut ist ein kulturelles Phänomen. Inkulturation lenkt Evangelisierung nicht von den großen Fragen, die heute die Menschheit bewegen, ab, sondern, im Gegenteil, sucht jene Orte und sozialen Gruppen auf, wo diese Fragen zerstörerische Auswirkungen haben. Lokale Rationalitäten und Praktiken der Solidarität leisten einen wichtigen Beitrag zur Überwindung gesamtmenschheitlicher Irrationalitäten.

Symmetrische Beziehungen der Solidarität zwischen Gleichen und Verschiedenartigen in mikrostrukturellen Kontexten weisen auf die Gratuität der Option für die Armen hin, auf Neuverteilung der Güter und auf Diakonie. Aber auch der Traum von universaler Befreiung braucht keine christliche Allmachtsphantasie zum Ausdruck zu bringen. Universal kann eben auch heißen, dass niemand ausgeschlossen ist. Der von der

Kultur angestiftete Kampf um das gute Leben in "unserer jeweiligen kleinen Welt" und der vom Evangelium inspirierte Kampf für eine global umstrukturierte neue Welt, in der alle Menschen sich zu Hause fühlen können, sind politisch komplementäre Kämpfe. Die tragfähige Einheit des Menschengeschlechts setzt die Identität der Kleingruppen voraus. In universal artikulierter Kontextualität kommt die organische Verbundenheit der Paradigmen "Inkulturation" und "Befreiung" immer wieder zum Ausdruck.

IX. Das Gedächtnis von Maria Menacho und der Widerstand der Severinos
Artikulation der Subjekte im Kontext der Globalisierung

Inmitten von Gewinnern und verängstigt Überlebenden der Globalisierung sehe ich Maria Menacho aus Bolivien und Severino aus dem Nordosten Brasiliens den Kopf schütteln. Sie sind nicht die Einzigen. Seit dem alternativen Sozialen Weltforum, das im Januar 2001 in Porto Alegre, Brasilien, stattfand, werden es immer mehr und die Proteste werden lauter. In der Einbahnstraße des Neoliberalismus artikuliert sich nach der bürgerlichen und der proletarischen Revolution ein drittes Subjekt. Die indianischen Völker gehören dazu, weil sie noch den Schlüssel zu einer sozialen Ordnung haben, die weder Ausschluss noch Marginalisierung produziert. Das Indiodorf kennt keine Straßenkinder. Die indianische Gesellschaft, wo sie nicht zerstört wurde, zentriert sich nicht um Gewinn, sondern um die Person und die Gemeinschaft.

I.

Auf einem Pastoraltreffen der Indios in Trinidad (Beni/Bolivien), das so jeden Tag stattfinden könnte, bittet Maria Menacho um das Wort und erklärt dann ohne Umschweife und Bitterkeit:

"Mit Erlaubnis der Schwester, die gescheiter ist als ich; aber ich habe das hier" – und sie zeigt auf ihre Stirn und meint ihr Gedächtnis – "das lässt mich nie im Stich und das ist besser. Ich möchte mich vorstellen. Ich bin Maria von San Ignacio de Moxos. San Ignacio ist ein großes Dorf. Überaus schön, besonders zur Zeit des Festes. Ah! Das Fest ... Ja, so ist mein Volk. Früher hat man in meinem Dorf alles geerntet. Wir lebten im Überfluss. Wir pflanzten sogar Zucker, und es blieb noch übrig. Jetzt haben uns die Weißen eingepfercht und möchten, dass wir weiterhin pflanzen. Sie haben unser Land geraubt. Kann man vielleicht in einer

Faust pflanzen? (Sie zeigt ihre Faust.) Jetzt können wir nicht einmal mehr Holz holen, weil alles eingezäunt ist. Und wenn unsere Männer durch die Zäune schlüpfen, um nur einen Stecken zu schneiden, dann wollen die sie töten. Man kann schon nicht mehr pflanzen, nicht mehr Holz holen. Wir sind eingepfercht und immer mehr eingezäunt."

Maria von San Ignacio gehört zu den 20.000 Überlebenden der 15 Reduktionen, in denen die Jesuiten zwischen 1648 und 1767 das Volk der Mojos, das zur Sprachfamilie der Aruak gehört, zusammengefasst hatten.[191] Das Land der Mojos, das heute zum Regierungsbezirk Beni gehört, war – ehe die Jesuiten kamen – von Expeditionen auf der Suche nach dem sagenumwobenen El Dorado verwüstet worden. Dann, nach der Vertreibung der Jesuiten in der zweiten Hälfte des 18. Jahrhunderts, verwalteten Funktionäre des Staates die Reduktionen und bereicherten sich auf Kosten der Indios. Das war auch noch in der zweiten Hälfte des 19. Jahrhunderts in ganz Amerika ähnlich. Tavares Bastos schreibt über die brasilianische Amazonasregion:

"Die geltende Gesetzgebung für die Indios, ihre Katechese und ihre Fixierung in Dörfern hatte ein lukratives Ziel: ihre Arbeitskraft zu disziplinieren. (...) Der staatliche Direktor der Indios ist ihr offizieller Ausbeuter. Die Ernennungsurkunde als 'Direktor der Indios' (...) funktioniert wie eine Kreditkarte; der neue Direktor zeigt sie den Geschäftsleuten der Stadt vor und erhält dann seine Waren mit dem Versprechen, diese mit der Arbeit der Indios zu bezahlen. (...) Die Indios erhalten keinen Geldlohn. Der Umtausch in Lebensmittel ist der Weg, um sie auszurauben."[192]

---

191 Vgl. P. Suess, *Die Fackel des Severino. Solidarität im Kontext der Globalisierung*, Orientierung 64/9 (15. Mai 2000), 97-100.

192 T. Bastos, *O vale do Amazonas* [1866], 3. Aufl., São Paulo 1975, 204.

Aber wir sind nicht nur "Archäologen", sondern Zeitgenossen der Barbarei gegen die indianischen Völker. Im Jahr 1957 zeigte ein Bericht des Anthropologen Darcy Ribeiro, dass seit der Jahrhundertwende mehr als 80 indianische Völker ausgerottet worden waren. In diesem Zeitraum von etwa 50 Jahren wurde "die indianische Bevölkerung Brasiliens von ungefähr einer Million auf weniger als 200.000 reduziert".[193] Shelton Davis beschreibt die brasilianische Tragödie im Hinblick auf die Indigenas Brasiliens:

"Die Kaingang von São Paulo, beispielsweise, wurden zwischen 1912 und 1957 von 1200 Personen (...) auf nur 87 in Lumpen gehüllte und hungrige Individuen reduziert, die Xokleng vom Staat Santa Catarina von mehr als 800 auf weniger als 190. Die Nambikuara vom Staat Mato Grosso wurden von schätzungsweise 10.000 Leuten auf weniger als 1000 ausgerottet. Die einst stolzen und erfolgreichen Kayapó, die in der Gegend von Conceição do Araguaia, im Süden des Staates Pará lebten, fielen zwischen 1902 und 1957 von 2500 Stammesmitgliedern auf weniger als 10 zurück. Von den Stämmen der Tembé und Timbira, die im Flusstal des Gurupi entlang der Grenze der Staaten Pará und Maranhão lebten und deren Bevölkerung aufgrund einer Volkszählung von 1872 auf 6000 oder 7000 gezählt worden war, blieben bis 1957 noch drei Dörfer mit jeweils 20 Personen übrig."[194]

Aber nicht nur die "Privatinitiative", auch die 1910 gegründete Indianerschutzbehörde (Serviço de Proteção aos Índios/SPI) war am Völkermord der Indios in Brasilien beteiligt. Im März 1968 erklärte General Albuquerque Lima in einem Interview in Rio de Janeiro, dass man "Beweise

193 Shelton H. Davis, *Vítimas do milagre. O desenvolvimento e os índios do Brasil*, Rio de Janeiro 1978, 27. Vgl. D. Ribeiro, *Culturas e línguas indígenas do Brasil. Educação e Ciência*, Rio de Janeiro 1957, 1-102.

194 Davis, *Vítimas* (wie Anm. 193), 28, vgl. 29-41.

für eine umfassende Korruption und für Sadismus gegen die Indios habe, Beweise, die von der Ausrottung ganzer Volksstämme durch Dynamit und Schnellfeuergewehr bis zu mit Arsen vermischtem Zucker reichten". Von den 700 Angestellten der Indianerschutzbehörde wurde mehr als die Hälfte wegen Korruption und Betrügerei angeklagt.

Auch eine neu gegründete Behörde zum Schutz der Indios – a *Fundação Nacional do Índio* (Funai) – war den geerbten Problemen weder ethisch noch politisch gewachsen. Es war die Zeit der Diktatur. Der neue Präsident, General Garrastazu Médici (1969-1974), begann seine Regierungsperiode mit der Ankündigung, dass er 500 Millionen Dollar in den Bau der Transamazônica-Straße investieren wolle. Dieses Projekt hat seine Schatten des Völkermords über 29 indianische Völker geworfen.

Das Volk der Nambikuara wurde ein exemplarisches Opfer dieser Entwicklungspolitik durch Straßenbau. Die Funai, mit ihrem Präsidenten General Bandeira de Melo, hat die Indios aus ihrem Territorium entfernt, das durch die Bundesstraße BR-364 durchquert werden sollte. Zwischen 1968 und 1979 wurde das Indioland im Tal des Guaporé dann an 22 Ackerbau- und Viehzuchtfirmen verkauft. Aber die Nambikuara kehrten auf ihr traditionelles Land zurück. Unter dem Druck der internationalen Presse musste die Luftwaffe an Weihnachten 1971 mit Hubschraubern die zerstreuten und krank gewordenen Nambiquaras einsammeln. Bei einer Masernepidemie starben alle Kinder unter 15 Jahren. Durch die Zeitungen ging die Nachricht von einem "brasilianischen Biafra".[195] Proteste auf internationalen Foren brachten keinen Erfolg. Mit dem Geld der Weltbank begann 1982 endgültig die Konstruktion einer neuen Trassierung der Bundesstraße BR-364, die durch Nambiquara-Land ging und es zerstörte.

Jedes der indianischen Völker kann eine traumatische Geschichte des Kontakts mit der Nationalgesellschaft erzählen. Seit 1987 sind etwa

[195] Vgl. V. Carelli; M. Severiano, *Mão branca contra o povo cinza. Vamos matar este índio?*, São Paulo 1980, 12.

40.000 Goldsucher ins Yanomami-Land an der Nordgrenze Brasiliens mit Venezuela eingefallen. Sie haben die Flüsse mit Merkur vergiftet, die Dörfer der Yanomami zerstört, haben Krankheit und Tod gebracht. In zwei Jahren starben mehr als 1500 Yanomami. Ganze Dörfer sind verschwunden. Im Jahr 1988 landeten täglich mehr als 100 kleine Flugzeuge auf Geheimpisten im Territorium der 10.000 Yanomami. Seit der Regierung Médici durchquert die Grenzstraße *Perimetral Norte* ihr Land. Im Jahr 1986 entdeckte die Presse geheime Pläne über das Projekt Nordschild (Projeto Calha Norte), das vom Nationalen Sicherheitsrat erarbeitet worden war. Hinter dem Vorwand, die Grenzen zwischen Brasilien und Venezuela sicher zu machen, stand die fantasiereiche Theorie, dass die Yanomami-Bevölkerung ja ihre Unabhängigkeit erklären könnte. Die Regierung Fernando Henrique Cardoso (1995-2003) hat das Projekt wieder aufgenommen. In Wirklichkeit geht es nicht um Sicherheit, sondern um Bodenschätze. Bodenschätze aber unterlaufen alle gesetzlich geregelten Bodenverhältnisse.
In den kurzen 500 Jahren brasilianischer Geschichte wurden mehr als 1470 indianische Völker ausgerottet, mit ihren Sprachen, Kulturen, Religionen und Lebensprojekten.[196] Heute leben auf brasilianischem Boden etwa 500.000 Indigenas, offizielle Zahlen der Regierung sprechen von 325.000. Sie gehören zu 215 verschiedenen Stämmen und sprechen 180 verschiedene Sprachen.[197]
Doch zurück zu Maria Menacho. Schließlich dezimierte der Gummi-Boom am Ende des 19. Jahrhunderts auf drastische Weise ihr Volk und führte die überlebenden Mojos in die totale Abhängigkeit von Händlern und Großgrundbesitzern. Die Mojos reagierten auf die Invasion ihres

196 Conselho Indigenista Missioário/CIMI (Hg.), *Outros 500. Construindo uma nova história*, São Paulo 2001, 222-241.

197 Vgl. die statistischen Daten in: Presidência da República, *Sociedades indígenas,* loc., cit., 11f. Als Gesamtzahl der Indigenas Brasiliens wird dort genannt: 325.652.

Landes mit der messianischen Bewegung der Loma Santa, die 1887 begann und später den Charakter eines militärischen Widerstandes annahm. Diese Bewegung existiert auch heute noch, gleichwohl ohne ihre ursprüngliche Kraft.[198] Heute leben die Mojos in einer sehr großen ökonomischen Abhängigkeit von Kaufleuten und Händlern, die sich am ungleichen Tausch der Waren bereichern. Außerdem werden sie von Großgrundbesitzern ausgebeutet, für die sie als Tagelöhner arbeiten.
Der Diskurs von Maria Menacho ist von einer stichhaltigen Logik, wenn sie etwa behauptet, dass es besser ist, *das Gedächtnis* zu haben, als *gescheit* zu sein; wenn sie *die Zeit vorher* als Zeit der Ernte mit dem *Heute* vergleicht, wo man weder säen noch pflanzen kann; wenn sie der *Würde*, zu *einem großen Dorf und Volk zu gehören*, die *Schande* gegenüberstellt, *Weißer und Landräuber* zu sein; wenn sie auf der *Identität* ihres Volkes als Mojos und "Ignatianos" besteht, auf der Identität eines Volkes, das zu *feiern* und zu *arbeiten* weiß und das sich am Fest seines Schutzpatrons, des Heiligen Ignatius, am 31. Juli trifft und sich immer wieder zusammenfindet, um Widerstand zu leisten.
Überall auf dem lateinamerikanischen Kontinent leben die indianischen Völker diese Erfahrung von Maria Menacho. Die globalisierten nationalen Ideologien stimmen in der Behauptung überein, dass das indianische Anderssein – innerhalb der Mechanismen einer zwangsläufigen Entwicklung – einen zurückgebliebenen Zustand darstellt und dass indianischer Grund und Boden dem "produktiven" Großgrundbesitz eingegliedert werden muss. Der Druck auf das indianische Projekt kann so groß sein, dass Selbstmord als eine erlösende Perspektive erscheint. Unter den Guarani und Kaiová aus dem Mato Grosso do Sul Brasiliens gab es zwischen 1986 und 2000 337 Selbstmorde, vor allem unter jungen Leuten. Die staatliche Bodenvermessung in diesem Gebiet war in Wirklichkeit eine drastische und zwangsweise Bodenreduzierung. Die Selbstmorde fanden in überbevölkerten Gebieten statt und in Gegenden, wo die

198 J. Riester, *Em busca de la Loma Santa*, La Paz-Cochabamba 1976, 47-50.

Großgrundbesitzer oder Kleinbauern in Indioland eingefallen waren.[199] In einem langen Prozess der Zerstörung ihres geographischen und spirituellen Territoriums wurden die Lebensperspektiven, die kulturellen und familiären Bande der Kaiová ruiniert. Aber Landraub muss nicht nur Selbstmord produzieren. Gleichzeitig mit dem Prozess der Selbstzerstörung findet ein Prozess der Selbstbehauptung statt. Die Geschichte verläuft nicht linear. In den letzten 25 Jahren wurde auch Land dem Großgrundbesitz abgetrotzt. Mehr als 60 indianische Völker Brasiliens, die schon als ausgestorben galten, haben wieder neu ihre indianische Namen und Identität angenommen und verteidigt. Wir nennen sie in Brasilien *povos ressurgidos*, auferstandene Völker. Auf einem Treffen am Tapajos erklärten sie: "Das Blut und die Träume unserer Vorfahren leben in uns weiter. Obwohl sie die Zweige an unserem Lebensbaum abgeschnitten, seine Früchte geraubt und seinen Stamm verbrannt haben, die Wurzeln leben weiter und niemand kann sie ausreißen."

II.

Severino, der von seinem Land vertriebene Kleinbauer, erzählt eine sehr ähnliche Geschichte wie Maria Menacho. "Mein Name ist Severino", sagt er und beginnt seine Lebensgeschichte zu erzählen. Er ist an einem kritischen Punkt angekommen. Soll er den Sprung wagen "von der Brücke und vom Leben" und freiwillig "umsiedeln", wie Sokrates das ihm verordnete Sterben bezeichnete? Soll er zum "besseren Teil aufbrechen", wie die Armen Lateinamerikas den Tod umschreiben? Kann das alles gewesen sein, was vor dem Sprung von der Brücke liegt?
In der Dichtung *Tod und Leben des Severino* hat João Cabral de Melo Neto einen Landflüchtling aus dem Nordosten Brasiliens paradigmatisch beschrieben:

---

199 CIMI Regional MS, *O mistério dos suicídios*, Porantim XXI/249 (Oktober 1999), 4.

"Wir sind viele Severinos,
alle in der gleichen Lebenslage. (...)
Und wenn wir gleiche Severinos sind
im Leben und aller Not,
so sterben wir auch den gleichen Tod:
denselben Severinotod.
Er ist der Tod, den man aus Altersschwäche stirbt,
bevor man dreißig Jahre alt,
oder ehe man zwanzig ist, durch einen Hinterhalt.
Durch Hunger jeden Tag ein wenig."[200]

Severino spricht nicht vom Bruttosozialprodukt oder von der Weltbank und auch nicht von Verteilungsgerechtigkeit oder von Umweltzerstörung. Und doch beobachtet er politisch ganz richtig, dass man mit dem Tod nicht nur den Bach herunterkommen kann. An Ausgrenzung und Umsiedlung kann man auch sein Geld verdienen. Auf der Suche nach Arbeit wird Severino gefragt:

"Aber sag, Landflüchtling, kannst du das Benediktus beten?
Kannst du Loblieder singen und Verstorbene aussegnen?
Litaneien aufsagen und Tote begraben? (...)
Da der Tod wirkt fort und fort,
bietet sich nur dem einen Arbeit an,
Der am Tod seinen Nutzen finden kann.
Schau doch auf andere Leute aus ähnlichen Berufen,
Apotheker, Totengräber, auch höhere Einkommensstufen,
Sie rudern gegen den Strom der Menschen,
Die abwärts wandern zum Meer,/ Sie sind umgekehrte Landflüchtlinge
Und kommen vom Meer herauf hierher."[201]

---

[200] J. Cabral de Melo Neto, *Tod und Leben des Severino*, St. Gallen-Wuppertal 1985, 13.

Severino überwindet die Melancholie, sich dem Todesstrom preiszugeben, und widersteht gleichzeitig der Versuchung, Unterwegs-Sein zu verstehen als Hochkommen auf Kosten anderer. Durch Überschreiten der eigenen Grenzen antwortet er auf Ausgrenzung. "Unterwegs-Sein mit Severino" kann als der Beginn von Solidarität verstanden werden. Solidarität ist Hinreise zu den Opfern. Sie macht den Zusammenhang zwischen systemischer Verhärtung und menschlichem Leiden deutlich. Das Leiden der Menschen ohne Dach, Land und Arbeit ist kein diffuser "Weltschmerz". Es hat seine Ursache nicht darin, dass Brot und Boden, Wohnraum und Wissen fehlen. Nicht die Erkenntnisprobleme sind unüberwindlich, sondern die Verteilerwiderstände. Brasilien ist kein armes Land, sondern ein ungerechtes Land. Dem durch Fußball und Karneval simulierten kulturellen Zusammenhalt steht eine sozial gespaltene Gesellschaft gegenüber. Wie kam es dazu?
Die siebziger Jahre waren für Brasilien gleichzeitig Jahre des Wirtschaftswachstums und sozialer *Ungleichheit*. In *Medellín* sprach die lateinamerikanische Kirche von struktureller und institutionalisierter Gewalt. Diese Ungleichheit konnte noch historisch als Erbe der Sklaverei verstanden werden. In den achtziger Jahren, dem so genannten verlorenen Jahrzehnt mit 2 % jährlichem Wirtschaftswachstum in Lateinamerika, vertieften sich die sozialen Gegensätze zu einer Situation *extremer Armut*. Die Severinos wanderten vom Land in die Städte, wo sie ohne Arbeit und Dach über dem Kopf wohltätiger Willkür und brutaler Gewalt ausgesetzt sind. Seit dem Beginn der neunziger Jahre – die das Jahrzehnt des so genannten Konsenses von Washington einleiteten – geht es schon nicht mehr um systeminterne Armut, sondern um den *Ausschluss* großer Bevölkerungsgruppen aus dem sozialen Zusammenleben. Der Konsens hat entmutigende Ergebnisse gebracht im Hinblick auf ökonomisches Wachstum (3 % pro Jahr in Lateinamerika), auf Reduzierung der Armut, Verteilung der Einkommen und chronische Arbeitslo-

---

[201] ebd. 34, 36.

sigkeit. Lateinamerika ging ins dritte Jahrtausend mit mehr als einem Drittel (150 Millionen) seiner Menschen, die weniger als 2 USD pro Tag verdienen, in großer Armut.
In den unscharfen Begriffen "Neoliberalismus" und "Globalisierung" werden nun die weltweiten Phänomene, die zu diesem Ausschluss geführt haben, angesprochen. Die unkontrollierte Ausweitung der Finanz- und Warenmärkte hat weltweit Arbeitslosigkeit und Sozialabbau zur Folge. Aus dem Land der Gegensätze werden durch die Einpassung in die Finanzarchitektur Washingtons zwei verschiedene Länder. Beide Brasilien, das reiche und das ausgeschlossene, sind durch eine soziale Mauer voneinander getrennt.
In den sozial gespaltenen Gesellschaften wird Globalisierung von den einen wie ein Heilserum angepriesen und von den anderen wie Schlangengift gefürchtet. Heilen soll neoliberale Globalisierung vom zu teuer gewordenen Sozialstaat. Diese Medizin sei nicht nur bitter, sondern tödlich, sagen die Betroffenen. So können das Unbehagen von Severino und das Wohlbefinden von Bill Gates gleichermaßen auf dem Konto von neoliberalen Globalisierungsprozessen verrechnet werden. Den Privilegien der Eliten entspricht seitenverkehrt die Verweigerung der sozialen Grundrechte für die Severinos. Um für ihren Sechsjährigen einen Platz zu ergattern, steht die ganze Großfamilie eine Woche lang Tag und Nacht abwechselnd in einer Warteschlange vor einer öffentlichen Schule. Andererseits stehen eine Reihe von Schulen leer. Der Bürgermeister bietet sie dann Hausbesetzern als alternative Wohngelegenheit an.
Während die Sklaven zwar ohne Bürgerrechte, aber für das ökonomische Kalkül notwendig waren, sind die heute Ausgeschlossenen zwar mit formalen Bürgerrechten ausgestattet, jedoch ökonomisch überflüssig. Die Eliten Brasiliens erklären die Ausgeschlossenen zur "gefährlichen

Klasse", gegen die in Gefängnissen (Carandiru[202]), in den Großstadtzentren (Candelária[203]), im Landesinnern (Eldorado de Carajás[204]) und in Favelas (Vigário Geral[205]) ein Ausrottungskrieg stattfindet. Strammes Vorgehen gegen die Verlierer erhöht die Wahlchancen der Politiker. Verweigerte Solidarität ist die offene Wunde der Zwei-Drittel-Welt und neoliberale Globalisierung wird zum "letzten Schrei" der Ausgeschlossenen. Wer zu einer Menschengruppe gehört, die zwei oder drei Generationen auf der Straße zu leben gezwungen war, von medizinischer Basisversorgung und elementaren Bildungs- und Sozialstrukturen ausgeschlossen, stellt den Gattungsbegriff "Mensch" neu zur Diskussion. Der evolutionäre Horizont kann sich auch hinter uns lichten.
Aufgrund der knappen Ressourcen des Planeten Erde und bei einer Wachstumsrate, die uns nötigt, für das Jahr 2050 mit zwölf Milliarden Menschen zu rechnen, kann der Wohlstand der Reichen nicht mehr allen Menschen versprochen werden. Eine kurzlebige Technologie im Dienste der Warengesellschaft konfrontiert uns immer rascher mit immer mehr Produkten, die für immer weniger Menschen zugänglich sind.
Weil der elitäre Wohlstand nicht für alle reicht, ist die Verelendung durch Ausschluss eine Bedingung neoliberaler Globalisierung und kein zufälliges Nebenprodukt. Bei der faktischen Hegemonie des globalen Marktes muss Globalisierung immer auch als eine Funktion dieses neo-

---

202 Im Landesgefängnis "Carandiru" in São Paulo wurden am 12. Oktober 1992 anlässlich einer Revolte 111 Gefangene ermordet.

203 Am 23. Juli 1993 wurden bei einem Polizeieinsatz 8 Straßenkinder vor der Candelária-Kirche in Rio de Janeiro umgebracht. Einige überlebende Zeugen des Massakers wurden später ermordet.

204 Am 17. April 1996 wurden in Eldorado de Carajás (im Staat Pará) 19 landlose Arbeiter bei der Räumung der Bundesstraße PA-150 von der Militärpolizei erschossen.

205 Am 30. August 1993 wurden in der Favela "Vigário Geral" (Rio de Janeiro) 21 Personen von etwa 50 vermummten Polizisten des 9. Bataillons der Militärpolizei umgebracht.

liberal gesteuerten und expandierenden Marktes im strategischen Bündnis mit Technologie und militärischem Apparat verstanden werden. Die Globalisierung der Medien ist der Hegemonie des Marktes zugeordnet, nicht prinzipiell, wohl aber faktisch. Die wildwüchsig privatisierten Medienkonzerne sind der neokoloniale Arm der Warengesellschaft.

III.

Kann angesichts der lawinenartig anwachsenden Ausschlussbewegung, kann da Hoffnung überhaupt noch historisch vermittelt werden? Severino ist in der Dichtung João Cabrals "ein magerer Knabe (...), ein bleiches Kind"[206]. Und er sucht nach einem Ausweg. "Jetzt müsste mir einer den richtigen Weg zeigen unter all denen, die sich vor mir verzweigen"[207], ruft er denen zu, die sich um Solidarität bemühen. Aber es ist auch wiederum nur ein rhetorischer Ruf, denn Severinos Leben ist der personifizierte Ausweg, ein "Lehrhaus" des Widerstands in den Rissen des Weltsystems. Severino, der Neugeborene, ist "schön wie ein Ja in einem Saal voller Nein"[208]. Er ist "schön, weil er eine Tür ist, die sich in viele Ausgänge verkehrt". Und er ist schön, weil er die "Windstille mit Windeswut" herausfordert.

Ich sehe Severino mitten unter uns. Seine Präsenz klagt die größere Gerechtigkeit und die größere Liebe des Evangeliums ein: Wenn eure Gerechtigkeit nicht größer ist als die von Bretton Woods[209] und wenn eure Phantasie nicht weiter geht als die vom Ökonomischen Weltforum in

---

206 Neto, *Tod und Leben* (wie Anm. 200), 84.

207 ebd. 23.

208 ebd. 85, 86.

209 In Bretton Woods (USA, New Hampshire) tagten am 22. Juli 1944 auf Einladung des amerikanischen Finanzministeriums die Vertreter von 44 Staaten auf einer Finanzkonferenz der Vereinten Nationen und beschlossen die Gründung des Internationalen Währungsfonds (IWF) und der Weltbank.

Davos, könnt ihr nicht von Solidarität reden. Die vielen Severinos und Severinas in der gleichen Lebenslage geben dem Prozess um die Bewahrung des Lebens und um die Anerkennung von Anderssein eine universale Dimension. Laut Entwicklungsbericht der Weltbank werden im Jahr 2000 1,5 Milliarden Menschen mit weniger als einem Dollar pro Tag zu überleben gezwungen sein.[210]

Im Kampf um die "größere Gerechtigkeit" kann in gespaltenen Gesellschaften vielfach nicht mehr mit flankierenden Maßnahmen des konventionellen Rechtssystems gerechnet werden. Das Menschenrecht auf Arbeit, Gesundheitsfürsorge und Schulbildung wird weltweit faktisch zum Vorrecht privilegierter Minderheiten. Die Angst vor dem Ausschluss wird zur erpresserischen Daumenschraube. Wer aus den Kontexten sozialer Solidarität ausgeschlossen ist, ist es auch aus der planetarischen Zivilisation. Staatliche Entsolidarisierung, die "angelsächsische Lösung", und demokratische Schrumpfung, die "asiatische Wirklichkeit", bekommen mehr und mehr Modellcharakter.

Aber soziale Kämpfe und kontextuell-planetarische Solidarität schaffen neues Recht. Recht als Perspektive und Grundlage für Gerechtigkeit darf daher nicht aufgegeben und muss immer wieder neu verhandelt werden. Die "größere Gerechtigkeit" zitiert das alt gewordene Recht vor das Tribunal der Opfer. Die Substanz dieser Gerechtigkeit ist Liebe und Gratuität im Dienst der Beschädigten.

Die "größere Liebe" ist polyglott. Auch gelingende Sozialisationsprozesse sind mehrsprachig im weitesten Sinn. Sie brauchen nicht nur die Strukturvorgaben des Eigenen – Kultur, Sprache, Vorbilder –, sondern auch die Begegnung mit dem Anderen und seinen Vorgaben. Aber Nachbarschaft soll nicht nur unter dem Aspekt der Brauchbarkeit gese-

---

210 E. Somonetti, *As raízes da pobreza são antigas*, Veja (22.9.1999), 124. – Vgl. Die Gruppe von Lissabon, *Grenzen des Wettbewerbs. Die Globalisierung der Wirtschaft und die Zukunft der Menschheit*, München 1997 (Cambridge, Mass. 1995), 172.

hen werden. Sie hat immer auch – den alten, kranken, armen Nachbarn und die künftigen Generationen einschließend – eine Dimension von Gratuität in praktisch gelebter Barmherzigkeit und täglich einzuübender Toleranz. Die Erfahrung weltweiter Nachbarschaft macht aus der Begegnung mit den Anderen keine Heimsuchung unter Fremden, sondern Besuche unter Nachbarn. Aber das ist uns alles nicht angeboren. Es muss pädagogisch motiviert und eingeübt werden. Neue Nachbarn bedrohen nicht, was immer wir unter "Heimat", "Identität" und "Individualität" verstehen, sondern kontextualisieren und entprivatisieren unseren Lebensentwurf.
Anthropologen und Naturwissenschaftler dieses Jahrhunderts haben immer wieder auf das Nebeneinander verschiedener logischer Kalküle unter Völkern und in Naturvorgängen hingewiesen. Es ist nicht die Zwei- oder Vielsprachigkeit der multikulturellen Gesellschaft, welche gelingende Sozialisationsprozesse der heranwachsenden Generation erschwert, sondern eher die medial vermittelte Einsprachigkeit, die sich nicht als Artikulation und Gespräch über Zäune und Grenzen hinweg verstehen kann. Häufig wird sie zum Ursprung von Gewalt. In der Besinnung auf Identität, in der Gestaltung von Kontextualität und in umfassender Artikulation geschichtlich bewährter Vernunft liegt die Chance einer befreienden Begegnung mit sich selbst und mit anderen.
Wo die materiellen Gewinner der Globalisation von den Medien nicht einfach als Glückskinder oder Ausbeuter vorgestellt werden, sondern als die kulturell korrekteren Spieler, da wird es für die junge Generation schwierig, ein autonomes Selbst herauszubilden, das soziale Wirklichkeit und menschliche Entwicklung als prozesshafte Aufgabe und solidarische Verantwortung und nicht als naturhafte Tüchtigkeit verstehen kann. Oder anders gesagt: Wie sollen wir uns mit den Verlierern solidarisieren, wo doch die Verlierer die unkorrekten Spieler sind?
Der theologische Eros und Logos stehen dafür ein, dass Wirklichkeit aus der Perspektive eines nachhaltigen Glaubens verantwortlich angeeignet und verändert werden kann. Theologie ist also immer auch politische

Hermeneutik, die sinnvolles Leben sozial verantwortlich artikuliert im Innern einer kontingenten Geschichte. Als praktische Theologie vernetzt sie Orte weltweiter Solidarität zu Lernorten des Glaubens. Universitäten und Kirchen sind Orte, wo wir das Kopfschütteln lernen sollten, weil wir uns dagegen auflehnen, dass das Unrecht – nach den Worten Brechts – dadurch Rechtscharakter gewinnt, "dass es häufig vorkommt".[211] Die Welt, die uns umgibt mit ihren Normalfällen und Sachzwängen, muss uns immer auch etwas fremd bleiben, damit wir die Furcht vor dem Anderen, der uns noch fremd ist, verlieren.

IV.

Solidarische Artikulation mit dem "dritten Subjekt" hat unterschiedliche Dimensionen: Sie ist unmittelbare Hilfe für die Betroffenen; sie führt solidarische Menschen aus ihrem eigenen Planquadrat hinaus, und erst dadurch können sie bei sich selbst ankommen; sie setzt sich praktisch-politisch für eine gerechte Welt ein, damit die Gewalt, der die Maria Menacho und die Severinos von heute ausgesetzt sind, nicht zum Normalfall des 21. Jahrhunderts wird. Eine theologisch-praktische Pädagogik, die Solidarität nicht nur als Inhalt und Ziel, sondern als den Weg ihrer Vermittlung versteht, muss sich wenigstens an zwei Horizonten abarbeiten: am kulturellen Horizont des Welt- und Menschenbildes und am politischen Horizont einer Ethik des zivilen Widerstands.
Am Ende dieses Jahrhunderts hat sich ein zivilisatorischer Zyklus totgelaufen, der insgesamt weder das Leben der Mehrheit der Menschen in Würde, Gerechtigkeit und Freiheit noch die Integrität des Planeten Erde zu garantieren vermag. Es geht hier also nicht um Nebenfolgen der Moderne oder um die Abschaffung von Ambivalenz, sondern um die Neubestimmung des Projekts Menschheit. Was dürfen wir hoffen jenseits des Neoliberalismus in den Varianten von Konsumismus und Verhun-

211 B. Brecht, *Geschichten vom Herrn Keuner*, Frankfurt a.M. 1971, 49.

gern, und diesseits des zerstörerischen Technizismus? Wie kann die private Sphäre so der politischen zugeordnet werden, dass der Primat sozialer und ökologischer Verantwortung als Grundaxiom des Projekts Menschheit deutlich wird?
Pädagogisch hieße dies, Solidarität in Bildern der Mobilität, des Auszugs und des Unterwegs-Seins mit Severino zu vermitteln. Christen wissen um die Möglichkeit einer vom Evangelium inspirierten Gesellschaftsordnung, der es nicht um die Produktion von Gütern und ihre privilegierte Aneignung geht, sondern um Menschen in Würde. Die Utopie der historischen Konstruktion "eines ganzen Lebens" der Zwei-Drittel-Welt führt nicht über die Integration in die Überflussgesellschaft der Ein-Drittel-Welt. Konsumparadiese haben den geplünderten Planeten Erde und den sich selbst entfremdeten Menschen zur Voraussetzung.
Obwohl die Marktwirtschaft recht alternativlos vor uns liegt und Utopien mit einem sehr niedrigen Kurswert gehandelt werden, so schulden wir doch Severino eine Antwort auf seine Frage, ob er den Sprung "von der Brücke und vom Leben" wagen müsse oder ob die Utopie vom "(ge-)rechten Leben" und vom "Reich Gottes" vielleicht doch noch kein abgenagter Knochen ist. Jesus ist nicht der Weg zu systemischer Anpassung, sondern er ist Ausweg. Das neue Leben nach dem Evangelium ist ein mäeutisches Unternehmen mit hohen Risiken. Es führt mitten hinein in die großen Weltkonflikte um Macht, Haben und Wissen, aber es führt auch heraus aus diesen Konflikten, nicht als Flucht, sondern als *Lösung*, *Erlösung* und *Befreiung*.
Zwei ganz verschiedene Menschen, ein junger reicher Mann und ein älterer Gesetzeslehrer, fragen Jesus in den Evangelien nach der Utopie des ganzen und ewigen Lebens. Der eine *hatte* alles, der andere *wusste* alles. Dem jungen Mann, der reich war an verderblichen Gütern, empfiehlt Jesus, diese noch vor ihrem Verfallsdatum unter die Armen zu verteilen (Mt 19, 16). Dem Gesetzeskundigen, der viel wusste, ohne weise zu sein, rät er, den unter die Räuber Gefallenen als seinen Nächsten zu lieben und ihm Barmherzigkeit zu erweisen (Lk 10, 25ff). Der Weg zum "ewi-

gen Leben" führt über eine Gesellschaftsordnung, in der die Schadensabwicklung zugunsten der Opfer die Voraussetzung zur Verwirklichung der Utopie ist. Christen sind keine Schiedsrichter im Konflikt zwischen Armen und Reichen. Sie ergreifen Partei. Ihr Handeln ist nur dann vernünftig, wenn sie durch die Ortlosigkeit der Ausgeschlossenen die territorialen Prämissen ihres eigenen Ordnungsdenkens in Frage stellen.

Der Widerstand der Ausgeschlossenen hat aus zwei Gründen eine Chance auf Erfolg. Erstens, weil die neoliberalen Märkte nicht nur Krisen erzeugen, sondern selbst krisenanfällig sind. Zweitens, weil die Ausgeschlossenen und Armen, die von diesem Krisensystem nichts zu erwarten haben, die absolute Weltmehrheit bilden. Markthegemonie und sozial geblendeter Wettbewerb führen auch die neoliberale Wirtschaftsweise mehr und mehr in eine innere Sackgasse. Konkurrenz bedeutet für den Markt, was Opposition für die Demokratie bedeutet: Einspruchsrecht und Widerrede. Längerfristig ist jedes hegemonische System – ähnlich wie der Ein-Parteien-Staat – von Selbstzerstörung bedroht durch Korruption und Hybris. So muss auch die neoliberale Markthegemonie als ein entropisches System betrachtet werden, das, während es andere zerstört, auch sich selbst langsam verbraucht. Die Beschleunigung dieser systemischen Entropie ist eine politische Aufgabe. Nicht auf den Festungen, sondern auf den Ruinen und in den Rissen der gegenwärtigen Weltunordnung ist es möglich, Zeichen der Hoffnung wahrzunehmen und Strukturen der Gerechtigkeit einzuklagen.

Freilich, die weltweite Artikulation der Ausgeschlossenen und Hungernden, die aufgrund ihrer besonderen Interessenlage ja einen radikalen Beitrag zur Beschleunigung der entropischen Dynamik leisten könnten, ist konkret nicht abzusehen. Sie muss jedoch als regulativer Horizont immer wieder ins politisch-strategische Gespräch eingebracht werden. Die Rede von der "vorrangigen Option für die Armen, Schwachen und

Benachteiligten"[212] ist nur dann sinnvoll, wenn es dabei nicht in erster Linie nur um Fürsorge, sondern um Partizipation und Protagonismus der Armen und Ausgeschlossenen geht. Die Option für die Armen, die auf das politisch verminte Feld der Akkumulation von Macht und Kapital und der Neuverteilung von Ressourcen wie Arbeit, Brot und freier Zeit führt, muss als Option mit den Armen neu ausbuchstabiert werden.

Historisch gesehen stehen wir vor dem Dilemma einer kaum organisierbaren Masse von Ausgeschlossenen, einer an Veränderungen nicht interessierten Elite von Globalisierungsgewinnern und einer nahezu sprachlos gewordenen Arbeiterschaft. Unerwartet zeigen neue Subjekte – das "dritte Subjekt" –, die sich weigern, ihre Utopie von Freiheit und Gleichheit auf korporativen Wohlstand im Konsumparadies herabzustufen, wie politischer Handlungsspielraum doch auch unter den neuen Bedingungen einer globalisierten Welt zurückgewonnen werden kann.

In Brasilien haben die eingangs schon erwähnten Guarani-Kaiová, die im Bundesstaat Mato Grosso do Sul leben, besondere Aufmerksamkeit erregt. In einem außerordentlich gewalttätigen Kolonisationsprozess wurden sie durch Großfarmen, aber auch durch arme Siedler aus dem Süden von ihren 21 Territorien vertrieben. Im Staat Mato Grosso do Sul leben heute etwa 25.000 Guarani-Kaiová auf 39.000 Hektar Land. Da gibt es keine Jagd mehr und kaum noch Ackerbau. Vor allem die jungen Leute müssen sich den Bedingungen schlecht bezahlter Arbeit und den Vorurteilen der weißen Nachbarschaft in den Städten oder auf den Latifundien unterwerfen. Am 25. November 1983 wurde ihr charismatischer Führer Marçal de Souza im Dorf Campestre/MS, wo er arbeitete, ermordet.

Und dann ereignet sich etwas ganz Unerwartetes. Nach langen Diskussi-

---

[212] Kirchenamt der Evangelischen Kirche in Deutschland; Sekretariat der Deutschen Bischofskonferenz (Hg.), *Für eine Zukunft in Solidarität und Gerechtigkeit. Wort des Rates der Evangelischen Kirche in Deutschland und der Deutschen Bischofskonferenz zur wirtschaftlichen und sozialen Lage in Deutschland*, Hannover-Bonn 1997, 44.

onen der 22 Dorfgemeinschaften besetzen 150 Guarani-Kaiová am 19. April 1998, am Tag des Indio, eine Fazenda in Paranhos/MS, an der Grenze zu Paraguay, und erobern ein kleines Stück ihres traditionellen Landes zurück. Wo es vor einem Jahr nur Rinder gab, da wachsen heute Maniok, Kürbis, Bohnen und Mais. Solche Landnahmen werden immer häufiger. Sie sind Ausdruck zivilen Ungehorsams und versuchen, gegen die Reduktion von Rationalität auf Rentabilität, gegen die Logik und den Fundamentalismus des Marktes die Rationalität des Lebens wiederzugewinnen.

V.

Nach einem 60-tägigen Fußmarsch kam am 17. April 1997 eine Karawane von Landlosen in der brasilianischen Hauptstadt Brasília an.[213] Wie bei einem Sportfest, erkenntlich an ihren roten Schildmützen und weißen T-Shirts mit der Aufschrift MST, sind sie im Gänsemarsch in Brasília eingezogen. Wer sind diese Landlosen? Woher kommen sie? Sie sind ein exemplarischer Fall von Widerstand und kommen aus der Drangsal der Jahrhunderte. Sie erinnerten an Überlebende eines Bauernkriegs. Oft lebten sie schon seit einem oder zwei Jahren unter einer schwarzen Zeltplane an einer Straßenkreuzung. Sie kommen aus Basisgemeinden und Landarbeitergewerkschaften. Sie sind die Gläubiger einer historischen Schuld, die Überlebenden, die von der Front eines 500jährigen Krieges kommen.

Im Februar waren mehr als 1300 alte und junge Menschen, Familien mit ihren Kindern, alle Mitglieder der "Bewegung der Landlosen" (*Movimento Sem Terra/MST*), von verschiedenen Bundesstaaten Brasiliens zu einem Sternmarsch aufgebrochen. Mit ihren Fahnen und Sicheln, bei

---

213 P. Suess, *Sie werden das Land erben. Die Bewegung der Landlosen (MST) in Brasilien*, KM – Die katholischen Missionen (Januar/Februar 1998), 10-15.

Regen und Hitze, legten sie im "Solidaritätsmarsch für Agrarreform, Arbeit und Gerechtigkeit" weit über 1000 km zurück. Es wäre falsch, von einem Exodus zu reden. Brasília ist für sie ja nicht das Gelobte Land. Sie, die vielen Severinos, kamen nicht zu einer Stadtbesichtigung, sondern aus Not. Sie kamen, weil sie durch ihren organisierten Druck dem Recht auf die Sprünge verhelfen wollten. In den meisten der 150 Ortschaften, durch die sie marschierten, wurden sie mit Sympathie und Solidarität seitens der Bevölkerung empfangen. Überall suchten sie das Gespräch, in Schulen und auf Fußballplätzen, in Kirchen und Rathäusern, mit Schülern und Lehrern, Politikern, Orts- und Kirchengemeinden. Auf dem Wege haben sich neue Gruppen den Marschierenden angeschlossen, darunter Pastoralträger und Ordensleute, sodass schließlich fast 2000 "Pilger" in Brasília ankamen. Das Ziel der "Wallfahrt" war nicht, wie so oft hier in Brasilien, für eine von der Gottesmutter erhaltene Gnade zu danken, sondern gegen ein erlittenes Unrecht zu protestieren und die öffentliche Meinung für die Agrarreform zu mobilisieren.
Vor genau einem Jahr, am 17. April 1996, waren in Eldorado dos Carajás im Bundesstaat Pará bei einer terroristischen Aktion der Militärpolizei 19 Menschen der Bewegung der Landlosen ermordet worden. 19 aufgebarte Särge in Curionópolis! Erst im Tod fanden sie jenes Stück Land, das jedem zusteht. Einer der Überlebenden von Carajás, Antônio Alves de Oliveira, mit drei Kugelnarben, ist auch nach Brasília marschiert. "Maschinengewehrkugeln schmerzen", sagt er. "Die haben auf uns eingeschossen wie bei einer Kaninchenjagd. Bei einer solchen Schießerei lebend davonzukommen ist ein Wunder."
Im Hinterland Brasiliens ist der Staat häufig nicht vertreten durch seine konstitutionellen Rechte, sondern durch Willkürakte der Militärpolizei. Wenn es sich um die Reichen handelt, sagen die Leute, laufen die Uhren der brasilianischen Gerichte auf Freispruch und Vergesslichkeit. Wird ein Landloser ermordet oder ein Indio vorsätzlich bei lebendigem Leib verbrannt, wie der Pataxó-Indio Galdino Jesus dos Santos am 20. April 1997 in Brasília, so ist dies "Körperverletzung". Brasilien lebt augen-

blicklich eine Zeit der "Gegenreform". Viele in der Konstitution von 1988 erreichten sozialen Fortschritte sind keine Gesetzeswirklichkeit geworden und werden jetzt gesetzlich "flexibilisiert".

Nach der Ankunft der Landlosen in Brasília kam es am 17. April vor den Regierungs- und Parlamentsgebäuden zu einer Protestdemonstration gegen die Agrarpolitik der Regierung Cardoso. Neben den 2000 Landlosen nahmen daran weit über 35.000 Sympathisanten anderer organisierter Bewegungen teil, Gummizapfer, Indios, Straßenkinder, Obdachlose, Lehrer und Angestellte. João Pedro Stédile, der autorisierte Sprecher der MST, dankte für so viel Solidarität, wies aber sofort darauf hin, dass jede Gruppe ihren eigenen Marsch organisieren müsse. "Hungernde müssen den Supermarkt besetzen."

Am 18. April empfing Präsident Fernando Henrique Cardoso 26 Vertreter der MST. "Man behandelt uns, als ob wir schuldig wären, weil wir landlos sind. Landlose gibt es nur, weil es vorher den Großgrundbesitz gab", hieß es in einem der beiden Dokumente, die die Vertreter der MST dem Präsidenten übergaben. Die Forderungen der Bewegung der Landlosen waren klar formuliert: Die Regierung solle endlich Prioritäten setzen, denn mit "Parfüm kann man die schmutzige Essenz der Probleme nicht verändern". 40.000 Familien, die in Zelten leben, sollen unmittelbar, eine halbe Million bis Ende 1998 angesiedelt werden. Unproduktives Land solle sofort für die Agrarreform freigegeben werden. Die Verurteilung der Mörder der Landlosen müsse beschleunigt werden, um neuen Ermordungen vorzubeugen. Neu angesiedelte Landlose und Kleinbauern sollen Kredite bekommen. Für die Größe von Landeigentum, so die Forderung der MST, muss ein gesetzliches Limit festgelegt werden.

Was heißt vor dieser Situation "pastorale Verantwortung"? Heißt das Caritas, Kleiderspenden, Brotverteilung? Oder heißt das Teilnahme am Protestmarsch der Landlosenbewegung und Unterstützung der Organisation der "Überlebenden"? Sicher heißt es beides. Man muss bestehende Brände löschen und neue verhindern. Worauf können Pastoralträger sich berufen, ohne sich gleich dem Verdacht unzulässiger Vermischung von Kirche und Politik auszusetzen? Die lateinamerikanische und die brasilianische Kirche haben immer wieder zu Landfragen Stellung genommen. Als Papst Johannes Paul II. bei der Eröffnung der Konferenz von Puebla (1979) sagte: "Auf jedem Privateigentum lastet eine soziale Hypothek", erinnerte er an eine traditionelle Lehrmeinung der Kirche. "Unproduktives Land verbirgt das Brot, das so vielen Familien fehlt" (*Puebla*, 1245). Eine solche Situation ist ungerecht, unmenschlich und unchristlich (vgl. ebd.).

Der Landlosenbewegung geht es bei der Landreform nicht nur um Landaufteilung, sondern um die Demokratisierung des Landes und der sozialen Verhältnisse. "Unsere Region verwandelt sich langsam in eine große Rinderweide mit fetten Kühen und mageren Kindern", sagte der Salesianerbischof von Lins/SP, Irineu Danelon, als 1993 über 2500 Familien seiner Diözese in einer Militäraktion mit Tränengas, abgerichteten Hunden und 2000 Soldaten von unproduktivem Weideland vertrieben wurden. "Brachliegendes Land zu besetzen ist ein moralisches Recht. Unmoralisch ist der Großgrundbesitz", erklärte Bischof Tomás Balduíno am 7. August 1997 anlässlich seiner Wahl zum Präsidenten der Bodenpastoral. Als Dominikaner kennt er die Lehre der Kirche über Eigentumsfragen sehr gut. Die Agrarreform wird kein Geschenk der Politiker sein. Jeder Hektar muss dem Großgrundbesitz abgerungen werden.

In den Neuansiedlungen der Landlosen gibt es keine Kinder ohne Schulen. Die Eigentumsverhältnisse auf dem neu gewonnenen Land sind unterschiedlich. Es geht nicht um die kleine Landparzelle, die den Kleinbauern aufs Neue dem Druck der Latifundien aussetzt, sondern um gemeinsame Organisation in Produktions- und Verkaufskooperativen. Bei der Landreform geht es um neue gemeinschaftliche und umweltverträgliche Produktions- und Verkaufsformen. Die MST ringt um einen neuen Weg zwischen Agrobusiness und Subsistenzproduktion der Kleinfamilie. Familiäre Kleinbetriebe, Produktionskooperativen, agroindustrielle Unternehmungen werden nebeneinander bestehen.

Die Bewegung der Landlosen und die Landnahmen der Indios sind wie ein Erdstoß, der Brasilien aus lähmender Hoffnungslosigkeit aufgerüttelt hat. Viele Menschen sagen heute: Wir können also doch etwas tun und wir müssen etwas tun, denn unser Leben und die Zukunft unserer Kinder werden uns nicht mehr einfach geschenkt. Die Landlosen und die indigenen Völker – Maria Menacho und Severino – haben gezeigt, dass eingeschleifte Strukturen des Bösen nicht durch nachahmende oder rächende Gewalt unterbrochen werden, sondern durch organisierte Entschlossenheit, schöpferische Ausdauer und ein unerschütterliches Vertrauen auf Jesu Wort, dass die Sanftmütigen das Land erben werden.

X. Befreiungstheologische Perspektiven
Das brüchige Netz neu knüpfen

"Wir haben als Hirten Lateinamerikas besonders schwerwiegende Gründe, die befreiende Evangelisierung voranzutreiben, nicht nur deshalb, weil es notwendig ist, die persönliche wie die soziale Sünde ins Gedächtnis zu rufen, sondern auch, weil von Medellín bis heute sich die Situation in der Mehrheit unserer Länder verschlimmert hat." (*Puebla* 487)

I.

Befreiungstheologie versteht sich als zweites Wort. Als erstes Wort versteht sie die befreiende Praxis selbst. Befreiungstheologie ist Reflexion über befreiende Praxis. Obwohl die Reflexion über diese Praxis der eigentlichen Befreiungspraxis ja nicht vorauseilen kann, so geschieht diese Praxis, die zwar nicht in die Zukunft hinein hochgerechnet werden kann, dennoch in einem regulativen Horizont von Erwartungen, Hoffnungen und Träumen.[214]

Ein solcher regulativer Hoffnungshorizont kommt in der Vaterunser-Bitte (vgl. Mt 6, 7-15) um Gottes Schuldenerlass und um Befreiung vom Bösen zum Ausdruck. "Schuldenerlass" und "Befreiung vom Bösen" sind in den zwei ideal gedachten Situationen des *Jubiläumsjahres* und des *Gottesreichs* artikuliert. In der Synagoge von Nazareth bezieht sich Jesus auf das nicht verwirklichte Ideal des Jubeljahres und erklärt es programmatisch zum Projekt seines Lebens (Lk 4, 16ff), als Gnadenjahr

---

214 Ein sehr guter Überblick über neuere Entwicklungen in der lateinamerikanischen Theologie und Pastoral der Befreiung bei: N. Mette, *Ein neues Millenium ohne Ausgeschlossene*, in: O. Fuchs (Hg.), *Pastoraltheologische Interventionen im Quintett. Zukunft des Evangeliums in Kirche und Gesellschaft*, Münster 2001.

für die Armen, als Befreiung der Gefangenen und Heilung der Blinden. Das Projekt des Jubeljahres bekommt in der Reich-Gottes-Predigt eine universale, historisch-eschatologische Dimension. Die Ankunft des Reiches Gottes bedeutet den Bruch mit dem Bösen in seiner strukturellen Verfasstheit und in seiner persönlich zu verantwortenden Schuld. Jesus von Nazareth verkündet es als die nachhaltige Vision von der Möglichkeit eines gelungenen Lebens.
Der Heilungsprozess des Bösen in der Geschichte ist ein Öffnungsprozess (Is 6, 10; Mk 7, 34ff), ist Heilsgeschichte, die durch die gottmenschliche Partnerschaft eine subjekthafte Signatur erhält. Israel hat die Befreiungstat seines Gottes erfahren in der Auserwählung aus anonymer Bedeutungslosigkeit und in der Befreiung aus Knechtschaft, im Bundesschluss und in seiner Landnahme, im Exil und schließlich in seiner Heimführung aus Gefangenschaft. Aber es hat diese Befreiungstat auch kosmisch als schöpferischen Eingriff Gottes zur Beseitigung von ziellosem Chaos verstanden. Der Bundesgott Israels verspricht ein neues Land und fordert ein neues Herz, damit ein Neuer Bund ohne ethnische Grenzen Wirklichkeit wird (vgl. Jer 31, 31; Ez 37, 26).
Trotz der Neuschöpfung in Christus (2 Kor 5, 17) geht dem eschatologischen Scheidewerk eine unentschiedene Geschichte voraus. Im Gleichnis vom Unkraut und Weizen ist die Weisheit vom sinnvollen Leben in einer unentschiedenen Welt kodifiziert. Wo jemand Alleinvertretungsansprüche im Hinblick auf die "wahre" Religion, die "reine" Kultur und die "richtige" Politik anmeldet, schaltet er sich zerstörerisch ins eschatologische Scheidewerk Gottes ein. Unter den Bedingungen einer unentschiedenen Geschichte muss immer auch eine gewisse Menge von Unkraut unter dem Weizen hingenommen werden (vgl. Mt 13, 27ff). Dabei geht es nicht um blinde Feindbegünstigung, sondern um jene barmherzige Hoffnung, die das geknickte Rohr nicht zerbricht und den glimmenden Docht nicht auslöscht. Sie charakterisiert die "wahre Religion" (vgl. Is 42, 3f; Mt 12, 20). Anders als am Horizont der Geschichte – und daher unvollkommen – kann die Befreiung vom Bösen nicht versprochen wer-

den. Und doch erscheint gerade durch diesen regulierenden Horizont hinter der Kontingenz des Bösen ein Ziel: die Wiederherstellung der Gottesebenbildlichkeit des Menschen, hineingenommen in eine universale Neuschöpfung.

In der befreienden Praxis ortskirchlicher Gemeinden erhebt das Christentum den Anspruch, beide "Ideale" – Jubeljahr und Gottesreich – im Horizont der in Jesus Christus endgültig geschehenen Befreiung vom Bösen historisch auf den Weg zu bringen. Dadurch geraten andere, rein innerweltliche Erlöser und Erlösungswege in die Nähe von Götzen und Götzendienst. Es kann von ihnen eine taub und blind machende Faszination ausgehen. Götzen haben Ohren, mit denen sie nicht hören; sie haben Augen, mit denen sie nichts sehen (vgl. Is 6, 9; Jer 5, 21; Mk 8, 18). Blindenheilung ist in den synoptischen Schriften das letzte und besonders signifikante Heilungswunder (Mt 20, 29ff). Man könnte es mit Kants (1784) berühmter Antwort auf die Frage, was Aufklärung sei, interpretieren: Blindenheilung ist der Ausgang der Armen aus ihrer selbst verschuldeten Unmündigkeit. Unmündigkeit ist das Unvermögen, sich der transformatorischen Kräfte, die der eigenen Armut der Armen und Anderen innewohnen, ohne Leitung der herrschenden Eliten zu bedienen. Selbst verschuldet ist diese Unmündigkeit, wenn ihre Ursache nicht im Mangel an Intelligenz und in einer insignifikanten, demokratisch nicht relevanten Stimmenzahl zu suchen ist, sondern im Mangel an artikuliertem Selbstvertrauen. *Sapere aude*! Habe Mut aufzustehen, dich mit anderen auf eigene Füße zu stellen und vom Bösen, das dich zu zerstören droht, zu befreien. Der geheilte Blinde wird zum Seher, Verkünder und Folger der jesuanischen Vision von der Möglichkeit eines gelungenen Lebens. In der Blindenheilung kreuzen sich, modern gesagt, Bewusstseinsbildung und befreiende Praxis.

II.

Nun ist aber gerade diese befreiende Evangelisierung als Befreiungspraxis ins Stocken geraten. Man kann dieses Stocken innerkirchlich, aber auch soziopolitisch und makroökonomisch festmachen. Innerkirchlich zeigt sich dieses Stocken am umstrittenen Stellenwert von Geschichte und Realität im theologischen Reflexionsprozess. Der Streit der lateinamerikanischen Bischöfe auf ihrer *4. Generalversammlung in Santo Domingo* um die Opportunität einer Bußfeier anlässlich einer in 500-jährige Kolonisation verstrickten Evangelisierung war letztlich ein Streit um die Subjekte dieser Geschichte und um die pastorale Praxis der Kirche Lateinamerikas heute. Auch die Tatsache, dass im *Schlussdokument von Santo Domingo* christologische Feststellungen kontextlos dem "Sehen" von Realität vorausgestellt wurden, unterstreicht dieses Stocken und verweist auf einen drohenden Bruch im lateinamerikanischen Konsens über befreiende Evangelisierung. Die Option zwischen der richtigen Hermeneutik der Kolonialgeschichte – zwischen apologetischer Schuldzuweisung an die unterlegenen Subjekte und dem Eingeständnis von kollektiver Mitverantwortung an den Gräueltaten der Kolonialgeschichte – ist ganz wesentlich für die Glaubwürdigkeit der "Option für die Armen". Man kann die Option für die Armen pastoral-theologisch nicht durchhalten, wenn diese Option, und Option heißt Parteilichkeit, nicht in der Lektüre der Geschichte der Armen und Anderen auch gegen sich selbst als Kirche aufrechterhalten wird.

Die Parteilichkeit dieser Option hat nichts zu tun mit Gruppenegoismus. In der Option für die Armen kommt ein globales Verantwortungsbewusstsein zum Ausdruck, das die Würde, Rechtsgleichheit und Anerkennung aller Menschen als schützenswertes Gut betrachtet. Wenn die vier Milliarden Menschen – die so genannte Zwei-Drittel-Welt der armen Nationen – so leben würden oder möchten wie die zwei Milliarden, die großteils in den reichen Gegenden der Industriestaaten (Europa, Japan, Amerika) leben, dann "würden wir wohl die Ressourcen zweier zusätzlicher Planeten von der Größe der Erde brauchen".[215]

"Option für die Armen" meint einen doppelten Bewusstseinsprozess der gesamten Menschheit. Die Utopie "eines ganzen Lebens" der Zwei-Drittel-Welt der Ausgeschlossenen führt nicht über die Integration in die Überflussgesellschaft der Ein-Drittel-Welt. Wer in der Favela Brasiliens vom Erwachen in Disney-World träumt, hat keinen Horizont der Hoffnung. Er ist nicht nur sozial, sondern auch ideologisch entfremdet. Die Anpassungsträume der Armen an die Reichen sind ebenso Gegenstand befreiender Evangelisierung wie die Isolationsträume der Reichen unter Ausschluss der Armen. Die zwei Milliarden der Ein-Drittel-Welt können die ökologischen Lasten ihres Wohlstandes nicht langfristig an die Zwei-Drittel-Welt auslagern, nicht nur, weil jeder Überfluss selbstzerstörerisch ist, sondern weil diese Zwei-Drittel-Welt ja heute wie ein krebsartiger Lymphknoten am Organismus der Ein-Drittel-Welt haftet und das Lebensnetz der Gesamtmenschheit einer unzumutbaren Zerreißprobe unterwirft. Weil es unter den Bedingungen wirtschaftlicher Globalisation längerfristig keine Inseln einer prosperierenden Sonderwelt in einem Meer von sozialem Elend gibt – und das gilt auch für die faktisch ausgeübte, Privilegien garantierende Hegemonie der Vereinigten Staaten –, darum bedeutet die Option für die Armen eine Option für die "eine bunte Welt aller". "Insofern führt die unparteiische Liebe zu einem eindeutig parteilichen Engagement"[216] für all jene, deren Leben bedroht ist.

Essentialistische Aussagen vor der Realitätsanalyse in kirchlichen Dokumenten, Apologetik im Hinblick auf die 500jährige lateinamerikani-

---

215 E. Laszlo, *Das dritte Jahrtausend. Zukunftsvisionen*, Frankfurt a.M. 1998, 8.

216 Wissenschaftliche Arbeitsgruppe für weltkirchliche Aufgaben der Deutschen Bischofskonferenz (Hg.), *Soziale Sicherungssysteme als Elemente der Armutsbekämpfung in Entwicklungsländern. Eine Studie der Sachverständigengruppe "Weltwirtschaft und Sozialethik"*, Bonn 1997.

sche Geschichte und der Verlust ortskirchlicher Selbständigkeit können als Hinweise auf ein gewisses Stocken der befreienden Evangelisierung interpretiert werden. Auch durch die Infragestellung des theologischen Statuts und der pastoralen Kompetenz der Bischofskonferenzen seitens der Römischen Kurie wurde in den letzten Jahren der kirchliche Entscheidungsspielraum der Ortskirchen eingeengt. Ein ähnlicher Prozess fand im Übergang von der Institution der "lateinamerikanischen Bischofskonferenzen" zu einer "amerikanischen Synode" statt. Obwohl die lateinamerikanischen Bischofskonferenzen nie innerkirchliche Totalautonomie besaßen, so handelte es sich dennoch um beschließende und repräsentative Versammlungen des bischöflichen Sektors einer Ortskirche. Die Römische Bischofssynode für Amerika aber hatte nur beratenden Charakter. Ihr Dokument – *Ecclesia in America* – kam nach über einem Jahr recht spät. Da es notwendigerweise an kontextueller Distanz leidet, geriet es nahezu in Vergessenheit.
Schließlich muss dieses Stocken befreiender Evangelisierung im Zusammenhang mit einem gewissen makrostrukturellen Evidenzverlust befreiender Praxis überhaupt verstanden werden. Weltweit hat die Wirtschaftsform des Neoliberalismus unter den besonderen Bedingungen von Globalisation das aufklärerische Projekt des aufrechten Gangs aller – soziale Gerechtigkeit, Rechtsgleichheit und Freiheit, Solidarität der Sozialgemeinschaft und Autonomie – als wirtschaftlich untragbar zu den Akten gelegt. Zu einer Zeit, in der die geschichtlich notwendige Weiterentwicklung von Aufklärung mit einem Hinter-sie-Zurückfallen verwechselt werden kann, und auf dem Hintergrund innerkirchlicher, meist nicht offen ausgetragener Auseinandersetzungen um das ekklesiologische Gleichgewicht zwischen Kirchenvolk, Hierarchie und Papst, da mag es kaum verwundern, dass in der Aula der *Speziellen Bischofssynode für Amerika* keiner der anwesenden Bischöfe – ohne den Standortvorteil eines Heimspiels auf lateinamerikanischem Boden – sein Ansehen auch nur durch die Erwähnung der "Theologie der Befreiung" aufs Spiel setzen wollte.

III.

In dem Spannungsbogen zwischen dem in *Puebla* 1979 gemachten Versprechen, die befreiende Evangelisierung voranzutreiben, weil sich die Situation der Menschen in nahezu allen Länder verschlimmert hat, der faktischen Nicht-Erwähnung der Befreiungstheologie auf der *Römischen Synode* von 1997 und auf dem Hintergrund einer weltweiten utopischen Resignation versuche ich, mich nun der Frage nach einigen Perspektiven der Befreiungstheologie heute zu stellen. Dabei hat sich die soziale Verwüstung seit dem Jahre 1979 nochmals vertieft. Aber es geht nicht nur um soziale Verwüstungen. Die Befreiung vom Bösen hat das ganze Leben aller im Auge. Befreiungstheologie denkt immer auch über soziale Gräben und strukturelle Sünde hinaus.
Bei Perspektiven und Horizonten muss notwendigerweise mit vorhersehbaren und nicht vorhersehbaren Momenten gerechnet werden. Der portugiesische Schriftsteller Fernando Pessoa sagt in einem in Brasilien oft besungenen Wortspiel: "*Navegar é preciso, viver não é preciso*", wobei "preciso" sowohl "notwendig" als auch "genau" heißen kann: Genau berechenbar sind eigentlich nur die nautischen Meilen einer Schifffahrt. Das Leben ist nicht "präzise", ist nicht genau, berechenbar oder eindeutig. Aber man könnte dieses "*Navegar é preciso, viver não é preciso*" auch so lesen: "Auf das weite Meer hinausfahren ist notwendig. Leben ist nicht notwendig." Leben steht nicht unter dem Muss des Eindeutigen. Und weil Befreiungstheologie stets etwas mit dem Leben und dem Hinausfahren zu tun hat, daher ist sie *preciso*, notwendig, nicht aber hochrechenbar. Sie ist notwendig, weil sie über befreiende Praxis reflektiert, über Praxis, welche die Not wendet; aber sie weiß auch, dass Leben nicht *preciso* ist; dass das Leben, für das sie streitet, nicht genau berechenbar ist; dass es nicht unter dem Muss des Notwendigen steht, weder unter dem Muss eines hochrechenbaren Schicksals noch unter dem eines fatalen göttlichen Willens, sondern unter dem Geheimnis des Dürfens,

des unverdient Geschenkten; vielleicht unter der "Wolke des Nichtwissens".
Es ist also gar nicht so einfach, befreiungstheologische Perspektiven für das 21. Jahrhundert anzudenken, obwohl, von einer theologisch-essentiellen Sternwarte aus betrachtet, der Himmel bisweilen klar erscheint und voller Antworten hängt. Aber die abgelaugten, glatten Antworten, die voraussetzen, die Fragen der Menschen zu kennen, und es für überflüssig halten, sich an ihren Kontexten und an ihrer Geschichte abzuarbeiten, antworten nicht auf die Fragen der Armen. "Antwort" auf die Sorgen und Fragen der Menschen zu sein und nicht kontextneutrales oder geschichtsloses "Vorwort", das kann Theologie stets neu im Umgang mit dem Wort Gottes lernen. Der ohnehin nicht ganz zu vermeidende Wirklichkeitsverlust der theologischen Gottesrede kann nur durch die Nähe zur Leidensgeschichte der beschädigten Subjekte eingedämmt werden.
Vorauseilend können konkrete Inhalte der Befreiungstheologie von morgen wohl nicht benannt werden. Aber selbst beim Andenken von Horizonten laufe ich Gefahr, Befreiungstheologie als metahistorischer Aussteiger aus Kontexten aufs Spiel zu setzen. Der besondere Bezug auf die konkreten Nöte und unterschiedlichen Sprechweisen der Menschen macht uns sprachloser und ratloser, als wir das gemeinhin zugeben. Der alte Gadamer weist im Rückblick auf sein Werk darauf hin, "wieviel immer Ungesagtes bleibt, wenn man etwas sagt".[217] Durch den Wissenschaftsbegriff der Neuzeit ebenso wie durch einen gewissen Offenbarungspositivismus entgeht oft sehr Wesentliches unserer Wahrnehmung. Die Wahrnehmung des Wesentlichen ist daher eine immerwährende Aufgabe inkulturierten Hinhörens unter dem Vorbehalt des Geheimnisses. Und noch einmal Gadamer: "So habe ich es geradezu als das Wesen

217 H.-G. Gadamer, *Dialogischer Rückblick auf das Gesammelte Werk und dessen Wirkungsgeschichte*, in: *Gadamer Lesebuch*, Tübingen 1997, 280-295, hier 286.

des hermeneutischen Verhaltens bezeichnet, dass man nie das letzte Wort behalten soll."[218] Korrekturresistente Systeme sind autoritäre Schulen der Erfahrungs-Unfähigkeit. Nur wer nicht das letzte Wort zu haben behauptet, kann sich für das Geheimnis des Anderen und für die Korrektur durch neue Erfahrung offen halten. Die Anderen sind das lebendige Bewusstsein unserer Grenzen und Möglichkeiten.

IV.

Befreiungstheologie ist Reflexion über die befreiende Praxis der Armen. Die meisten Befreiungstheologen haben diese Praxis innerhalb des Rasters einer dialektischen, aber zugleich auch evolutionistischen Geschichtsentfaltung interpretiert, derzufolge dem Übergang vom Kapitalismus zum Sozialismus quasi eine Naturnotwendigkeit innewohne. Und die Geschichte Lateinamerikas schien diese Erwartungen zu bestätigen. In Kuba, Nicaragua und Chile hatten sozialistische Regierungen mit ausbeuterischen Privilegien kurzen Prozess gemacht. Andere Länder, wie El Salvador und Guatemala, schienen sich in einer prärevolutionären Phase zu befinden. Die meisten Befreiungstheologen haben sich in der Interpretation dieser politischen Entwicklung als irreversiblem Befreiungsprozess geirrt. Der Weg vom Kapitalismus zum Sozialismus ist keine Einbahnstraße, aus der es kein Zurück mehr gibt. Man kann auch vom Sozialismus in den Kapitalismus mit verfeinerten Ausbeutungsmechanismen zurückfallen, so wie sie im Neoliberalismus gegeben sind.[219]
Auch die Kirche Lateinamerikas kann, 30 Jahre nach *Medellín* (1968), wieder in Denkweisen zurückfallen, wie sie vor *Medellín* und dem *Zweiten Vatikanum* üblich waren. Befreiung ist ein immerwährender und

---

218 ebd.

219 Vgl. J. Comblin, *Nota sobre as tarefas de uma teologia da libertação no final do século XX*, in: M. Fabri dos Anjos (Hg.), *Teologia aberta ao futuro*, São Paulo 1997, 187-192, hier 191.

stets unsicherer Prozess. Das liegt an den "unsicheren" Subjekten. Sigmund Freud macht darauf aufmerksam, dass die kollektive und individuelle Regression in die Barbarei immer möglich ist. Ständig werden wir mit neuen Mischungsverhältnissen schon für überwunden gehaltener Ideologien konfrontiert. Postmoderne, Moderne und Prämoderne feiern in der großkirchlichen Gemeinschaft fröhliche Urstände. Oft verändern sich lediglich die politischen Voraussetzungen für schon für überwunden gehaltene autoritäre und prämoderne Konstellationen. Es ist wichtig, damit zu rechnen, dass die jeweiligen "Verlierer", denen die Macht in einem bestimmen historischen Augenblick entrissen wurde, die Hoffnung auf ihr *come back* nie aufgeben. Aber man darf auch darauf vertrauen, dass die Sache der Armen und der Anderen, solange es Arme und Andere gibt, nie endgültig verloren ist.

Es galt in der Befreiungstheologie als nicht hinterfragte Prämisse, dass das Subjekt der wirklich befreienden Praxis die Arbeiterklasse sei. In der Analyse der sozialen Wirklichkeit wurde das Makrosubjekt "Arbeiterklasse" ähnlich wie das Makrosubjekt "Arme" gehandhabt. "Die Armen", das waren nicht nur die sozial Ausgebeuteten und Ausgeschlossenen, sondern auch Indigenas und Afroamerikaner, die dann häufig undifferenziert als "die Ärmsten der Armen" unter die kulturell nicht weiter definierten Armen eingereiht wurden. Ganz ähnlich verstand man dann unter dem Makrosubjekt Arbeiterklasse nicht nur Fabrikarbeiter, sondern auch Campesinos, Professoren und Büroangestellte. Im Zuge einer steigenden Arbeitslosigkeit ist der Protagonismus der Arbeiterklasse nicht mehr so einsichtig. In Brasilien hat die "Bewegung der Landlosen" (*Movimento Sem Terra/MST*) mit ihrem "Solidaritätsmarsch für Agrarreform, Arbeit und Gerechtigkeit" als neues historisches Subjekt weltweit Aufsehen erregt.

In der Kathedrale von Trinidad, Bolivien, begann am 15. August 1991 ein "Marsch für Territorium und Menschenwürde" (*Marcha por el territorio y la dignidad*), der von den indigenen Volksgruppen des bolivianischen Ostens organisiert worden war. 700 Personen legten in 34

Tagen nahezu 700 km zurück. Ordensleute und kirchliche Laienhelfer machten sich mit auf den Weg. In La Paz wurden die erschöpften Pilger in der Kathedrale von verschiedenen Bischöfen empfangen. Diese erklärten sich in einer Eucharistiefeier mit den Zielen des Marsches solidarisch. Die indigenen Vertreter erreichten von der Regierung Gesetzesdekrete, die vier ihrer Territorien in der Region des Beni gesetzlich anerkannten.
Am 8. Juni 1994 begann in Ecuador ein indigener Aufstand gegen das "Ländliche Entwicklungsgesetz der Viehzucht" (*Lei do Desenvolvimento Agro-pecuário*), das außerordentlich schädlich war für das gemeinschaftliche Land der indigenen Völker. Über Blockaden der Straßen und der ländlichen Produktion und mit der Solidarität anderer sozialer Segmente erreichten die Indigenas, dass die wesentlichen Strukturen Ecuadors zum Stehen kamen. Als die Polizei drohte, die nationale Organisation der Indigenas zu besetzen, bot die ecuadorianische Bischofskonferenz ihre Räume und Infrastruktur als Ausweichquartier an, wodurch ein Abbruch der Protestbewegung verhindert wurde. Schließlich wurde das zur Debatte stehende Gesetz widerrufen.
In Chiapas, einer Region Mexikos, deren Erdölreserven mit denen Kuwaits verglichen werden können, deren indigene Bevölkerung jedoch zu den Ärmsten des Landes gerechnet werden muss, hat das "*Ejército Zapatista de Liberación Nacional*" (EZLN) weltweites Aufsehen erregt. Am 1. Januar 1994, am Tag, an dem der gemeinsame Markt zwischen Mexiko, den Vereinigten Staaten und Kanada (NAFTA) beginnen sollte, erhoben sich die Zapatistas in einem bewaffneten Aufstand. Sie wollten die Anerkennung ihrer Autonomie im Innern des mexikanischen Staates. Das Zapatistische Heer der Nationalen Befreiung, in dem Vertreter indigener Völker wie die Tzeltales, Tzotziles, Tojolabales, Choles, Zoques, Mames und Nicht-Indigene zusammengeschlossen sind, erhielt weltweit Solidaritätsbekundungen. In den Verhandlungen mit der Regierung wurden kirchliche Vertreter der Ortskirche von Chiapas, an der Spitze Bischof Samuel Ruíz, zu wichtigen Gesprächspartnern. Beim Aufstand der

Zapatistas geht es um die Entscheidung zwischen Selbstbestimmungsrecht und neuer Kolonisation in der NAFTA. Um das zu verstehen, braucht man nur die 3000 km lange Grenze, die Mexiko von den USA trennt, entlang zu fahren. Trotz des Wirtschaftsblocks der NAFTA verläuft hier eine militärisch gesicherte Metallmauer, die gegen Armutsflüchtlinge aufgerichtet wurde. Innerhalb der nächsten zwei Jahre sollen mehr als fünf Millionen Mexikaner aus den USA zurück nach Mexiko deportiert werden.[220]

Friedensmärsche, Bodenwallfahrten der Landlosen und andere Riten, die Menschen gemeinsam auf den Weg bringen, sind wie Initiationsriten bei Stammesvölkern. Es handelt sich dabei um Riten und Zeremonien, die durch Angstszenarios führen, um Angst zu überwinden. Die gemeinsamen Märsche der Armen und Anderen sind Wege durch Angstszenarios; sind Proteste gegen Unrecht, um menschenwürdige Lebensbedingungen einzuklagen; sind Manifestationen, die blutige Lebensopfer denunzieren, dem Bösen den falschen Schein von Fatalität nehmen und historisch verantwortungsvoll auf seine Überwindung hinarbeiten.

Diese Entwicklungen deuten darauf hin, dass es kein monolithisches Subjekt der Befreiung geben wird. Die indigenen Völker werden ihre Freiheit nicht von den Afrobrasilianern, die Afrobrasilianer nicht von den Arbeitern, die Frauen nicht von den Männern und die Landlosen nicht von den Obdachlosen als Geschenk erhalten. Es gibt weder eine "reine Klasse", von der die Befreiung aller zu erwarten wäre, noch eine vom Schicksal vorherbestimmte hegemonische Gruppe, die von sich behaupten kann, dass sie einen Befreiungsauftrag für andere hat.

Die klassische Arbeiterschaft war sowohl kulturell befangen – weil man ursprünglich im Marxismus Kultur ja für Überbau und Ideologie hielt – als auch autoritär belastet. Die Diktatur des Proletariats – oft ganz subtil im Narzissmus der kleinen Differenzen gelebt – hat vielfach die Diktatur des Kapitals mimetisch widergespiegelt. Jedes Befreiungsprojekt wird

---

220 Vgl. Caros Amigos. Especial, Nr. 2 (Mai 1998).

ein Bündel von ethnischen, kulturellen und Gender-Fragen mit denen der sozialen Klassenzugehörigkeit artikulieren müssen. Daraus werden sehr verschiedene, sich jedoch ergänzende Befreiungstheologien entstehen. Ihr Subjekt wird das "dritte Subjekt" sein, das entlang sehr unterschiedlicher kultureller und politischer Horizonte vom "guten und gerechten Leben" träumt. Es handelt sich dabei nicht um das "archaische" oder "prämoderne" Lateinamerika. Die indianischen Völker und die Afroamerikaner, die Straßenbewohner und die Kleinbauern, die Ohnelandbewegung und die Basisgemeinden – sie alle klagen mit Nachdruck die Errungenschaften der Moderne ein: Selbstbestimmungsrecht, Partizipation, Landreform, Gleichberechtigung, Solidargemeinschaft und Gleichheit vor dem Recht. Allerdings träumen sie von der Partizipation aller am "guten Leben", das heißt von der Möglichkeit, wie politisch-partizipativer Handlungsspielraum auch unter den neuen Bedingungen einer globalisierten Welt zurückgewonnen werden kann, diesseits und jenseits vom Protagonismus des Marktes und der Rezeptur des Neoliberalismus. Sie weigern sich, ihre Utopie von Freiheit und Gleichheit entweder ganz aufzugeben oder auf korporativen Wohlstand im Konsumparadies herabzustufen. Ihre Einheit besteht in der Möglichkeit ihrer diskursiven und praktischen Artikulation. Dem dritten Subjekt geht es nicht um einen "dritten Weg", sondern um einen anderen Weg.
Solche "anderen Wege" zeichnen sich auch in der theologischen Reflexion ab, in der Teologia Índia, in Theologien der Afroamerikaner, feministischen Theologien ausgebeuteter Frauen, in einer Theologie des Grund und Bodens als Hintergrund für den Kampf um Landverteilung. Es wird immer weniger subjektlose konzeptuelle Theologien im klassischen Sinn geben. Es wird sich dabei weniger um sektoriale Genitivtheologien als um – im Fest, in der Arbeit und im Widerstand – gelebte Fundamentaltheologien handeln. Eine solche um den Gott des Lebens und im Lebensprojekt artikulierte Theologie wird Reflexion von artikulierter Befreiungspraxis der in ihrem Leben bedrohten sozialen Gruppen sein. Jede dieser Gruppen, die gemeinsam das dritte Subjekt konstituie-

ren, ist in ihrem Lebensprojekt, in ihrer Befreiungspraxis und in ihrer theologischen Reflexion auf die kritische Solidarität der Anderen angewiesen. Im Meer der Ausbeutung kann keine Einzelgruppe auf einer friedlichen Insel theologischer Autonomie leben.
Aufgrund dieser Konvergenz und kritischen Solidarität der Befreiungspraxis zielt die neue Befreiungstheologie tendenziell darauf ab, dass jede Theologie zur Theologie der Befreiung wird. Auch europäische Theologie muss zur fundamentalen Befreiungstheologie werden, weil auch hierzulande Erlösung vom Bösen mit ganzheitlicher Befreiung zusammenläuft. Das transnational ausgebeutete Lateinamerika und die so genannte Zwei-Drittel-Welt brauchen diese solidarisch-integrale Praxis und Reflexion der Befreiung. Wir brauchen diese theologische Vernetzung, dieses befreiungstheologische Internet, wie es ja auch in den Intentionen des Projekts "Theologie interkulturell" zum Ausdruck kommt. Bei der Konstruktion eines *ganzen* Lebens ist Lateinamerika auf Voraussetzungen angewiesen, die es *alleine* nicht garantieren kann.[221] Nur in kooperativer Verantwortung und Solidarität können wir die Qualität unserer Antworten verbessern, die darauf aus sind, das Experiment Menschheit, gerade auch als Teil von Natur und Kosmos, zusammenzuhalten.

V.

Die verschiedenen Subjekte der Befreiungstheologie sind miteinander vernetzt in der Gemeinschaft, die wir Kirche, und in der Gesellschaft, die wir heute Weltgesellschaft nennen können. Herausforderungen, Grenzen und Perspektiven von Kirche und Welt sind immer auch relevant für befreiungstheologische Herausforderungen und Perspektiven. Wir kommen aus einem Jahrhundert, das moderne Utopien der Befreiung vom Bösen nicht erfüllt hat. Weltkriege und ethnische Ausrottungsfeldzüge, Holo-

---

[221] Vgl. P. Suess, *Lateinamerika: Wider die Bedrohung des ganzen Lebens*, Concilium 33 (Juni 1997/3), 369-375.

caust und Tortur, Ausbeutung und extreme Armut, Drogenterrorismus und Umweltzerstörung charakterisieren seine dunkle Seite. Die Herausforderungen des 21. Jahrhunderts ergeben sich teilweise aus den unbeantworteten Fragen des 20. Jahrhunderts. Stichwortartig könnten solche liegen gebliebenen oder neuen Fragen aufgelistet werden:
– gegen eine neue soziale Unverantwortlichkeit der Politik durch Auslagerung an den privaten Sektor müssen neue Möglichkeiten der Partizipation in Kirche und Gesellschaft ausgelotet werden;
– gegen die Delegierung politischer Entscheidungen an den transnationalen Markt muss über Selbstbestimmung und sozial orientierte Intervention durch die Politik in der Ökonomie nachgedacht werden;
– gegen Verteilungskonflikte im Hinblick auf Arbeit, Vermögen und Macht geht es um strukturelle Formen der Umverteilung und Partizipation;
– gegen den wachsenden Staatsautoritarismus gegenüber den Ausgeschlossenen und Armen in einem Szenario sozialer Ohnmacht und Gewalt geht es um Artikulation und Protagonismus der Armen und Anderen.
Ein alternatives Projekt kirchlicher Praxis und theologischer Reflexion, vor dem Horizont der Vision eines gelungenen Lebens, müsste also darüber nachdenken
– ob es einem heraufziehenden autoritären 21. Jahrhundert ökumenisch-dialogisch oder monologisch antwortet;
– ob es angesichts der "Privatisierung als Zeitströmung" zu einer neuen ekklesialen Transparenz und Öffentlichkeit bereit ist;
– ob es globaler Entwurzelung mit monokultureller Einpassung und Anpassung, also eintönig mimetisch begegnet, oder ob es in weltweiter Artikulation plurikulturelles Sprechen und Handeln fördert;
– ob es gesellschaftspolitischer Ausschließung durch partizipative und Identität stiftende Strukturen entgegensteuert;
– ob es gegen die totale Vermarktung radikale Gratuität anbietet;

– ob es gegen die Akkumulation von Macht und Reichtum seine Option für die Armen und ihren Protagonismus neu durchsetzt als Option mit den Armen.

Der Kampf der Moderne um Emanzipation, Selbstbestimmung, demokratische Mitbestimmung, Vernunft, Protagonismus der Armen ist keineswegs schicksalshaft entschieden. Arme und Andere sind immer auch gefährdet durch ein theologisch-kirchliches Projekt, das zur Überwindung dieser Engpässe auf regressive Formen einer unmündigen Glaubensvermittlung zurückgreift. Statt Wunden zu heilen, wird ein solches Projekt neue Verletzungen verursachen, Abgründe vertiefen und Brücken abbrechen, anstatt zu bauen. Tragfähige Bücken erfordern erwachsene und verantwortliche Brückenbauer. Die Armen und Anderen spielen eine zentrale Rolle beim Bau dieser Brücken zu einer gerechten Welt.

Die entscheidende Frage ist nun allerdings, ob die Kirche bereit ist, den Anderen-Armen Subjektcharakter nicht nur als Taufempfänger oder als Berater zuzugestehen, sondern als kirchliche Vollmitglieder in Theologie, Ämtern, Sakramenten und Organisationsstrukturen. Es geht im Grunde um diesen wesentlichen Schritt. Es geht um Heimat der Armen in der Kirche. Dies wird schon einige Privilegien kosten. Man kann nicht für und mit den Armen optieren, ohne mit den Reichen in Konflikt zu geraten. Mit dieser Option geht die "große Harmonie" verloren. Das Hausrecht der Armen in der Kirche wird ihren Status und ihre prunkvollmächtige Repräsentation auf ihr evangelisches Maß zurechtschneidern.

Die immer noch paternalistische Option für die Armen mit eigenläufigen Projekten und Programmen muss weiterentwickelt werden zu einer Option mit den Armen. Es geht um die während des Konzils und auch in *Medellín* erträumte Kirche der Armen, in der das Wort und das Einspruchsrecht der Armen Priorität haben. Das wäre sicher eine kopernikanische, oder besser eine jesuanische Wende der Kirche. Werden wir wieder entdecken, dass wir als Christen nicht nur eine Schwäche für die Armen haben, sondern dass an ihrer Seite der "Standortvorteil" der Kirche zu suchen ist? Standortvorteil? Ja, weil die Zukunft der Kirche unter den 4 Milliarden Armen liegt und nicht in der Region der zwei Milliarden Maßlosen. Die Armen bedeuten, wie die Entdeckungen Galileis, keinen Eingriff in das Sonnensystem der Kirche, sondern nur die Anerkennung, dass die Sonnenbahn schon immer anders verlaufen ist. Seit Anbeginn der Welt spielen die "peripheren" Menschen die Hauptrolle im Projekt Gottes, das wir Reich Gottes nennen. Ihre Ortlosigkeit (Utopie) – ohne Herberge, Land, Arbeit, Dach und Bürgerrechte – bestimmt die Topographie der theologischen Weltlandkarte. Die andere Welt ist die Welt der Anderen, der Ausgeschlossenen, Überflüssigen und Vergessenen. Sie verändern die Perspektive des Abgrunds. Sie entgrenzen den Horizont jener Welt, die so ist, wie sie ist, weil sie den Abgrund mit dem Echolot der Hoffnung ausmessen. Die Welt kann nicht über das Bruttosozialprodukt verändert werden, wenn dieses nicht von Bildern einer gemeinsamen Hoffnung vorgeprägt ist. Die gemeinsame Hoffnung ist makroökumenisch und plurikulturell.

VI.

Wer heute von Perspektiven und Horizonten spricht, gerät leicht in den Verdacht zurückzufallen in eine idealistische Sollens-Ethik, deren repressive Züge uns ja noch im Gedächtnis sind. Auch haben wir die Verfallsdaten anspruchsvoller Utopien zur Kenntnis genommen. "Große Erzählungen" – wer kann sie noch hören? Entfernte Horizonte sind in Verruf geraten. Politisch korrekt denkt, wer kurze Strecken ausmalt, etwa die von der Hand in den Mund. Der Spatz im Käfig der Hand, täglich mit Körnern versorgt, sei allemal besser dran als die Taube mit ihrem Traum von Freiheit auf dem Dach des Hungers. Bei solchen Erwägungen verwechseln wir den revolutionären Trost durch datierbare Erlösung mit dem Verlust der Utopie, dass das Leben aller *ganz* sein kann. Trotz der Ambivalenz aller historisch durchexperimentierten Erlösungsverheißungen kann der biblische Anspruch der Erlösung vom Bösen immer wieder jene Kräfte freisetzen, die nötig sind, dem persönlich und historisch Bösen seine Legitimation zu entziehen und sich für Befreiung einzusetzen.[222]

Mit dem Austausch der "Großen Erzählung" durch eine "Kleine Erzählung" ist das Böse nicht beseitigt, sondern privatisiert. Neben dem öffentlichen Bösen zeichnet sich heute eine Tendenz zu seiner Privatisierung im Heim der "Familie Adams" ab. Das heimisch gewordene Böse braucht keine Große Erzählung, keine besonderen Motivationen, weder Pathos noch Legitimation. Jetzt geht es nicht mehr um die wahre Religion oder um die reine Vernunft, sondern das Böse wird gleichsam zum privaten Spaß und zur Bewältigung von Langeweile. Es geht dabei nicht mehr um eine große Sache, sondern um motivationsarme spontane Brandstifter gegen zufällige Andere.[223]

Die neue Welt, in der die Armen und die Anderen eine zentrale Rolle spielen sollen, setzt voraus, dass die Identität der gesellschaftlich Handelnden, dass ihre "kleine" Welt gestärkt wird. Nur wer mit sich selbst im Reinen ist, wer ethnisch respektiert und sozial integriert ist, kann auch den Anderen in Frieden akzeptieren. Aber die Globalisierung der kulturellen Beziehungen mit den entsprechenden wirtschaftlichen, politischen und ideologischen Auswirkungen macht erforderlich, dass wir auch gemeinsame Verstehenshorizonte und Verhaltensmuster im Auge behalten, damit wir gegen die transkulturellen Geißeln des Hungers, der Gewalt, der Arbeitslosigkeit und der Ausgrenzung angehen können. In-

---

222 Vgl. ders., *Überwindung des Bösen. Zur Ambivalenz biblischer Erlösungsvorstellungen in Geschichte und Gegenwart*, Concilium 34 (1998/1), 38-47.

223 Im Morgengrauen des 20. April 1997 fahren fünf Jugendliche der Mittelklasse an dem auf einer Omnibusbank in Brasília schlafenden Pataxó-Indio Galdino Jesus dos Santos vorbei. Sie kaufen an der nächsten Tankstelle eine Flasche Brennstoff, kehren zurück, schütten sie über Galdino und zünden ihn an. "Wir wollten ihn einfach brennend davonrennen sehen. Es war nur Spaß", erklärten sie beim Polizeiverhör.

kulturation gibt den gemeinsamen Horizont eines Lebens in Gerechtigkeit aller nicht auf. Das erhobene Haupt aller beginnt beim mikrostrukturellen Kontext jeder Kleingruppe. Hier liegt die Bedeutung von Inkulturation als Voraussetzung zur Artikulation der in die Kontexte ausgelagerten, teilweise brüchig gewordenen Lebensprojekte. In der Besinnung auf Identität, in der Gestaltung von Kontextualität und in der Artikulation geschichtlich bewährter und von situationsspezifischer Erfahrung geleiteter Vernunft liegt die Chance einer befreienden Begegnung mit sich selbst und mit Anderen.

VII.

Vor 50 Jahren, am 10. Dezember 1948, verkündigte die Generalversammlung der Vereinten Nationen die "Allgemeine Erklärung der Menschenrechte". Wer das Leben der Armen Brasiliens kennt, liest die 30 Artikel dieser Menschenrechte wie ein Traumbuch. Sind Menschenrechte eine verabschiedenswerte Großerzählung? Ich denke an das große Gefängnis "Carandiru" in São Paulo, wenn ich den Artikel 5 lese: "Niemand darf der Folter oder grausamer, unmenschlicher oder erniedrigender Behandlung oder Strafe unterworfen werden." In nahezu allen brasilianischen Gefängnissen wird gefoltert. Wenn es dann weiter heißt, dass alle Menschen Anspruch haben auf "Anerkennung als Rechtsperson" (Art. 6), dann ist auch dies ein Traum. Gerade die Diskussion um die Immunität des chilenischen Ex-Diktators Augusto Pinochet erinnerte neuerdings an zeitgenössische Rechtlosigkeit in Lateinamerika und anderswo.[224] Wie sagte Brecht ironisch: "Das Unrecht gewinnt oft Rechtscharakter einfach dadurch, dass es häufig vorkommt."[225]

224 Gerade die Diskussion um die Immunität des Ex-Diktators Augusto Pinochet erinnerte an diese zeitgenössische Barbarei. In den ersten drei Wochen nach Pinochets Putsch wurden, laut jüngst frei gegebenen Geheimpapieren des US-Außenministeriums, 13.500 Chilenen verhaftet und 320 exekutiert.

Und wenn es schließlich in der Menschenrechtserklärung heißt: Jeder Mensch hat das "Recht auf soziale Sicherheit" (Art. 22), "das Recht auf Arbeit (...) sowie auf Schutz gegen Arbeitslosigkeit", so ist auch dies ein Traum, in Lateinamerika ebenso wie in Europa. Bei den Arbeitsgerichten Brasiliens liegen 2,5 Millionen Prozesse unbearbeitet in den Schubladen. Die Gleichheit vor dem Recht – ein Traum für zwei Drittel der Menschheit – könnte zum Alptraum der globalisierten Menschheit in einem gewalttätigen Jahrhundert werden.
Wohin geht Lateinamerika? Brasilien geht nicht auf den Fußballplatz zu einem Rückspiel für die ersten 500 Jahre der Ausbeutung. Wer im Zorn zurückblickt und Rache schwört, wird die Welt nicht verändern. Die Zwei-Drittel-Welt darf nicht mimetisch in die Falle der Ein-Drittel-Welt hineinstolpern, weder als Müllfahrer noch als Topmanager. Es ist gar nicht so leicht, den Armen zu sagen, euer Ziel kann nicht die post-neoliberale Erste Welt sein, sondern: Entweder werdet ihr konstitutiver Teil einer gerechten Welt sein, in der für sehr verschiedene Lebensprojekte Platz ist, oder die Zwei-Drittel und die Ein-Drittel-Welt werden gemeinsam zugrunde gehen.
Es ist möglich, den globalen Herausforderungen die Stirn zu bieten, Bedrohungen zuvorzukommen, Chancen wahrzunehmen. Brasilien, das die Errungenschaften der Globalisierung mit all ihren Krisensymptomen vereinigt, braucht die Verantwortung für alternative Lösungen nicht an Drittländer oder dominierende Blöcke auszulagern. Es wird alles darauf ankommen, den kreativen und ethischen Reserven seiner schweigenden Mehrheit politische Gestalt zu verleihen. Der ethische Schock, der aus der Krise führen und das Land wieder bewohnbar machen kann, hat drei Schwerpunkte: demokratische Partizipation, soziale Umverteilung und transnationale Artikulation. "Zuhause-Sein" in einer globalisierten Welt

In den folgenden 17 Jahren Militärdiktatur wurden etwa 3200 Regimegegner umgebracht.

225 B. Brecht, *Geschichten* (wie Anm. 211), 49 [Rechtsprechung].

heißt, an der Baustelle einer demokratisch-gerechten Welt mithelfen, den Grund neu auszuheben.
Eine gerechte Welt ist eine auf ihren göttlichen Ursprung hin transparente Welt. Im Kampf um diese Welt geht die Befreiungstheologie wohl nicht als strahlender Sieger hervor, sondern eher hinkend, wie Jakob aus dem Kampf mit dem Engel und Ödipus aus dem Kampf mit dem Schicksal. Warum hinkend? Vielleicht, weil wir in diesem Kampf unsere Verletzlichkeit ganz besonders erfahren und langsamer vorankommen, als wir es uns erträumt haben. Warum Kampf mit Engel und Schicksal? Engel und Schicksal – sind das nicht Metaphern für das, was der Geschichte fremd ist, also für religiöse Entfremdung und fatalistische Kurzschlüsse, für die Auslagerung – *outsourcing* – unserer Verantwortung an Gott oder den Dämon? Nein, Befreiungstheologie hat keine spirituellen Geheimrezepte gegen den "heillosen Markt". Sie kann Zeichen der Hoffnung und der Gerechtigkeit setzen und einklagen. Theologen sind keine schnellen Brüter einer heilen Welt, keine fliegenden Händler falschen Trostes. Die Wege der theologischen Weltkarte führen durch Geschichte, Verantwortung und Vernetzung.
Befreiungstheologie ist der Versuch, das brüchige Netz menschlicher Lebensentwürfe immer wieder neu zu knüpfen. Dies ist nicht eine Anwendung des Glaubens, sondern ein Glaubensakt. Insofern fällt auch die künstliche Unterscheidung zwischen impliziter und expliziter Evangelisierung. Liebe und Gerechtigkeit sind keine Felder des Glaubens, sondern Glaubenspraxis. Diese Glaubenspraxis entzaubert die Magie des Bösen durch eine Korrektur des eingefahrenen sozialen Unrechts, durch das Aufdecken persönlicher Verantwortung am Bösen und durch die Zusicherung seiner prinzipiellen Vergebbarkeit und wurzelhaften Überwindung in Jesus Christus. Er hat allen Völkern die Errettung aus Not und Erniedrigung eines beschädigten Lebens verheißen. Ausgeschlossenen und Gefangenen, Armen und Anderen garantiert er ihre unvertretbare Individualität. In universaler Bundesgenossenschaft ermutigt er sie –

weil Erlösung naht –, sich einzusetzen für den aufrechten Gang, das erhobene Haupt und das *ganze* Leben aller.
Ist dies ein Traum? "Seht, da kommt der Träumer" (Gen 37, 19), sagten die Brüder Josephs und verkauften ihn in die Fremde und Sklaverei. Es ging ihnen erst dann ein Licht auf, als sie selbst am Hungertuch nagten und zu versklavten Fremden geworden waren.
So kurz nach der "Wende" – der Jahres-, Jahrhundert- und Jahrtausendwende – träume ich davon, dass den Indios ihr Land zurückgegeben wird; dass die Landlosenbewegung eine Agrarreform durchsetzt; dass Kinder nicht mehr auf der Straße geboren werden, weil die Eltern kein Obdach haben; dass Schulen kein Privileg derer sind, die sie bezahlen können; dass das Recht des Stärkeren als Unrecht geahndet wird und dass Nachbarn und Arbeitskolleginnen und -kollegen keine Konkurrenten, sondern Freunde sind. Ich träume davon, dass Kranke keine Kunden mehr sind, die je nach ihrem Geldbeutel gut oder nicht behandelt werden. Schließlich träume ich davon, dass alle theologischen Traktate zu makroökumenischen und befreiungstheologischen Traktaten umgeschrieben werden und dass wir all überall die Fremden lieben wie uns selbst.
Ich schließe mit einem Gedicht von Pablo Neruda, in dem der Kampf um Brot metaphorisch steht für den Kampf um das *ganze* Leben aller:

"Todo nació para ser entregado, compartido,
multiplicado.
Todos los seres tendrán derecho a la vida (…).
Así será el pan del mañana, para todas las bocas,
sagrado y consagrado, porque será el producto
de la más larga y de la más dura lucha humana."

Bibliographie[226]

Paulo Suess, Theologie angesichts der ethnischen Vielfalt. Notizen über Befreiung und zur Sache der Indianer, *Orientierung* 49/21-22 (15. u. 30. Nov. 1985), 229-232 u. 241-245.

-----, Glaubensverkündigung, Inkulturation und Befreiung. Anfragen aus der Perspektive indianischer Völker, *Orientierung* 50/21-22 (15. u. 30. Nov. 1986), 231-234 u. 241-243. Auch: *Ordenskorrespondenz* 28/1 (1986), 17-30.

-----, Die schöpferische und normative Rolle der Volksreligiosität in der Kirche, *Concilium* 206 (1986/4), 317-324.

-----, Auf dem Weg zu einer indianischen Kirche, *Orientierung* 51/11 (15. Juni 1987), 121-124.

-----, Glaubensfreiheit und Zwangsarbeit. Spanische Missionare, Theologen und Juristen des 16. Jahrhunderts zur Rechtslage der Indios, *ZMR* 71/4 (1987), 292-315.

-----, Katholischer Kontinent ohne autoktone Kirche. Missionarische Präsenz in Lateinamerika vor den Herausforderungen ihrer 500jährigen Geschichte, *Ordenskorrespondenz* 30 (1989/4), 385-408.

-----, 500 Jahre Christentum in Lateinamerika. Herausforderungen einer nachkolonialen Evangelisierung, *Orientierung* 55/19 (Oktober 1991), 207-211.

-----, Bekehrungsauftrag und Conquista. Zur missionarischen Identität und Legitimität gestern und heute, in: M. Sievernich u.a. (Hg.), *Conquista und Evangelisierung*, Mainz 1992, 201-222.

-----, Zur Geschichte und Ideologie von Sklaverei und Sklavenbefreiung in Brasilien, *Münchener Theologische Zeitschrift* 43/3 (1992), 293-313. Mit ausführlichen Literaturangaben auch in: R. Fornet-Betancourt (Hg.),

[226] Textbezügliche deutschsprachige Publikationen des Autors.

Theologien in der Sozial- und Kulturgeschichte Lateinamerikas. Die Perspektive der Armen, Bd. 2, Eichstätt 1993, 222-256.
-----, Die Herausforderung durch die Anderen, in: V. Schubert, *Die beiden Amerika*. Kolumbus und die Folgen. Eine Ringvorlesung der Universität München, St. Ottilien 1993, 219-255, hier 219-222.
-----, Junger Wein und alte Schläuche. Zum Theologietransfer aus und nach Lateinamerika, in: E. Schillebeecks (Hg.), *Mystik und Politik*. Theologie im Ringen um Geschichte und Gesellschaft, Mainz 1988, 44-56.
-----, Die Herausforderung durch die Anderen. 500 Jahre Christentum in Lateinamerika: Conquista, Sklaverei, Befreiung, *Comunicatio Socialis* (1992/3), 232-245.
-----, Unübersichtlichkeit im Missionsszenario. Kritische Analysen neuerer kirchlicher Dokumente und Tendenzen, *Concilium* 251 (1994/1), 74-81.
-----, Das Paradigma der Inkulturation auf dem Prüfstand. Kirchliche Normen und ihre gesellschaftspolitische Verbindlichkeit, *Berichte, Dokumente, Kommentare*, hg. von der Missionszentrale der Franziskaner, 62 (1995), 62-77.
-----, Über die Unfähigkeit der Einen, sich der Andern zu erinnern. In: E. Arens (Hg.), *Anerkennung der Anderen*. Eine theologische Grunddimension interkultureller Kommunikation, Quaestiones Diputatae 156, Freiburg-Basel-Wien 1995, 64-94.
-----, Lateinamerika: Wider die Bedrohung des ganzen Lebens, *Concilium* 33 (Juni 1997/3), 369-375.
-----, Kontextualität, Identität, Universalität. Der Streit um das Inkulturationsparadigma, in: A. Lienkamp; Ch. Lienkamp (Hg.), *Die "Identität" des Glaubens in den Kulturen*. Das Inkulturationsparadigma auf dem Prüfstand, Würzburg 1997, 309-328.
-----, Zeichen der Zeit. Medellín war ein Umbruch in der lateinamerikanischen Kirche, *Lateinamerika Nachrichten* 294 (Dezember 1998), 19-22.

-----, Wir und die Anderen. Zuhause in einer globalisierten Welt? Missionarische Herausforderungen aus der Perspektive Lateinamerikas, *Orientierung* 19/20 (15. u. 31. Oktober 1998), 202-205 u. 220-222.

-----, Dich führen, wohin du nicht willst. Zur Römischen Bischofssynode für Amerika, *Berichte, Dokumente Kommentare*, hg. von der Missionszentrale der Franziskaner, 71 (1998/1), 7-20.

-----, Sie werden das Land erben. Die Bewegung der Landlosen in Brasilien, *Die katholischen Missionen/KM* 1 (Jan./Feb. 1998), 10-15.

-----, Überwindung des Bösen. Zur Ambivalenz biblischer Erlösungsvorstellungen in Geschichte und Gegenwart, *Concilium* 34 (1998/1), 38-47.

-----, Menschwerdung als Vorgabe und Aufgabe. Die Initiation der Tupinambá vor der Glaubensverkündigung des José de Anschieta, in: Th. Schreijäck (Hg.), *Menschwerden im Kulturwandel*. Kontexte kultureller Identität als Wegmarken interkultureller Kompetenz, Luzern 1999, 327-342.

-----, Die Fackel des Severino. Solidarität im Kontext der Globalisierung, in: *Orientierung* 64/9 (15. Mai 2000), 97-100. – Auch in: E. Groß; K. König (Hg.), *Religiöses Lernen der Kirchen im globalen Dialog*. Weltweit akute Herausforderungen und Praxis einer Weggemeinschaft für Eine-Welt-Religionspädagogik, Münster 2000, 25-34.

-----, Präsenz und Verantwortung. Lernprozesse der lateinamerikanischen Kirche im Kontext der Globalisierung, in: E. Groß; K. König (Hg.), *Religiöses Lernen der Kirchen im globalen Dialog*. Weltweit akute Herausforderungen und Praxis einer Weggemeinschaft für Eine-Welt-Religionspädagogik, Münster 2000, 83-97.